"十三五"国家重点出版物出版规划项目

交通安全科学与技术学术著作丛书

水路交通安全科学与技术导论

严新平 张 笛 著

科学出版社

北 京

内 容 简 介

本书面向水路交通安全科学技术相关问题，系统介绍水路交通安全评价技术、水路交通事故分析技术、水路交通安全事故人因分析技术、内河水路交通事故应急处置技术、内河液化天然气动力船舶通航安全性评价、极地冰区水域船舶航行安全评价，以及混合场景下的船舶航行安全研究。

本书适合从事交通运输、水上交通安全领域的教学科研人员、本科生和研究生学习，也可供相关专业工程技术人员参考。

图书在版编目（CIP）数据

水路交通安全科学与技术导论 / 严新平，张笛著. — 北京：科学出版社，2025.3. — （交通安全科学与技术学术著作丛书）. — ISBN 978-7-03-079385-0

Ⅰ．U698

中国国家版本馆 CIP 数据核字第 2024Y5A191 号

责任编辑：孙伯元 / 责任校对：崔向琳
责任印制：师艳茹 / 封面设计：无极书装

科学出版社 出版
北京东黄城根北街 16 号
邮政编码：100717
http://www.sciencep.com

北京九州迅驰传媒文化有限公司印刷
科学出版社发行 各地新华书店经销
*

2025 年 3 月第 一 版 开本：720×1000 1/16
2025 年 3 月第一次印刷 印张：15 1/2
字数：313 000

定价：**128.00 元**
（如有印装质量问题，我社负责调换）

"交通安全科学与技术学术著作丛书"编委会

(按姓名汉语拼音排序)

顾　问：丁荣军　　范维澄　　李　骏　　吴有生
　　　　翟婉明　　张　军　　郑健龙
主　任：严新平
副主任：方守恩　　胡明华　　贾利民　　金永兴
　　　　李克强　　刘　攀　　刘正江　　裴玉龙
　　　　王长君　　王云鹏　　吴超仲
秘书长：贺　宜
编　委：陈先锋　　初秀民　　储江伟　　付　锐
　　　　胡甚平　　黄合来　　黄力坤　　霍志勤
　　　　李　斌　　李世武　　梁习锋　　刘　清
　　　　罗　帆　　邵哲平　　施树明　　史聪灵
　　　　舒　平　　孙瑞山　　王　健　　王俊骅
　　　　王开云　　吴宝山　　袁成清　　张学军
　　　　赵晓华

"交通安全科学与技术学术著作丛书"序

交通安全作为交通的永恒主题，已成为世界各国政府和人民普遍关注的重大问题，直接影响经济发展和社会和谐。提升我国交通安全水平，符合新时代人民日益增长的美好生活需要。

"交通安全科学与技术学术著作丛书"的出版体现了我国交通运输领域的科研工作者响应"交通强国"战略，把国家号召落实到交通安全科学研究实践和宣传教育中。丛书由科学出版社发起，我国交通运输领域知名专家学者联合撰写，入选首批"十三五"国家重点出版物出版规划项目。丛书汇聚了水路、道路、铁路及航空等交通安全领域的众多科研成果，从交通安全规划、安全管理、辅助驾驶、搜救装备、交通行为、安全评价等方面，系统论述我国交通安全领域的重大技术发展，将有效促进交通运输工程、船舶与海洋工程、汽车工程、计算机科学技术和安全科学工程等相关学科的融合与发展。

丛书的策划、组织、编写和出版得到了作者和编委会的积极响应，以及各界专家的关怀和支持。特别是，丛书得到了吴有生院士、范维澄院士、翟婉明院士、丁荣军院士、张军院士、李骏院士和郑健龙院士的指导和鼓励，在此表示由衷的感谢！科学出版社魏英杰编审为此丛书的选题、策划、申报和出版做了许多烦琐而富有成效的工作，特表谢意。

交通安全科学与技术是一个应用性很强的方向，得益于国家对交通安全技术的持续资金投入和政策支持，丛书结合 973 计划、863 计划和国家自然科学基金、国家支撑计划、重点研发任务专项等国家和省部级科研成果，是作者们在长期科学研究和实践中通过不断探索撰写而成的，汇聚了我国交通安全领域最新的研究成果和发展动态。

我深信这套丛书的出版，必将推动我国交通安全科学与技术研究工作的深入开展，在技术创新、人才培养、安全教育和工程应用等方面发挥积极的作用。

中国工程院院士 武汉理工大学教授
水路交通控制全国重点实验室主任
智能航运与海事安全国际科技合作基地主任
国家水运安全工程技术研究中心首席科学家

序

随着经济社会的快速发展，水路交通在综合交通运输体系中的地位和作用愈发凸显，已成为引领经济社会发展的战略性力量。同时，水路交通的安全性受到社会各界的广泛关注。

《水路交通安全科学与技术导论》的出版对我国水路交通安全的理论研究与实践应用进行了系统地总结。该书的出版是我国水路交通领域的科技工作者把国家的战略、方针和政策落实到水路交通安全科学研究实践和宣传教育中的具体体现。该书围绕内河液化天然气动力船舶航行安全、极地冰区水域船舶航行安全、混合场景下船舶航行安全等应用场景，从水路交通安全评价、事故分析、事故人因分析和事故应急处置等方面，系统论述了我国水路交通安全领域的科技发展，有效地促进了水路交通安全的研究，推动了多学科、多领域的协同发展与融合创新。

《水路交通安全科学与技术导论》是集理论基础研究与实际应用研究相结合的一部内容丰富的著作，是在作者长期科学研究和实践中不断探索的基础上撰写而成的，反映了我国水路交通安全领域最新的研究成果和发展动态。

相信该书的出版，必将深化我国水路交通安全科学与技术的研究工作，推动我国水路交通的技术创新、人才培养和工程应用。

朱英富

中国工程院院士

中国船舶集团有限公司第七〇一研究所研究员

前　　言

水路交通在综合交通体系中占有至关重要的地位，水路交通的发达程度是衡量一个国家经济发展水平的重要标志之一。近年来，我国水路交通得到长足的发展，在水路交通快速发展的历程中，水路交通安全是永恒的主题，加强水路交通安全学科的理论研究和实践研究是我们出版本书的初衷。

本书共八章。第1章对水路交通安全的概念、技术体系，以及发展现状进行详细的介绍。第2章介绍水路交通安全评价技术，包括综合安全评估、事故树分析、事件树分析、失效模式和影响分析、人因可靠性分析、贝叶斯网络，以及证据推理等技术方法。第3章介绍水路交通事故分析技术，包括水路交通事故特征分析技术和预测技术。第4章介绍水路交通安全事故人因分析技术，包括基于事故数据的人为因素分析、船员生理特征分析、船员情绪与人因失误关联分析，以及船员工作负荷与人因失误关联分析。第5章介绍内河水路交通事故应急处置技术，包括内河水路交通事故应急特征分析、应急处置决策技术、应急资源优化技术，以及应急仿真技术。第6章介绍内河液化天然气动力船舶通航安全性评价，包括内河液化天然气动力船舶的危险识别、风险评价，以及安全保障措施等内容。第7章介绍极地冰区水域船舶航行安全评价，包括极地冰区水域船舶航行风险因素辨识、冰困风险评价、碰撞风险建模与分析，以及风险防控措施。第8章介绍混合场景下的船舶航行安全研究，包括混合场景下的船舶碰撞事故风险分析、智能船舶与人工船舶会遇场景的避碰方法、智能船舶间多船会遇场景的避碰方法，以及智能船舶避碰决策仿真平台的构建与验证等内容。

严新平教授制定了全书内容框架，并组织编写。张笛教授负责统稿工作。第1章由严新平执笔，第2章由张笛执笔，第3章由毛喆执笔，第4章由张金奋、范诗琪执笔，第5章由吴兵执笔，第6章由万程鹏执笔，第7章由张笛、付姗姗执笔，第8章由王腾飞执笔。为了方便阅读，本书提供部分彩图的电子文件，读者可自行扫描前言二维码查阅。

本书的主要内容是严新平教授及其团队在水路交通安全方向的科研成果，同时参考了武汉理工大学智能交通系统研究中心、交通与物流工程学院，以及船海与能源动力工程学院等单位的相关学术成果。本书的编写得到中国工程院院士、中国船舶集团有限公司第七〇一研究所朱英富研究员的指导，并由其作序。在此表示衷心的感谢！

　　随着水路交通的不断发展，水路交通安全的研究仍处于不断的发展之中，因此书中难免存在不完善的地方，恳请读者指正。

严新平

于武汉理工大学余家头校区航海楼

部分彩图二维码

目　　录

第1章 绪 论

水路交通是以船舶为主要运输工具，以港口或港站为运输基地，以水域包括海洋、河流和湖泊为运输活动范围的一种运输方式。船舶、货物、船员、船公司、海事主管机关、航道、港口等要素构成水上交通系统，各要素间既相互独立，又相互依赖，共同为水上交通功能的实现发挥作用，但是当某一要素失去控制时就有可能造成水上交通事故[1]。保障水上交通安全是实现水上交通正常运行的前提，至关重要。

1.1 水路交通系统的重要性

水路交通是现代综合交通运输体系的重要组成部分，是我国国民经济的基础产业。随着经济社会的快速发展，水路交通在综合交通运输体系中的地位和作用愈发凸显，已成为支撑经济社会发展的战略性力量。据统计，2022年长江干线货物吞吐量达35.9亿吨，稳居世界内河第一。长江水系完成水运货运量和货物周转量占全社会货运量和货物周转量的20%和60%左右。同时，水路交通系统也是对外贸易的基本支撑和国际合作的重要依托。港口接卸了95%的进口原油和99%的进口铁矿石。2020年，全国港口货物吞吐量完成145.5亿吨，港口集装箱吞吐量完成2.6亿标箱，居世界第一位。水路交通的安全性越来越受到社会各界的广泛关注。

1.2 水路交通安全概述

1.2.1 水路交通安全定义

水路交通安全涉及险情、事故、危险、风险等相关概念。水路交通安全可归纳为绝对安全和相对安全。

绝对安全是船舶在水上航行中没有任何危险、不受任何威胁、不出任何交通事故，即消除导致人员伤亡、财产损失和环境污染的条件。这种安全观认为发生人员伤亡的概率为零，但现实的水上交通中是难以实现的。由于过分强调安全的绝对性，其应用范围受到很大限制。

相对安全是普遍接受的安全观，指船舶在水上航行中被判断为不超过允许极限的危险性，即生命、财产和环境损失没有受到损害的危险，或控制在可接受水平的状态。由此可知，安全是在一定风险条件下的状态，安全并非绝对无事故。

1.2.2 水路交通安全研究的内涵

水路交通安全研究主要面对的是人类在水域生产作业过程中，为保障人员、货物、环境、载运工具和水工设施等要素处于正常运行状态，研究如何从风险源辨识防控、运输过程监管干预、事故应急救援等不同阶段采取一系列管理、控制措施，使航运各要素蒙受损失的可能性及后果均控制在可以接受的水平。

水路交通安全的事前研究主要是航行风险辨识，这是水路交通安全研究的重要方向。通过对各航行要素的分析、评估及各要素之间耦合关系的评价，基本掌握水路交通安全状态，并可以初步预测水路交通事故的发生与发展，从而指导水路交通监管、运营等各方最大限度地规避风险，从根本上提高水路交通的安全性。

水路交通安全的事中研究主要围绕水路交通系统的过程监管机制、内容、流程设计，以及监管设备的研发等方面展开，是水路交通安全研究的核心内容。通过加强对水路交通活动的过程监管，可以及时发现早期事故隐患、有效降低事故发生、减轻事故后果。

水路交通安全的事后研究是指水路交通的应急处置与救援。由于水路交通活动的特殊性，水路交通事故往往表现出人员财产的巨大损失，以及极端剧烈性、生态灾害性和社会影响性等特点。如何在事故发生后及时、高效地开展应急处置与救援一直是水路交通安全研究的重要内容。

1.2.3 水路交通安全研究的特点

针对水路交通系统的特点，水路交通安全研究主要具有如下特点。

1) 潜在脆弱性问题日益凸显

随着水路交通系统的日益复杂和国际社会对于航运效率提高的渴望，水路交通系统对空间、时间的利用日益紧密，导致航运安全管理形势日趋严峻。近年来的航行事故统计表明，世界各主要海域的航行安全事故均体现出事故范围分布越来越广泛和事故导致的损失增大的趋势。这对水路交通安全研究提出了新的挑战。

2) 风险辨识难度大

首先，水路交通系统风险影响因素(risk impact factor，RIF)繁多，各子系统间内在强耦合，导致航行事故船舶的路径不确定。其次，水路交通系统风险态势演化规律复杂，繁忙水域、闸区桥区等复杂水域和不同季节的复杂外界环境使航行事故的发展轨迹动态多变，并且受多种因素作用，导致各类因素间的作用关系不明确。这些问题成为水路交通系统安全研究的基础科学难题。水路交通的风险辨识困难如图 1.1 所示。

图 1.1　水路交通的风险辨识困难

3) 过程监管复杂度高

水路交通监管具有时空范围大、监管要素多、层级尺度广的特征，因此需要解决信息智能提取和点-线-面智能预测、决策和干预的难题，从而为水路安全研究提供第一手的研究数据。但是，复杂水域普遍具有要素复杂、数据复杂、环节复杂、对象复杂等特征，这些特征使水路交通安全研究的数据获取困难。

1.2.4　水路交通安全的研究内容

水路交通安全管理对象的范围很广，直接管理对象包括人、船、环境。与人有关的管理内容是船员和管理者的技能和水平，保证技能的是证书，培养技能的是教育培训机构。证书和教育培训机构的质量保证来源于法律、法规和国际公约。与船有关的管理内容是船舶性能、船体强度和船舶设备可靠性等，取决于设计能力和设计标准，以及产品性能与质量，源于国际公约和技术规范与标准。与环境有关的管理对象范围更广，直接对象有人工疏浚的航道、港湾，间接对象包括交通、设施、情报、法规等与船舶航行安全有关的其他条件。

水路交通安全管理涉及船员、旅客、港区居民的生命安全，以及船舶、货物、港口和航道设施的安全，包括人命财产安全、船运公司的经济利益，以及海洋环境保护。

1. 船舶安全管理

船舶安全管理是指对单船的"人、机、环境、管理"系统的安全管理，其效果主要取决于船员和公司的努力。当代世界经济的发展促使世界船舶的数量、吨位和种类不断变化，水域船舶交通密度持续增大，船舶交通事故和污染事故频繁发生，危及船运公司和海洋环境，引起国际社会的高度重视。

多年来，人们将船舶事故归于科技水平和产品质量，并不断进行技术改进。在国际海事组织(International Maritime Organization，IMO)的主导下，船舶按有关标准配备救生、消防设备；油船设置专用压载舱，采用双层船壳；客船采取结构防火，配备现代化电子助航、导航、通信设备，采用性能良好的材料和计算机信息技术，用质量标准控制船用产品等。这些措施可以大大提高船舶构造、设备质量及可靠性，提升船舶营运的安全性。

IMO的长期研究发现，船舶安全和污染事故的80%是人为因素造成的，防范重点在于公司和船员对船舶的管理和操作。1987年，国际标准化组织(International Organization for Standardization，ISO)推出 ISO9000 等现代管理理论。IMO 将相关理论和方法引入船舶管理领域制定了《国际安全管理规则》(International Safety Management，ISM)。根据 ISM 建立科学合理的安全管理体系(safety management system，SMS)并予以有效运行，是航运公司进行系统全面的安全管理的基础。SMS 建成后，须对体系作内部调试，外审取得 ISM 证书，然后进入 SMS 的正常运行。内部调试包括培训人员、预运行及修改、正式试运行、内部审核等。人员对体系的积极响应使 SMS 的安全管理潜能变成现实，使船舶管理的安全文化建设不断加强，提升航运参与者的安全观念。

2. 水路运输安全管理

水上交通安全管理的目标是保护海上人命财产安全，保护海洋环境，使"航行更安全、海洋更清洁、航运更便捷"。水上交通安全管理包括船舶营运系统及其关系密切的外部环境。

我国是海洋和航运大国。在经济全球化趋势的大背景下，我国与世界的相互联系和影响日益加深，这种"互动"在海运业中的表现得尤为突出。我国也是船员大国，目前有 50 多万远洋船员和近 100 万内河船员。他们支撑着我国港口吞吐量长期稳居世界第一，支撑着我国国际贸易运输量的 86%和国内贸易运输量的54%。我国的水上交通安全管理由交通运输部负责，包括对水路运输行业的安全管理和对 IMO、港口国政府等的协调。交通运输部主要通过海事局实施船舶水路运输管理。

随着水上运输业的发展，船舶数量不断增多，致使航行密度不断增大，航行环境不断恶化；船舶日益趋向大型化、专业化，船速不断提高，增大了船舶发生事故的风险。由于水上运输业具有高风险的特点，船舶在水上容易发生事故，一旦发生事故，不但可能造成人身伤亡，而且可能给社会、经济和环境造成巨大的危害。船舶安全管理按时间可分为事前、事中、事后性管理。对事后性管理，除了社会性的伤亡人员抚恤、民事赔偿、处理事故现场等事务，重点在于技术性的分析和纠正措施。一般需要通过事故调查过程，查明事故原因。

从管理角度进行事故学习，则能较好地控制和防止同类事故复发，降低事故产生的影响。事中性安全管理是对突发危险和事故的应急反应，强调人员的应急意识、知识和技能，应急程序的有效性，以及人员、部门、船岸间的良好协同。事前性安全管理是对事件的安全性分析，预测和辨识可能的风险，布置和落实防范措施，并予以监控，要求从安全科学基本结构的四大要素综合考虑并进行决策、计划、组织和控制。

1.2.5 水路交通安全的研究方法

水路交通安全研究广泛采用安全评价方法。安全评价方法是进行定性、定量安全评价的工具。安全评价方法的分类方法很多，例如按评价结果的量化程度分类法、按评价的推理过程分类法、按针对的系统性质分类法、按安全评价要达到的目的分类法等[2]。

(1) 综合安全评估(formal safety assessment，FSA)。FSA 是一种从定性和定量两个方面衡量风险水平的决策支持工具，可以使船舶制造、操作和安全规范的决策过程更加科学化。

(2) 事故树分析(fault tree analysis，FTA)。FTA 是美国国际电话电报公司 Watson 等于 1962 年开发的一种由上至下的演绎推理方法。该方法思路清晰、逻辑性强，可以形象地进行定性或定量风险分析，体现以系统工程方法研究安全问题的系统性、准确性和预测性，是安全系统工程的一种主要分析方法。

(3) 事件树分析(event tree analysis，ETA)。ETA 是一种从原因到结果的自下而上的归纳推理方法，即从一个初始事件开始，交替考虑成功与失败的两种可能性，然后以这两种可能性作为新的初始事件继续分析，直至找到最后的结果。一种能够直观体现事故发生发展全过程的归纳逻辑树图通过对整个事件动态变化过程的定性和定量分析,在事件隐患发展的不同阶段采取恰当措施阻断其向前发展，从而达到预防事故的目的。

(4) 失效模式和影响分析(failure model and effect analysis，FMEA)。FMEA 是一种事前预防的分析方法。它从元件各种失效模式的角度进行危害性分析，从而采取具有针对性的相关措施提高系统的安全性。同时，FMEA 也是一种能够灵活运用定性或定量数据的评价方法，但是在分析复杂大系统时面临子系统及其失效模式过多的问题。

(5) 人因可靠性分析(human reliability analysis，HRA)。HRA 既可以从回顾的角度也可以从前瞻的角度描述人为失误。根据对人为失误理解的不同，HRA 目前经历了三代的发展[3]。

(6) 贝叶斯网络(Bayesian network，BN)。BN 是一种最为有效、应用最为广泛的风险评估方法。BN 是伴随着人们认识复杂事物的过程产生的。对于一个多因素耦合导致的复杂事件，用全概率公式表达各因素与事件的相互关系过于复杂，因此通过定义各影响因素之间的相互独立性，可以减少定义全概率公式的概率条目。

(7) 证据推理(evidential reasoning，ER)。ER 是一种信息融合的方法，能较好地处理信息缺失、模糊、不确定等问题，在安全评价的实际运用中常常需要与模糊逻辑等方法结合使用[4]。

1.3　水路交通安全技术发展

1.3.1　水路交通安全的发展现状

2024 年，欧洲海事安全局发布的 2014～2023 年海上伤亡事故统计报告显示，海上事故总数达到 26595 起，海上安全形势逐年向好，但是整体依然形势严峻。这一发展趋势与我国水路交通安全情况基本一致。据交通运输部海事局统计，2024 年全国水上交通一般等级以上事故件数、死亡/失踪人数、沉船艘次和经济损失四项指标，同比分别下降 26.3%、12.1%、34.8%和 31.8%，水上交通安全形势持续稳定向好。

德国安联保险集团发布的《2024 年安全与航运报告》评估了航运业的损失趋势和面临的一系列风险挑战。根据该报告，2023 年全球共有 26 艘 100 总吨以上的船舶全损，较 2022 年的 41 艘下降了 37%。过去十年，全球航运业的总损失数量呈下降趋势，从 2014 年的 89 艘下降到 2023 年的 26 艘，降幅达 71%。2014～2023 年，全球共发生 729 起事故，其中普通货船事故占比最高，约为 40%。2014～2023 年，全球船舶受损事故情况如图 1.2 所示。

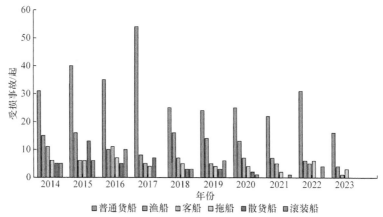

图 1.2　2014～2023 年全球船舶受损事故情况

安全是水路交通发展的永恒主题。水路交通安全一直以来都是世界各国关注的重点，为了应对不断变化的航运安全形势，各国都积极推出一系列水路交通发展战略和研究报告。2015 年，英国劳埃德船级社、奎纳蒂克集团和南安普敦大学发布《全球海洋技术趋势 2030》报告；2016 年，挪威船级社-德国劳埃德船级社发布《技术展望 2050》报告；2018 年，美国海岸警卫队发布《战略规划 2018～2022》报告；2019 年 1 月，世界海事大学发布《交通 2040：自动化、科技、就业-未来工作》报告，与此同时英国交通部发布《海事 2050 战略》和《英国海事技术与创新：自主化》报告。其中，《海事 2050 战略》将当前的海事安全形势总结为对航运和海事基础设施传统的和非传统的袭击，并提出未来的安全驱动因素，包括贸易航线中断、网络安全、科技的发展、国际法的完善、气候变化、人际关系和贸易模式等方面。

水路运输系统是一种由人、船、环境、管理等要素构成的复杂社会技术系统。由于这个系统表现出的高度动态性和不确定性，以及大量水路运输事故造成的生命/财产损失和对环境的破坏，安全成为最受关注的问题。发展和完善水路交通的安全理论，成为众多研究者致力突破的方向。长期以来，研究者对水路交通系统安全性的认识是通过风险的定性和定量分析获得的。在这个意义下，水路运输系统风险成为水路运输系统安全运行理论的核心问题。这个问题的研究进展也推动着更为广泛意义上的交通系统安全研究。

1.3.2　国内外水上交通安全的技术趋势

基于 FSA，船舶与海事行业已形成较为成熟的海事风险评价框架。在这个框架下，国内外学者取得一系列的研究成果。一些典型的风险评价方法(如 BN、故障树、事件树)，以及决策方法(如证据推理、层次分析法等)在不同类型的海事系统/船舶交通系统的风险识别中都有广泛的应用。

近年来，随着智能控制技术的迅猛发展，搭载各类智能感知/控制/决策设备的智能船舶逐渐成为未来船舶建造和运营的趋势[5]。智能船舶因在提升船舶安全性、实现节能减排和减少人力成本等方面的前景受到全球学术界和工业界的广泛关注。自 2015 年欧盟启动全球首个海上无人驾驶自主网络导航项目以来，智能船舶研究得到飞速的发展。罗尔斯·罗伊斯公司推出高级自主水运应用项目。英国、芬兰等 13 国共同组成国际自主船舶网络，就智能船舶研究开展国际合作。

技术变革对水路运输系统的安全运行提出了新的挑战，使水路运输系统风险研究不断涌现新的热点问题。这些问题也促使国内外研究者不断应用新的观点和方法开展研究，并形成新的技术趋势与方向。

1) 航行风险多因素耦合与定量评价

此类问题旨在突破传统风险中的可能性、后果和情景三元组表达，针对智能船舶典型情景状态风险存在的事故数据缺乏、获取信息增加、知识理解不够等新问题，特别是不确定场景下的长尾现象问题，构建数据、信息、理解和知识相关联的智能船舶航行风险表达框架。我国研究人员在水上交通风险辨识与评价方面的理论研究已有多年的积累，特别是对船舶碰撞、搁浅、船桥碰撞，以及航道拥堵等事故的风险评价问题都结合某些特定的水路运输系统风险评价案例做了较为深入的研究，提出碰撞风险时空评价模型、拥堵预测贝叶斯模型、海事管理水平评价模型等。英国利物浦约翰·摩尔斯大学根据船舶行为数据特点及风险评价实时在线的要求，构建符合智能船舶数据、信息、知识和理解不一致下的风险表达框架，利用 what-if 分析、船舶自动识别系统(automatic identification system，AIS)数据挖掘、历史事故数据统计等方法，根据水路运输系统的各种典型情景设计风险指标，设定相应的控制模式及触发条件，筛选情景状态的风险评价因素，并引入证据理论对航行风险进行评价。挪威科技大学在重大事故的建模理论、致因分析方面，引入系统动力方法对大型系统风险的控制过程进行建模和仿真，可以适时应对专家主观估计冲突、观测信息失真等造成的不确定性，实现船舶航行风险自适应鲁棒控制。

国内外研究人员从两个方面入手开展相关工作。

(1) 多因素耦合的风险表示和控制方法。考虑传感器信息采集、信息不对称等造成的不确定性问题，通过引入蒙特卡罗模拟和敏感性分析方法，系统分析在通航环境、人员可靠性、物理信息系统性能稳定性等因素波动下，船舶航行风险的变化趋势。在此基础上，引入自适应鲁棒控制方法，实现不确定性条件的风险控制。

(2) 海事风险的定量评估模型。针对水路运输系统风险评价中主观数据标准多、冲突性强，以及主客观数据格式不统一带来的融合困难等问题，利用证据理论和置信规则库等方法，研究水路运输风险评价数据融合模型、不确定性表达模型，以及数据冲突识别与消解算法。基于数据的动态性和周期性特征，基于马尔可夫状态随机迁移的思想，研究水路运输系统的风险演化预测，实现高风险场景的高准确率预警。

2) 智能船舶航行风险管控基础理论

目前，智能船舶的研究还处于探索阶段，需要从概念设计阶段实现风险辨识，从而提出风险控制措施。目前的研究主要存在两方面的难点。一方面，智能船舶处于初步阶段，各国对于智能船舶的架构、控制模式、智能分级等均处于探讨过程，需要应对未知的未知。同时，缺少智能船舶航行安全失效的数据，从传统的可靠性理论角度开展智能船舶风险研究难度很大，因此需要从控制理论的角度开展智能船舶航行安全的研究。另一方面，由于智能船舶航行控制系统是一个复杂系统，同时智能船舶航行时不可避免的会遇到有人和无人混合的复杂局面，因此需要在此基础上识别智能船舶航行风险因素，并进一步提出风险控制措施。在北欧国家联合开展的智能船项目中，芬兰阿尔托大学提出无人船或远程控制船舶的新风险，并认为主要包括安保的不安全状态、安全装置的可靠性、远程监管与控制的人为因素、货物管理，以及应急管理。

围绕智能船舶的风险识别问题，国内外研究人员通过开展不同场景的智能船舶试验积累数据，采用分类算法对实际测试的经验数据进行总结，在此基础上引入模糊决策树算法对典型场景进行分类，从而实现相似场景的风险认知和决策，从有限的智能船测试数据中获得更多场景的风险模型。通过分别建立近海、内河的智能船试验环境，针对实时在线评价、失效数据缺乏、拟人化认知和决策对航行安全性的影响问题，提出智能船舶航行风险的实时表达和评价方法，构建自主/远程双控模式智能船舶的风险源清单，实现复杂环境下智能船舶拟人化认知和决策，提出典型工况下的航行风险鲁棒控制方法，为复杂水域智能船舶的航行安全控制提供理论基础。

3) 基于大数据的海事风险评估

水路运输系统由一系列动态情景和过程构成，具有明显的时序特征，需要根据其航行行为进一步确定每个时间点的风险及其演化趋势。对于动态风险发展过程，目前常用的方法包括动态贝叶斯分析和马尔可夫状态变迁模型等。这些方法已经应用于汽车辅助驾驶中。此外，在核能领域，Mosleh 等提出信息输入、决策和行为模型。该模型通过构建混合逻辑的方法，根据数据特点利用贝叶斯和事故树等方法进一步动态分析事故风险，已经用于海洋工程研究。

此外，运用新一代信息技术、人工智能、智能制造、新材料、新能源等高新技术提升营运船舶的安全、绿色和高效是未来水路交通发展的重点。智能化在水上交通安全技术中的应用日渐深入，航行安全评价、监管，以及决策指挥趋向智能化发展[6]。在大量的船舶航行数据、气象数据、环境数据等客观数据支持下，基于数据驱动的智能航行决策应急方案将逐步应用到航行实践中。研发以人工智能技术为支撑，以"航行脑系统"为代表，具备自操作、自决策、自集成、自交互、全功能的船载自主航行系统、船岸协同远程驾控系统、岸基智能支持系统等新型船用智能系统，完善船岸通信、信息共享和网络安全保障，在提高运营效率的同时提升船舶航行安全将成为未来水路交通安全的发展重点。

1.3.3 我国水路交通安全的挑战与需求

近年来，我国启动实施了一系列水路交通发展战略，水路交通的地位进一步提升，但是也面临着新的挑战。当前，我国的国家经济发展正在进入新时期，转变经济发展方式、调整经济结构、寻求新的发展动能等需求迫切，这就为我国的水路交通业在支撑区域协同、落实安全发展和维护国家权益等方面提出新的需求。作为水路交通的重要内容，我国水路交通安全面临的主要挑战包括水路交通系统的效率提升带来的系统脆弱性，以及事故导致的损失有增大的趋势，单个环节出现问题将产生较大的影响面；载运工具的智能化是提升船舶安全的重要手段，水路交通的复杂性对智能化的实际应用提出苛刻要求；有利于安全水平提升的水路交通系统运行过程的全要素监管对现有的数据处理能力、深度挖掘能力和新型监管方式产生了较大的要求和挑战；水上应急救援的多变性和复杂性对水上应急装备，特别是智能无人救援装备的需求进一步提高；水路交通系统在新一轮技术创新带来的全面革新中，产生对新一代航运系统标准化和体系化的新要求。

面对上述新挑战，国内外对水路交通系统提出了新的需求。"本质安全、运行安全、信息安全"是未来水路交通系统安全问题的重要研究方向。

1) 本质安全

《交通强国建设纲要》以安全保障完善可靠、反应快速为核心，从提升本质安全水平、完善交通安全生产体系、强化交通应急救援能力三个维度，提出安全发展的主要任务与基本策略。因此，提升水路交通系统各要素的本构安全技术水平，构建韧性水路交通系统十分必要。针对复杂环境影响下船舶与航道基础设施本质安全提升需求，重点研究船舶全寿命周期本质安全技术、航道基础设施宽域/备份设计及安全韧性增强技术，构建船舶复杂系统可靠设计及故障预警、航道基础设施功能保持与提升等技术体系，实现航运系统全要素的可靠设计、故障排查、诊断、响应和修复。

2) 运行安全

系统运行是指系统应执行的工作，以及执行该工作所需的条件。在水路交通系统中，运行安全集中体现在水路交通系统运行状态的安全上。作为水路交通系统的主体，船舶及其设备的可靠、可用、可维护性对于提升水路交通系统运行安全至关重要。针对船舶设备运行安全的问题，通过开发各类传感器，实时监控智能船舶各设备的运行信息，并采用人工智能技术从运行信息中对潜在的风险进行辨识和预警，有助于进一步提升水路交通系统的运行安全水平。

3) 信息安全

随着智能船舶、自动化码头、智慧航道等在各关键环节的突破，传统航运业在生产效能的深度和广度方面均得到提升，构建智能化的航运系统将成为未来水路交通系统发展的重要方向，而信息安全则是影响未来水路交通智能化发展的重要环节之一[7]。信息安全集中体现在数据的完整和有效，即保证信息的保密性、真实性、完整性。针对信息安全问题，要重点开发事前感知、事中防御、事后分析的网络安全技术，创新智能航运网络与信息安全管理服务体系，从制度上降低网络安全风险(特别是防止利用网络黑客进行袭击)。

参 考 文 献

[1] 严新平. 水上交通安全导论. 北京: 人民交通出版社, 2010.

[2] 张笛. 枯水期长江通航风险评价和预测方法研究. 武汉: 武汉理工大学, 2011.

[3] 吴兵, 严新平, 汪洋, 等. 水上交通事故人因可靠性定量评价方法. 交通运输系统工程与信息, 2016, 16(4): 24-30.

[4] 张笛, 姚厚杰, 万程鹏, 等. 基于模糊证据推理的内河船舶航行安全状态评价. 安全与环境学报, 2018, 18(4): 1272-1277.

[5] Yan X, Liu J, Fan A, et al. A brief introduction to the development and trend of intelligent ship technology. Ship Engineering, 2020, 42(3): 15-20.

[6] 何延康, 张笛, 张金奋, 等. 海事安全研究发展动态——第 13 届船舶导航与海上运输安全国际会议综述. 交通信息与安全, 2019, 37(6): 1-10.

[7] 严新平, 张金奋, 吴兵. 交通强国战略下水运安全挑战与展望. 长江技术经济, 2018, 2(3): 39-43.

第2章　水路交通安全评价技术

水上交通安全评价是使用系统工程的原理和方法，辨别、分析水路交通系统中存在的危险因素，并根据实际需要对其进行定性、定量描述的技术方法。目的是保证水路交通系统系统安全运行，查明系统中的危险因素，以便采取相应措施控制危险。

2.1　综合安全评估

2.1.1　综合安全评估简介

伴随着风险分析技术的发展，经过世界各国航海风险评估专家积极和富有成效的研究，水路交通安全评价技术也得到快速发展，出现一种从定性和定量两个方面来衡量风险水平的 FSA[1]。

1992 年，劳埃德提出基于风险的安全评估方法，并从战略高度保障海运安全和保护环境。1993 年，英国海事和海岸警备局提出 FSA 的概念，并报告给 IMO。1996 年，英国进行了一系列的研究寻找一个合适的安全评估技术框架，并在高速双体客船上进行试验。该项研究的目标主要放在船员与旅客的安全方面，研究内容包括现行规范下高速双体客船的定量风险水平；按照风险水平选取的风险控制措施，以及采取这些措施的费用与收益。为了促进这项研究，英国将最终报告提交给 IMO 的海上安全委员会。IMO 于 1997 年 5 月召开的海上安全委员会第 68 次会议通过《综合安全评估技术在 IMO 规则制定程序中的应用暂行指南》。

1993 年，英国又提出在国际范围内进行散装货船 FSA 研究的计划。此后，日本也对此进行了独立的研究，一些 IMO 的成员国被邀请进行相关研究。自此，FSA 在 IMO 成员国不同类型的船舶和系统上进行了试验应用。这些研究和试验应用包括客船和滚装船装载危险货物的运输安全评估、直升飞机在游船降落区域安全评估、高速双体客船安全评估、油船新型应急推进装置安全评估、散装货船安全评估等。

为了使安装、操作和安全规范的决策过程更加科学化，2002 年，IMO 对《综合安全评估技术在 IMO 规则制定程序中的应用暂行指南》进行了修订，并正式签署。FSA 作为一个决策支持工具，在不同类型的船舶和操作区域进行过研究和试验应用。FSA 适用于以下应用场景。

(1) 船舶设计、建造规范的制定与修改。

(2) 船舶各系统及其功能的设置与调整。

(3) 船舶航行区域、操纵安全的评估。

(4) 某些类型船舶作业安全评估。

(5) 人为因素对船舶安全影响的评估。

(6) 水上工程、钻井平台作业安全评估。

(7) 水上工程对通航安全影响评估。

(8) 港口安全评估。

(9) 事故及损害评估。

(10) 各类安全公约、规范、标准、规定的制定与修改评估。

2.1.2　综合安全评估主要步骤

对于海上运输安全而言，FSA 是一种结构和系统的安全评估方法，目的是通过风险评价和费用-效益评估提高海运安全，从而保护人员、财产和环境。FSA 包括危险识别、风险评估、风险控制方案选择、费用效益评估、决策建议五个步骤。

1. 危险识别

危险识别的目的是识别所有引起主要事故的潜在危险，并对研究的问题列出危险清单，对研究的问题及其边界应进行定义，包括需制定或修订的法规。

问题定义应涵盖操作实践和当前要求的各个方面，包括以下因素。

(1) 船舶种类与尺度，如船舶种类、吨位和吃水等。

(2) 操作水域，如港区、桥区、坝区和库区等。

(3) 船舶操纵，如航行、装载卸载、靠泊、锚泊和过船闸等。

(4) 事故分类，如碰撞、火灾、爆炸、搁浅和触礁等。

(5) 风险种类，如自然灾害、人为失误、意外事故等。

(6) 船舶操纵环境，如船舶交通服务(vessel traffic service，VTS)系统覆盖情况、气象/水文条件、通航密度、航道条件、航行信息等。

(7) 相关规定，如船舶建造规范、水上工程建造规范、航行停泊作业规定、航道和航标规范等。

2. 风险评估

风险评估的目的在于分析影响安全的风险和因素，包括研究危险事件、造成事故的事态发展及其相互作用的过程。风险评估可用于航运的各个阶段和不同系统。针对危险识别，用各种安全评估方法进行评估，并从定性和定量两个方面评估系统故障事件的概率和可能产生的后果。FSA 方法流程如图 2.1 所示。

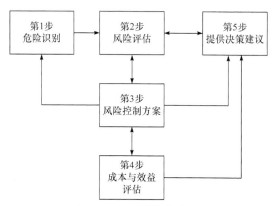

图 2.1　FSA 方法流程图

风险评估可以进一步细分为以下几步。

(1) 构建风险贡献树(risk contribution tree，RCT)。从两个方面构建 RCT，一方面从事故类别入手，通过故障树图形分析来表示事故次类别，以及影响这些事故的因素；另一方面从事故类别入手，通过事件树的结构形式分析每一类事故的发展过程。

(2) 构建和量化影响图。构建影响图的目的是识别各种影响事故概率的因素并对其进行量化。其结果作为 FSA 过程第 3 步的输入。构建影响图时可以考虑三个不同方面的影响，即硬件故障、人为失误、外部事件。

(3) 对 RCT 进行量化。统计分析事故数据，对缺失的数据可通过专家判断等方式来补充。系统故障树的潜在后果严重水平可以用经济术语的形式来量化，表示因此造成的人员伤亡、财产损失和环境损害。最终，通过 RCT 的构建与计算得出潜在人命损失(potential loss of life，PLL)和 FN 曲线(FN-curve)。

3. 风险控制方案选择

选择风险控制方案的目的是提出并选择有效和可行的风险控制方法。根据高风险区域和风险控制措施，常用的风险控制方案可从以下几个方面考虑。

(1) 风险减少的形式(防止或减弱)。

(2) 减轻风险的措施及其产生的费用(工程、机械或程序)。

(3) 采取措施的可信程度(主动或被动、单独或冗余的)。

采取的风险控制措施应能够减少事故发生概率或减轻事故造成的损失。结构审查方法可用于识别所有可能的风险控制措施。

为了降低人为失误造成事故的风险，一些风险控制方法已经得到应用。例如，设置副驾驶员，提高关键性操作的可靠程度；取消单壳油轮，改为双壳油轮，降低油轮触礁或搁浅后造成油品泄漏的风险。

4. 费用效益评估

费用效益评估的目的是识别、确定、比较减少风险获得的收益，以及实施风险控制措施所需付出的费用，通过估算收益和费用支出，建立基本计算模型以便进行费用效益比较。

5. 决策建议

决策建议的目的是为安全决策提供建议。针对控制主要危险的各类风险控制方案，通过费用效益评估、系统分析和评估、专家判断等方式，在考虑控制方案有效性，以及各利益方的利益均衡的情况下，提出合理可行的决策建议。

2.2　事故树分析

2.2.1　事故树分析简介

目前，FTA 是一种广泛用于工程系统可靠性分析的方法。它是引起特定不期望发生的事件的基本故障事件关系的逻辑表示。这个不期望发生的事件是事故树的顶事件。从最上面不期望发生的事件开始，事故树以图形化的方式表示该事件的所有潜在原因。

FTA 考虑部件故障、正常情况、人为错误及其组合。系统几乎总是由子事件组成，而子事件又由子事件组成。为了确定系统的可靠性，需要确定系统中各子系统和部件的影响。事故树是一个逻辑图，通过逻辑门(与门和或门)指示哪些子系统和组件导致顶事件的发生。

事故树使用三类符号，即事件、门和传输符号。事件是可以发生的事情，可以单独发生，也可以与其他事件一起发生，并引发一个不期望发生的顶事件。逻辑门展示事件之间的关系。转换符号用于将事故树的各个部分从一个工作表转移到另一个工作表。

1. 事件类型

(1) 命令事件。矩形的方框是顶事件或中间事件,是由它下面的故障事件组合而成的。

(2) 基本事件。基本事件是事故树中最下层的部分，基本事件、基本部件或组件的故障用椭圆表示。

2. 逻辑门类型

(1) 或门。如果任何连接的低一层的事件发生，上层将发生故障的逻辑门。

(2) 与门。如果所有连接的低一层的事件发生，这个逻辑门才会给出一个故障结果的事件。

3. 转换符号

转换符号是三角形，由一个三角形代表一个事故树，或从一个事故树传送信息到另一个事故树。一个转换符号代表事故树传输到另一个事故树，一般在事件的底部。

典型的自主船动力系统故障事故树示例如图 2.2 所示。

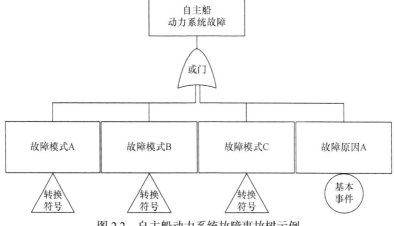

图 2.2　自主船动力系统故障事故树示例

2.2.2　事故树分析主要步骤

FTA 一般包含以下基本程序和步骤。

(1) 针对目标系统广泛收集事故资料，全面考虑已发生和可能发生的事故。

(2) 依据各事故的发生频率和损失选择具有代表性的事故作为 FTA 的顶事件 (top event，TE)。

(3) 调查造成顶事件的相关因素，包括设备故障、操作者的失误、管理和指挥错误、环境因素影响等。

(4) 基于搜集的资料从顶事件开始进行逐级演绎分析，直至基本事件(basic

event，BE)，运用逻辑门连接上下层事件，画出故障树。

(5) 运用布尔代数规则对故障树进行简化，求出最小割集(minimal cut set，MCS)，对各底事件的重要程度进行定性分析。

(6) 基于各底事件的故障率计算顶事件的发生概率。

(7) 通过计算各单元或底事件的结构重要度辨认高风险源，确定故障诊断和修理的排序。

事故树建好后，可以确定顶事件发生的概率，首先必须知道基本事件的概率，有了这些已知的基本事件的概率，同时考虑不同类型的逻辑门，就可以计算上一层事件发生的概率。FTA 的与门和或门如图 2.3 所示。

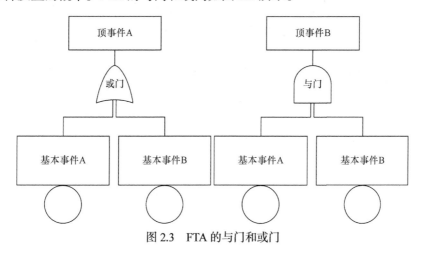

图 2.3　FTA 的与门和或门

与门的故障事件输出发生的概率求解方式为

$$P(x_0) = \prod_{i=1}^{n} P(x_i), \quad i = 1, 2, \cdots, k \tag{2.1}$$

式中，$P(x_0)$ 为与门输出事件 x_0 发生的概率；n 为与门中的输入事件数；$P(x_i)$ 为与门输入事件 x_i 发生的概率。

或门的故障事件输出发生的概率求解方式为

$$P(y_0) = 1 - \prod_{i=1}^{k} (1 - P(y_i)), \quad i = 1, 2, \cdots, k \tag{2.2}$$

式中，$P(y_0)$ 为或门输出事件 y_0 发生的概率；k 为或门中输入事件的个数；$P(y_i)$ 为或门输入事件 y_i 发生的概率。

使用式(2.1)、式(2.2)，以及确定的事故树结构，便可以根据基本事件的概率确定顶事件的概率。

2.3　事件树分析

2.3.1　事件树分析简介

　　与 FTA 相反，ETA 是一种从原因到结果的自下而上的归纳推理方法，用于分析可能导致事故的过程及初事件。ETA 是一种基于二进制逻辑的分析方法，即一个事件只可能有两种结果(发生或者不发生)。从一个初始事件开始，把每种可能都视为一个新的初始事件，在此基础上不断分析可能出现的后果，直至得到最终结果。通过这种分析，ETA 可以将导致事故发生的一系列事件的逻辑顺序以树图的方式呈现出来。该技术可以用于设计阶段初期对系统中潜在的风险因素进行识别，从而防止事故的发生，避免对系统造成负面影响。因此，ETA 是一种能够直观体现事故发生发展全过程的归纳逻辑树图，通过对整个事件动态变化过程的定性和定量分析，在事件隐患发展的不同阶段采取恰当措施阻断其向前发展，从而达到预防事故的目的。一个典型的 ETA 示意图如图 2.4 所示($\bar{B}$、$\bar{C}$、$\bar{D}$ 表示 B、C、D 的反事件)。

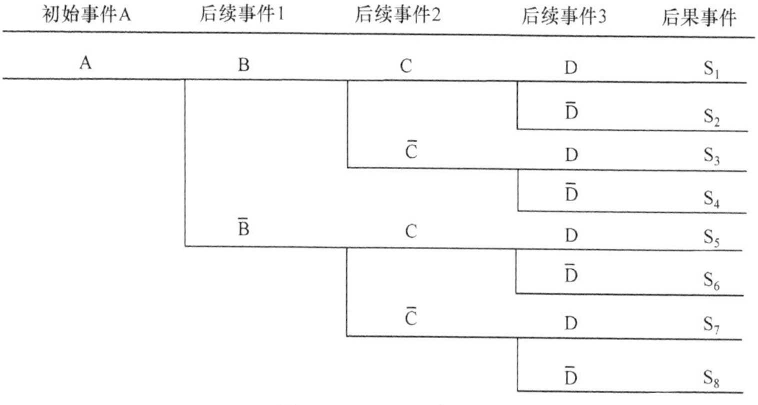

初始事件A	后续事件1	后续事件2	后续事件3	后果事件
A	B	C	D	S_1
			$\bar{D}$	S_2
		$\bar{C}$	D	S_3
			$\bar{D}$	S_4
	$\bar{B}$	C	D	S_5
			$\bar{D}$	S_6
		$\bar{C}$	D	S_7
			$\bar{D}$	S_8

图 2.4　ETA 示意图

　　采用 ETA 的目的是识别复杂工艺过程可能发生的各种事故，进而将可能发生的事故的全过程以树图的形式反映出来。因此，ETA 法十分适合分析初始事件可能导致多个后果事件的情况。

2.3.2　事件树分析主要步骤

　　ETA 的分析过程一般包括以下步骤。

　　(1) 确定的初始事件，一般为系统故障、设备失效、工艺异常、人的失误等，它们都是事先设想或估计的。

(2) 从初始事件开始，自左向右发展事件树，依次考虑各级事件的两种分支状态，层层分解直至系统发生事故或故障。

(3) 分析系统的事故连锁初始事件与事故之间的路径和安全途径初始事件与安全之间的路径，寻找防止事故发生的方法和对策。

(4) 通过各事件发生的概率，计算各种途径下系统事故或故障的发生概率，确定最易发生的事故连锁，采取相应措施减少相关危害状态的出现概率，把事件发展过程引向安全的发展途径。

由于 ETA 反映事件之间的时间顺序，因此应尽可能在事件发展前期过程实现危害状态的控制，从而达到阻截多个事故连锁的效果。ETA 能够清楚地呈现事故的动态发展过程，有助于揭示和分析事故链路径。基于每个阶段事件发生的概率，可以识别风险最高的关键事故路径，从而采取纠正措施阻止事故的发生。

使用 ETA 面临的一个主要问题是，在分析一个复杂系统时，往往可能存在诸多初始事件。这将导致事件树过于庞杂而无法开展评估，从很大程度上削弱 ETA 在实际应用中的操作性。此外，ETA 和 FTA 都无法处理系统各组成部分之间依赖性的问题。

2.4　失效模式和影响分析

2.4.1　失效模式和影响分析简介

FMEA 是对系统各组成部分、元件进行分析的重要方法。它是由可靠性工程发展起来的[2]。这种方法主要分析系统中各子系统和元件可能发生的各种故障模式，查明各种类型故障对邻近子系统或元件的影响，以及最终对系统的影响，提出可能采取的预防改进措施，提高系统的可靠性和安全性。

FMEA 是一种可靠性设计的重要方法。它实际上是故障模式分析和故障影响分析的组合，通过对各种可能的风险进行评价、分析，在现有技术的基础上消除这些风险或将这些风险减小到可接受的水平。及时性是成功实施 FMEA 的一个重要因素，是事前的行为。

2.4.2　失效模式和影响分析主要步骤

系统、子系统、元件在运行过程中，由于性能低劣不能完成规定的功能时，则称为故障发生。FMEA 实际是一组系列化的活动，包括以下步骤。

(1) 找出产品/过程中潜在的故障模式。

(2) 根据相应的评价体系对找出的潜在故障模式进行风险量化评估。

(3) 列出故障起因/机理，寻找预防或改进措施。

水上交通系统安全研究也可以借鉴 FMEA 的思想，通过分析系统及子系统的失效模式，寻求更佳的安全管理对策。FMEA 流程图如图 2.5 所示。

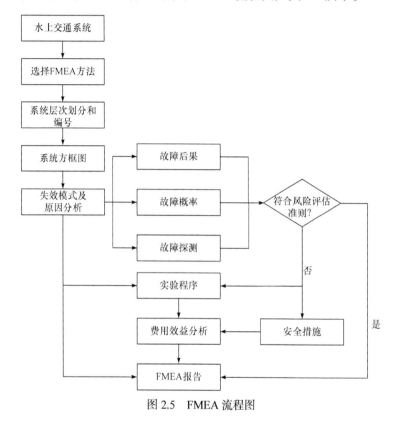

图 2.5　FMEA 流程图

FMEA 方法用于评估潜在的失效模式及其对系统的影响，其评估指标为风险顺序数(risk priority number，RPN)，通过计算 RPN 确定危险源分析的排序。影响该指标的因素包括造成损失的严重性(severity)、事故发生概率(probability)、事故被检测水平(detection)。这三个因素对 RPN 的影响，可以表示为

$$RPN = S \times P \times D \tag{2.3}$$

式中，S 表示故障造成损失的严重程度，若用 1～5 代表故障的严重程度，那么集合 $S = \{1,2,3,4,5\}$，其中 1 表示故障严重程度最轻，无影响，5 表示非常严重的灾难性影响；P 表示故障发生概率；D 表示在注意到事件发生之前检测到事件的概率。

对于故障概率 P 和检测水平 D，同样用集合 $D = \{1,2,3,4,5\}$ 和 $P = \{1,2,3,4,5\}$ 表示，其中 1 表示程度最低，分值越大程度越增强，5 表示程度最高。

2.5　人因可靠性分析

2.5.1　人因可靠性分析简介

HRA 是以分析、预测、减少与预防人因失误为研究核心，以认知、行为科学、信息处理、概率统计等学科为基础，对人的可靠性进行分析和评价的新兴学科。随着认知和行为特性研究的不断深入，以及人因分析理论的不断发展，现已形成三代 HRA 方法[3-5]。

1. 第一代 HRA 方法

常用的第一代 HRA 方法有人的失误率预测(technique for human error rate prediction，THERP)、人的认知可靠性(human cognitive reliability，HCR)、操作员动作树(operator action tree，OAT)、人误评价与减少技术(human error assessment and reduction technique，HEART)。按照类型的不同，THERP、HEART 为典型的任务和时间决定类的 HRA 方法，HCR、OAT 为典型的已有任务决定类的 HRA 方法。此类方法认为，执行任务的人和工作的机械或电子元件一样，存在一定的缺陷，并携带固有的失误概率。在人因可靠性分析中，人执行的任务是由一个个单项任务按照逻辑关系组合而成的。研究人员结合自身的知识和经验对具体的单项任务进行人因失误概率的判断和评价，然后综合考虑情景环境的影响修正人因失误概率的基本值，最后得到人的失误概率。该方法能够提供人因失误概率的估算值，但是仍然存在以下诸多缺陷。

(1) 用机械、电子元件等硬件的可靠性描述人因可靠性，缺乏对人因失误发生的随机性和不确定性等特点的考虑。

(2) 较多分析人的肉眼能观察到的显性行为或失误，未能充分考虑人的肉眼不能观察到的潜在的或隐性的因素。

(3) 专家判断缺乏标准。

(4) 缺乏数据和对分析结果的验证。

2. 第二代 HRA 方法

常用的第二代 HRA 方法包括人误事件分析技术(technique for human event analysis，ATHEANA)、认知可靠性和失误分析方法(cognitive reliability and error analysis method，CREAM)。

ATHEANA 是一种基于运行经验改进的人因可靠性分析方法。ATHEANA 以人的信息处理理论为基础，可以描述特殊情景环境下人的认知或行为响应。

ATHEANA 分析过程有以下步骤。

(1) 识别人因失误事件和不安全行为。

(2) 识别人因失误和不安全行为的原因。

(3) 人的失效事件概率的量化。

(4) 整合人的失效事件的量化概率。

CREAM 是一种基于情景控制模型(contextual control model，COCOM)建立的人因可靠性分析方法。它强调人的认知和行为的输出并非孤立的或随意的，而是受限于人完成任务时所处的环境。

ATHEANA 和 CREAM 都强调情景环境对人的影响，但比较来看，CREAM 在 HRA 方面具有更高的适用性和科学性。其独特的情景控制模型比 ATHEANA 的更加翔实和具体，更能完整地揭示人因失误机理。同时，CREAM 可以提供较为科学、严谨的人因失误概率量化方法，而 ATHEANA 则未提供。

3. 第三代 HRA 方法

第三代 HRA 方法是一种基于仿真的动态建模系统。研究人员通过计算机仿真技术模拟人及其完成任务时所处的情景环境,进一步实现绩效输出的仿真模拟。第三代 HRA 方法可以为动态描述人完成任务时所处的情景环境和人的绩效输出提供理论和技术支持，更好地揭示人-机作用机理和交互特性。比较有代表性的方法包括认知仿真模型(cognitive simulation model，COSIMO)、操纵员-工厂仿真模型(operator-plant simulation model，OPSIM)、人机一体化设计和分析系统(man-machine integration design and analysis system，MIDAS)、决策和行为响应(information decision action in a crew，IDAC)模型。

计算机仿真模拟技术的发展和应用虽然可以克服第一代和第二代 HRA 方法的不足和局限，但是计算机仿真模拟技术固有的技术和理论特殊性也导致第三代 HRA 方法仍然存在以下不足。

(1) 不能处理所有的行为。

(2) 独特的理论框架决定了其只能用于分析特殊的且存在较大潜在风险的事故序列。

人的认知和行为的模糊性、随机性对于人的认知行为特性和情景环境的计算机仿真模拟也是一个挑战。第三代 HRA 方法可以为动态描述人完成任务时所处的情景环境和人的绩效输出提供理论和技术支持，可用于人因可靠性分析方法的比较验证。

2.5.2　认知可靠性和失误分析方法主要步骤

现行的 HRA 方法都表现得比较稳定，并且各有优势。从第一代 HRA 方法的分析思想可知，人因失误概率的确定仍过多依赖专家判断，并且专家判断缺乏统一或明确的标准。与 ATHEANA 相比，CREAM 独特的情景控制模型更加翔实和具体，更能完整揭示人因失误机理。同时，CREAM 提供较为科学、严谨的人因失误概率量化方法，而 ATHEANA 未能提供。

因此，考虑 HRA 方法的评价结果和篇幅限制，这里简要介绍 CREAM 的主要步骤。

CREAM 的核心思想认为，情景环境诱发人因失误。其创始者 Hollnagel 基于大量的实验和实践材料分析结果，将情景环境归纳为 9 大类共同绩效条件 (common performance condition，CPC)。随着情景环境的变化，CPC 权重因子对绩效可靠性的期望效应(以下简称效应)也发生变化。CPC 及其权重因子如表 2.1 所示。

表 2.1　CPC 及其权重因子

CPC 因子	CPC 水平	对绩效可靠性的效应	行为功能失效对应的权重因子			
			观察	解释	计划	执行
组织完备性	非常充分	改进	1.0	1.0	0.8	0.8
	充分	不显著	1.0	1.0	1.0	1.0
	不充分	降低	1.0	1.0	1.2	1.2
	不完备	降低	1.0	1.0	2.0	2.0
工作条件	优越	改进	0.8	0.8	1.0	0.8
	适宜	不显著	1.0	1.0	1.0	1.0
	不适宜	降低	2.0	2.0	1.0	2.0
人机界面与运行支持的完善程度	辅助支持	改进	0.5	1.0	1.0	0.5
	适当	不显著	1.0	1.0	1.0	1.0
	容许	降低	1.0	1.0	1.0	1.0
	不适当	降低	5.0	1.0	1.0	5.0
规程/计划可用性	恰当	改进	0.8	1.0	0.5	0.8
	可接受	不显著	1.0	1.0	1.0	1.0
	不恰当	降低	2.0	1.0	5.0	2.0
同时出现的目标数量	超过实际	不显著	1.0	1.0	1.0	1.0
	符合实际	不显著	1.0	1.0	1.0	1.0
	低于实际	降低	2.0	2.0	5.0	2.0

续表

CPC 因子	CPC 水平	对绩效可靠性的效应	行为功能失效对应的权重因子			
			观察	解释	计划	执行
可用时间	充足	改进	0.5	0.5	0.5	0.5
	暂时不充足	不显著	1.0	1.0	1.0	1.0
	连续不充足	降低	5.0	5.0	5.0	5.0
值班区间	白天	不显著	1.0	1.0	1.0	1.0
	晚上	降低	1.2	1.2	1.2	1.2
培训和经验的充分性	专家	改进	0.8	0.5	0.5	0.8
	适宜经验	不显著	1.0	1.0	1.0	1.0
	经验不足	降低	2.0	5.0	5.0	2.0
班组成员的合作质量	高效	改进	0.5	0.5	0.5	0.5
	有效	不显著	1.0	1.0	1.0	1.0
	无效	不显著	1.0	1.0	1.0	1.0
	效果差	降低	2.0	2.0	2.0	5.0

CREAM 基本法定量预测以 CPC 因子效应评价为基础。其分析步骤如下。

(1) 建立任务的事件序列。

(2) 评价 CPC。专家或技术人员根据当时的情景环境, 对 CPC 因子水平进行评价, 确定 CPC 因子的效应。

(3) 确定控制模式。

根据 CPC 因子水平评价结果, 参考图 2.6 提供的控制模式与 CPC 因子关系图, 确定该情景环境下人的控制模式。CREAM 是基于情景控制模型建立的 HRA 方法。情景控制模型认为, 根据情景环境的优劣差异, 人的控制模式依次为战略型、战术型、机会型和混乱型。

(4) 预测失误概率。

控制模式与失误概率关系如表 2.2 所示。由此可以获得人的失误概率区间。

表 2.2　控制模式与失误概率关系

控制模式	失误概率
战略型	(0.00005, 0.01)
战术型	(0.001, 0.1)
机会型	(0.01, 0.5)
混乱型	(0.1, 1.0)

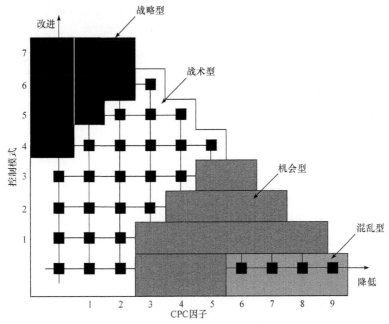

图 2.6　控制模式与 CPC 因子关系图

2.6　贝叶斯网络

2.6.1　贝叶斯网络简介

　　BN 是一种用不确定性知识表示和推理的技术，也是一种最有效、应用最广泛的风险评估方法[4]。20 世纪 90 年代早期，BN 不但在研究机构中，而且在很多行业中都是一个热门话题。在人工智能领域，基于 BN 的研究和应用已经越来越多。与其他基于专家的系统技术的不同之处在于，BN 要求用户具有良好的洞察力，加上理论和实践经验，可以充分利用概率推理提供的功能。不确定性有许多来源，如观察不准确、信息不完整或模糊。贝叶斯公式概述图如图 2.7 所示。

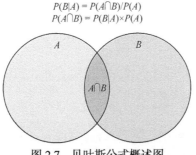

A 发生条件下 B 发生的概率

$$P(B|A) = P(A \cap B)/P(A)$$
$$P(A \cap B) = P(B|A) \times P(A)$$

图 2.7　贝叶斯公式概述图

BN 是伴随人们认识复杂事物的过程产生的，对于一个多因素耦合导致的复杂事件，用全概率公式表述各因素与事件的相互关系过于复杂，因此通过定义各影响因素之间具有相互独立性，可以减少定义全概率公式的概率条目。在具体应用中，BN 是一个有向无环图(directed acyclic graph，DAG)，一个基本的 BN 由节点、连接节点的箭头或有向边组成。其中，节点表示影响事件的随机变量，节点间通过有向边表示其相互关系。有向边由父节点指向子节点，父节点和子节点之间通过条件概率表示影响程度的大小。

2.6.2　贝叶斯网络主要步骤

根据传统的贝叶斯概率公式，可得

$$P(A \mid B) = \frac{P(B \mid A)P(A)}{P(B)} \tag{2.4}$$

考虑每个不同变量可能存在多个状态参数，如父节点变量 A 有 n 个状态 $\{a_1, a_2, \cdots, a_n\}$，子节点变量 B 有 m 个变量 $\{b_1, b_2, \cdots, b_m\}$，在此情况下变量 A 和变量 B 的条件概率为

$$P(a \backslash b) = \begin{bmatrix} P(a_1 \mid b_1) & P(a_1 \mid b_2) & \cdots & P(a_1 \mid b_m) \\ P(a_2 \mid b_1) & P(a_2 \mid b_2) & \cdots & P(a_2 \mid b_m) \\ \vdots & \vdots & & \vdots \\ P(a_n \mid b_1) & P(a_n \mid b_2) & \cdots & P(a_n \mid b_m) \end{bmatrix} \tag{2.5}$$

考虑变量 A 和变量 B 相互独立的特点，其边缘概率为

$$P(a_m) = \sum_{j=1}^{n} P(a_m \mid b_j) P(b_j) \tag{2.6}$$

BN 除具有较少全概率公式概率条目的优点外，还能够有效融合专家数据和历史数据。由于 BN 各节点之间具有相互独立性，因此 BN 还具有马尔可夫覆盖性的特点，这也是 BN 在不确定性推理研究中的优点。从建模来看，BN 具有定性和定量建模的两个优点。定性是指利用无向图可以直观地描述各个节点之间的继承关系。定量建模是指各节点之间的关系可以利用概率进行描述。

贝叶斯理论的推理算法主要基于以下公式，即

$$P(X_1, X_2, \cdots, X_n) = \prod_{i=1}^{n} P(X_1 \mid \mathrm{parent}(X_i)) \tag{2.7}$$

$$P(Y = y_i, X = x_i) = P(X = x_i) P(Y = y_i \mid X = x_i) \tag{2.8}$$

$$P(Y = y_i) = \sum_i P(X = x_i) P(Y = y_i \mid X = x_i) \tag{2.9}$$

$$P(X = x_i | Y = y_i) = \frac{P(X = x_i)P(Y = y_i | X = x_i)}{P(Y = y_i)} \tag{2.10}$$

式(2.7)为条件独立公式，式(2.8)为贝叶斯联合概率公式，式(2.9)反映的是边缘化定理，式(2.10)为贝叶斯定理公式。

在 BN 模型中，节点和弧是 BN 的基本组成部件，弧主要用来反映节点之间的因果关系，而节点往往表示的是模型中的风险因子。弧的量化主要通过节点对应的条件概率表(conditional probability table，CPT)来表示。在贝叶斯方法建模时，往往首先需要确定的就是拓扑结构图，即节点和连接关系。一般采用事故数据训练得到或通过专家经验手动建立，事故数据建立 BN 模型需要大量的数据才能更加准确，而专家经验往往构建更为简单，而且关联性较强。

2.7　证　据　推　理

2.7.1　证据推理简介

证据理论[6]最早由 Dempster 于 20 世纪 60 年代提出，70 年代又经 Shafer 进一步发展，因此也称 Dempster-Shafer 理论，或者 D-S 理论。D-S 理论起初被作为专家系统中信息融合的一种近似推理方法，随后逐渐被应用于不确定条件下的决策领域。

从 20 世纪 90 年代开始，基于 D-S 理论的证据推理方法被应用于多准则决策(multiple criteria decision making，MCDM)问题，体现出较传统方法更好的不确定性问题处理能力，因此近年来在各领域也有广泛应用。

2.7.2　证据推理主要步骤

D-S 证据理论假定一组互斥事件的完备样本空间集合 Θ(称为识别框架)为

$$\Theta = \{\theta_1, \theta_2, \cdots, \theta_i, \cdots, \theta_n\} \tag{2.11}$$

式中，θ_i 为识别框架内的一个元素或事件；n 为元素的总数。

识别框架 Θ 的所有子集组成的集合称为 Θ 的幂集，记作 2^Θ，表示为

$$2^\Theta = \{\phi, \{\theta_1\}, \{\theta_2\}, \cdots, \{\theta_n\}, \{\theta_1 \bigcap \theta_2\}, \{\theta_1 \bigcap \theta_3\}, \cdots, \{\theta_i \bigcap \theta_j\}, \cdots, \Theta\} \tag{2.12}$$

式中，ϕ 为空集；$i, j \in [1, n], i \neq j$。

1) 基本信任分配

在 D-S 证据理论中，对证据的信任程度用基本信任分配函数 m 表示。用基本信任分配函数表述信任程度的原因是，使它成为一个可移动、可组合、可分解的

量。D-S 证据理论和概率论之间的一个根本区别是，它们如何处理未知(缺乏知识)。概率论将概率平均分配，即使在缺乏知识的情况下也是如此。例如，当只有两种可能性 H 与 H' 时，$P(H)$ 是 50%，按照概率论的规则，则有 $P(H) + P(H') = 1$。这意味着，任何不支持假设的信息都是反对假设的。概率论没有考虑不确定性，即没有证据支持非假设，也会强制指定一个值来反驳假设。

在 D-S 证据理论中，未知并不会自动被划分为非假设。基本信任分配函数 m 中只有确定的概率，任何不属于特定子集的信任程度都被称为不确定性。D-S 证据理论将幂集的每个元素与 0~1 的实数联系起来，即对幂集中一个子集的信任程度可以取 0~1 的任何值。D-S 证据理论不信任空集，且对所有子集的信任程度之和为 1，即

$$\begin{cases} m(X) \in [0,1], & X \in \Theta \\ m(\phi) = 0 \\ \sum_{X \in \Theta} m(X) = 1 \end{cases} \tag{2.13}$$

式中，$m(X)$ 为事件 X 的基本信任分配函数，代表证据对 X 的信任程度，$m(X) > 0$ 时，称 X 为焦元；$m(\phi) = 0$ 代表不信任空集。

2) 信任函数

在识别框架 Θ 上，基于基本信任分配函数 m 的信任函数定义为

$$\text{Bel}(X) = \sum_{X_i \subseteq X} m(X_i) \tag{2.14}$$

式中，$\text{Bel}(X)$ 为基于现有证据对假设 X 的最小信任程度。

3) 似然函数

在识别框架 Θ 上，基于基本信任分配函数 m 的似然函数定义为

$$\text{Pl}(X) = \sum_{X_i \cap X \neq \phi} m(X_i) \tag{2.15}$$

其中，$\text{Pl}(X)$ 代表基于现有证据对假设 X 的最大信任程度。

4) 信任区间

在证据理论中，一般情况下，$0 \leqslant \text{Bel}(X) \leqslant \text{Pl}(X) \leqslant 1$。$\text{Bel}(X)$ 与 $\text{Pl}(X)$ 组成的信任区间为 $[\text{Bel}(X), \text{Pl}(X)]$，表示现有证据对假设的信任范围。

D-S 合成规则是 Dempster 提出的用于计算两个或多个基本信任分配函数正交和运算的法则，可反映证据间的联合作用。D-S 合成规则可实现发现新的证据时，综合已有的证据信息获得总体的信任程度。

(1) 两个证据的合成，即

$$m_1 \oplus m_2(Z) = \sum_{X \cap Y = Z} m_1(X) m_2(Y) \tag{2.16}$$

式(2.16)是对所有满足条件 $X \cap Y = Z$ 的元素进行证据合成。D-S 合成规则将基本信任分配结合起来产生一个新的信任分配。新信任分配可以代表可能相互矛盾的证据的整合或共识。当两条证据不一致时，D-S 合成规则可以表示为

$$m_1 \oplus m_2(Z) = \frac{\displaystyle\sum_{X \cap Y = Z} m_1(X) m_2(Y)}{1 - P} \tag{2.17}$$

$$P = \sum_{X \cap Y \neq \phi} m_1(X) m_2(Y) = 1 - \sum_{X \cap Y = \phi} m_1(X) m_2(Y) \tag{2.18}$$

式中，P 表示证据间冲突的程度，$P = 1$ 表示完全证据冲突，$P = 0$ 表示证据完全一致；$1 - P$ 用于归一化，保证焦元之和为 1。

(2) 多个证据的合成。设 $m_1, m_2, \cdots, m_n$ 是识别框架 Θ 上的 n 个基本信任分配函数，焦元分别为 $X_i (i = 1, 2, \cdots, N)$，则合成规则为

$$\begin{cases} (m_1 \oplus m_2 \oplus \cdots \oplus m_n)(X) = \dfrac{\displaystyle\sum_{X_1 \cap X_2 \cap \cdots \cap X_n = X} m_1(X_1) m_2(X_2) \cdots m_n(X_n)}{1 - P}, & X \subseteq \Theta, X \neq \phi \\[4mm] P = \displaystyle\sum_{X_1 \cap X_2 \cap \cdots \cap X_n \neq \phi} m_1(X_1) m_2(X_2) \cdots m_n(X_n) = 1 - \displaystyle\sum_{X_1 \cap X_2 \cap \cdots \cap X_n = \phi} m_1(X_1) m_2(X_2) \cdots m_n(X_n) \end{cases}$$

$$\tag{2.19}$$

2.8　韧性工程理论

2.8.1　韧性工程理论简介

韧性于 20 世纪 70 年代提出，最初用于生态学领域，表达森林周期性的成长形态，包括树木群体的增殖、受到损毁后的衰减，以及其后的再生等阶段[7]。由于韧性概念可以很好地刻画一个系统在遭受冲击后"复原"的能力，从而直观上较好地符合研究者对系统在稳定性表现方面的期望，因此逐步在社会经济、组织管理、国土安全、生态环境和工程技术等领域引起广泛的关注，并得到迅速推广。在安全科学领域，韧性观点对系统安全的研究产生了深刻的影响。与传统的风险概念相比，韧性至少在以下方面体现出研究思维上的演进。

(1) 韧性研究倡导对不利事件的全时态应对。

(2) 韧性研究强调利益主体行为和决策的连续性。

(3) 韧性研究注重风险主体自身能力成熟度的提升。

韧性思想的一种代表性表述认为，韧性(方法)是一个系统需要具备的若干核心能力及其互相依赖、共同发挥作用的过程，包括感知、预测、响应和学习。韧性思想的一种代表性表述如图 2.8 所示。感知是系统的异常表征纳入监测范围，即系统要"知道去发现什么"；预测是基于感知到的信息、知识，提前判断可能的危险和灾难，即系统要"知道和预料会发生什么"；响应是感知和预测信息融入认识后采取的进一步行动，以减轻不利事件的后果，即系统要"知道做什么"；学习是通过系统过去发生的事件形成经验和认知，从而准确判断系统当前的状况，即系统要"知道已经发生了什么"。同时，将系统边界以外的部分统称为环境。系统和环境都需要被感知，响应行为也会同时影响系统和环境。

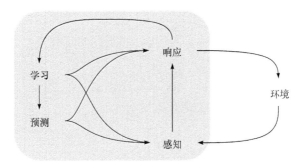

图 2.8　韧性思想的一种代表性表述

众多研究者以各自的研究领域为背景对韧性的定义做了大量深入的探讨。目前安全工程领域中的韧性仍然以一种共识性的概念形态存在于学术研究中。不同研究者对韧性主要有三种共性认识。

(1) 韧性是系统的一种能力。

(2) 韧性旨在刻画系统的过程表现。

(3) 韧性着眼于研究系统的恢复。

在这个概念框架的范围内，韧性包括系统的一系列系统特性。主要特征如表 2.3 所示。其中，健壮性、冗余性、应变能力(资源充裕度)、时效性通常被视为最重要的四种韧性属性。

表 2.3　系统韧性的主要特征

主要特征	具体含义
事前行动	个体、组织和系统在不利事件前行动的能力，包括预测挑战、为有效应对风险或威胁进行计划和准备
态势感知	紧急情况下，人员、组织、设备保持感知并创建操作情景的能力，向各级决策人员提供关于操作环境的知识和理解
抵御	在威胁、风险、破坏到达前或到达时，对其进行重定向、阻碍、削弱的能力，包括固有设计、积极或消极策略

续表

主要特征	具体含义
缓冲	系统面临不利事件时吸收冲击并缓慢降级的能力
健壮性	系统经受内外压力并维持关键功能的固有强度或能力
冗余性	不完全依靠任何关键子系统，重视选项和替换，有目的地多元化及分散关键资产和资源
应变能力	个体或组织在事中或事后适时应对风险和变革的能力，包括灵活性和适应性
恢复	系统经历不利事件后在较低或更高的性能水平上运转的能力，依赖实际需要、约束和学习能力
时效性	系统经历不利事件后恢复到一定表现水平需要的时间长度
学习能力	系统、组织应用先前事件中学习到的经验教训提升未来不利条件下表现水平的能力
成本可行	系统应对灾难的经济可行性和实际性，反映维持系统功能的成本阈值水平。在该阈值上，可以允许系统失效或状态改变

2.8.2　韧性工程理论研究方法

1. 韧性理论的主要研究方法

为了能取得更深入的量化结果，关于韧性的一些高级建模方法持续涌现总体可分为几种。

1) 网络结构的方法

采用网络结构对社会-技术系统进行描述，能够有效表现系统内各种元素之间的交互依赖关系。2000 年前后，复杂网络的研究热潮开始席卷学术界，从那时起网络韧性就成为复杂网络中的一个重要研究问题。虽然复杂网络初期研究中关于韧性的概念与现代安全工程中的韧性不尽一致，但是复杂网络中的方法和手段无疑极大地塑造了安全工程领域内的韧性研究。Ganin 等对多层有向无环图和双耦合无向图的网络性能进行了测试，旨在发现主要的网络特性参数如何影响韧性曲线的形态。Ramirez-Marquez 等采用网络中起始和目的节点之间通路的宽度衡量网络性能。Fang 等基于网络系统韧性对节点的重要度进行测算，其中节点重要性表现在修复的优先级等方面。上述研究表明，使用网络模型对于计算交通、通信、电力等关键基础设施的韧性是一种有效研究途径。

2) 动态方程的方法

系统韧性的动态表现一直是个极富挑战性的问题。传统的基于微分方程的动力系统无疑是这个问题的主要工具。Gao 等在传统动态系统之上增加了一项用于描述系统组件之间的行为，通过构造关联矩阵揭示组件间的彼此影响，并由关键参数的取值变化观察系统韧性曲线簇的分叉、混沌等临界性状。Cimellaro 等将系统的韧性曲线看成一种谐振子的阻尼行为，并用二阶线性微分方程表示。方程参数的变化会产生过阻尼或临界阻尼等曲线形态。采用动力系统研究系统韧性的基本假设在于，系统遭遇冲击后的恢复性能受到一组规则的支配，而这组规则可以进一步通过性能曲线的高阶导数来表述。

3) 不确定性的方法

基于不确定性方法的系统韧性研究包含采用随机、模糊、主观评分等十分丰富的手段。这类方法均承认对系统韧性的各种特征都无法准确得到，因此采用"或然"的形式给出宽松的估计范围。Chang 等提出评价韧性的概率模型，主要衡量系统功能损失和恢复时间长度。Francis 等引入熵权作为韧性的一个组成因子，刻画多个专家对不利事件的判断。Ouyang 等把性能曲线看成一个随机过程，系统中多种危害事件发生和持续的时间也使用随机变量来处理。Azadeh 等通过模糊认知地图(fuzzy cognitive map，FCM)评价工程韧性的因素，并描述了 9 个因素之间的推理。学术界对系统韧性中的不确定因素非常重视，并进行了相应的建模，反映了安全工程中最本质的挑战，即对未知情景的预料。

2. 风险与韧性概念研究路线的对比

尽管风险和韧性研究面临一些共性问题和困难，但是大量面向实际应用的风险和韧性研究工作已在不同工程领域付诸实施。风险和韧性的一个重要差别在于，风险分析用于事前才具有意义，韧性则可用于事前评估或事后回溯分析。除去对理论框架、概念内涵等认识层面的探讨，从已有的量化研究工作来看，两者采用的研究工具并没有太大的不同。这也说明，对于一个给定的安全关键活动或系统，风险和韧性的主要差异在于对评估准则或决策目标的导向。如表 2.4 所示，各类工具在韧性理论中开展应用时，更多地要强调能给出时变模型，如动态 BN、动态事件树等。这也对此类更基础的模型研究提出较高的要求。

表 2.4　常用技术处理手段在风险和韧性研究中的应用比较

技术选项		两种理论中的侧重应用方式	
		风险研究	韧性研究
数据驱动	历史事故统计	提取不利事件种类和发生可能性(频度)	提取典型的韧性模式，含事前、事中、事后的性能表征
	事件相关度分析	建立事件间独立/关联性的数字或量化特征	建立特定场景中事件序列的时间依赖性模型
	损失分析	基于大样本数据对相似的不利事件的后果做出估计	基于大样本数据对相似的不利事件的恢复过程做出估计

续表

技术选项		两种理论中的侧重应用方式	
		风险研究	韧性研究
仿真方法	离散事件仿真	基于系统各个组件的状态、负荷和工作机制模型，针对不利事件的爆发及其对系统的冲击，仿真计算不利事件的破坏程度	根据系统各个组件自修复或者接受外部资源后的恢复机制，仿真系统的整体功能恢复过程
	蒙特卡罗仿真	对不利事件触发因素的偶然随机性进行模拟	对不利事件修复过程中制约因素的偶然随机性进行模拟
专家调查	指标选定	确定风险因子，识别风险源	确定系统的实时性能值及其含义，用于绘制韧性曲线
	经验估计	不利事件的主观可能性(置信度)	构建不利场景的事件树
	模糊语义分析	提取不利事件触发的模糊因果规则	为不利事件各个要素之间的依赖关系建模，如构筑模糊认知地图
不确定方法	BN	设计不利事件及其他关联事件之间的依赖关系(拓扑)和条件概率表	利用动态 BN 为系统状态的时变特性进行建模
	模糊推理	对设定的不利事件，通过推理进行致因分析，提取风险因素及其诱发不利事件的条件	依照规则对事件演化的预测性推演

2.9　水上交通安全评价技术总结

作为 IMO 推荐的标准化风险评估框架，FSA 已经成为水路运输系统不同类型、不同环节、不同水域和船舶的风险定量或定性评价的基本研究框架。该框架不但能够识别和评估所研究系统的整体风险、识别关键影响因素并进行定量评价，而且可以根据风险状况提出控制方案并进行费用效用评估。按照风险评估-风险控制-风险再评估这种不断迭代循环的思路，将系统的整体风险降低至可接受水平(as low as reasonable practicable，ALARP)。这套风险评价思路已经被学术界和工业界普遍接受和采用。

在 FSA 框架下，多种理论和方法被引入风险评价和决策，其中故障树和事件树的特点是能够对事故发生的致因链进行层次化拆解，形成由多个基本事件逻辑关系组成的树状结构。根据对基本事件的风险预测整体风险，它们已经在碰撞事故、搁浅事故等方面有大量成功的案例研究。与故障树和事件树的树状结构不同，BN 能够体现多个因素之间的关联性，在宏观和微观海事风险定量和定性评价中具有广泛的应用场景，成为最常用的一种方法。

此外，证据理论模型能够更好地表达风险置信度的不确定性，通过层级之间的传递不断进行因素合成，实现顶层风险的评价。这种方式能够克服 BN 无法表现事件发生概率的不确定性这一缺陷。失效模式和影响分析主要从定性角度尽可能穷尽事故发生的可能路径，并对每个路径发生事故的后果进行预测。

人为失误作为水上交通事故的主要致因，已经发展了三代，整体上属于定性分析，或者从宏观层面进行定量统计分析。近年来，有研究人员开始注重从微观层面分析人为失误的内在发生机制，例如利用脑电图(electroencephalogram，EEG)、血氧蛋白等数据研究人为失误与生理特征之间的关系，成为一个新的研究方向。

基于交通流仿真的碰撞风险评价是一种经典的分析方法，主要是从交通行为的角度分析航行水域的区域碰撞风险。在此模型下，包括船舶领域、碰撞直径、最近碰撞距离(minimum distance to collision，MDTC)、碰撞冲突技术模型等在不同类型的水域(海峡、港口、港湾、内河等)都有广泛的应用。

参 考 文 献

[1] Wang J. A brief review of marine and offshore safety assessment. Marine Technology, 2002, 24(2): 77-85.

[2] Wikipedia. Failure mode, effects, and criticality analysis.http://en.wikipedia.org/wiki/Failure_mode, effects, _and_criticality_analysis[2010-10-2].

[3] Fan S Q, Blanco D E, Yang Z L, et al. Incorporation of human factors into maritime accident analysis using a data-driven Bayesian network. Reliability Engineering and System Safety, 2020, 203: 107070.

[4] Fan S Q, Zhang J F, Blanco D E, et al. Maritime accident prevention strategy formulation from a human factor perspective using Bayesian networks and TOPSIS. Ocean Engineering, 2020, 210: 107544.

[5] 范诗琪, 严新平, 张金奋, 等. 水上交通事故中人为因素研究综述. 交通信息与安全, 2017, 35(2): 1-8.

[6] Dempster A. Upper and lower probabilities induced by a multi-valued mapping. Annals of Mathematical Statistics, 1967, 38: 325-339.

[7] Timmerman P. Vulnerability, resilience and the collapse of society: A review of models and possible climatic applications. Toronto: University of Toronto, 1981.

第3章 水路交通事故分析技术

水路交通风险评估是事故发生前对事故可能发生的风险进行评估。水路交通事故分析则是在事故发生后，根据事故发生前的通航条件和船舶信息，以及事故发生过程数据，对事故发生特征、规律、致因进行分析。它是水路交通风险识别、水路交通风险评估，以及水路交通事故预测的重要依据。

3.1 概　　述

3.1.1 水路交通事故调查

水路交通事故调查是指海事管理机构代表国家，为维护水路交通秩序、保障水路运输安全、保护公共财产和公民合法权益进行的行政调查。水路交通事故调查可以查明事故原因，认定事故当事人的责任，提出安全管理建议，对保障水路交通安全形势和社会经济的发展具有重要的意义[1]。

水路交通事故调查是依据国际公约及国内法律法规规定开展的一项工作，《联合国海洋法公约》(United Nations Convention on the Law of the Sea，UNCLOS)第二条和第九十四条分别规定了沿岸国和船旗国在水上交通事故调查方面的职责，但是对于调查的性质并未明确。IMO 制定的一系列公约也对事故调查提出要求，如《国际海上人命安全公约》(International Convention for Safety of Life at Sea，SOLAS)第一章(C 部分)规定：事故主管机关有义务调查；缔约国政府有义务向 IMO 报告事故。《国际防止船舶造成污染公约》(International Convention for the Prevention of Pollution from Ships，MARPOL)第十二条、《1966 年国际船舶载重线公约》第二十三条等均对调查工作提出要求。《IMO 强制性文件实施规则》(IMO A.973(24)决议)在船旗国的职责中规定船旗国应具有对海上事故进行调查所需的资源，并要求对每一海上事故或污染事故开展调查；在对沿岸国的职责中也提及沿岸国应该制定和实施控制和监督计划，以便在适当时与船旗国和/或港口国合作进行海上事故调查。此外，IMO A.849(20)决议为事故调查开展提供了一个统一的方法，A.884(21)等又进行了补充完善。为了督促各成员国积极开展调查，IMO 以 MSC.255(84)决议通过了《海上事故和事件安全调查国际标准和建议做法规则》(《事故调查规则》)，并于 2010 年 1 月 1 日生效。《事故调查规则》第一章明确规定安全调查的目的不是划分过失或确定责任，而是防止将来事故的再次发生。

为规范履约工作，中国海事局依照 IMO A.973(24)决议制定了《中国海事履约规则》。在安全调查方面，为了履行 MSC.255(84)决议，中国海事局专门制定了《涉外海上事故或事件安全调查管理规定》，其中第三条明确规定中国海事局主管涉外海上事故或事件的报告和安全调查工作。也就是说，对涉外水上交通事故开展安全调查的职责是在中国海事局[2]。下级海事机构应按照第六条的要求逐级上报事故信息，同时提供水上交通事故调查处理材料，供安全调查调取。

各级海事机构主要依据《中华人民共和国海上交通安全法》(《海交法》)和《中华人民共和国海上交通事故调查处理条例》开展调查。其中，《海交法》第七章海上交通事故调查处理部分规定调查海上交通事故，应当全面、客观、公正、及时，依法查明事故事实和原因，认定事故责任。

水路交通事故调查的处理流程如图 3.1 所示。船舶在辖区通航水域发生事故后，先由海事管理部门直接对事故现场进行处理，包括事故现场的应急与救助。救助成功后，开始事故调查，对事故直接原因进行分析，判断各方事故责任及其他相关的现场处理。通航、船舶和船员管理部门对事故调查处理的流程一般分为两个阶段[3]。

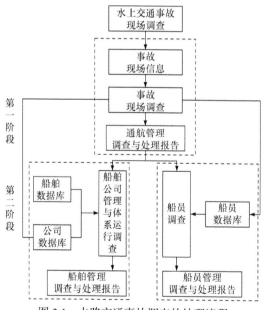

图 3.1　水路交通事故调查的处理流程

1) 第一阶段

海事通航部门对事故的救助完成之后，对事故现场进行初步调查，由船舶管理部门和船员管理部门向通航管理部门提供事故船舶及其所在公司情况和责任船员情况，通航管理部门根据这些情况资料再次进行事故现场调查，最终得到水上交通事故调查和处理报告。

2) 第二阶段

船舶管理部门根据通航管理部门提供的事故资料，对事故船舶及其所在公司进行更深层次的分析和调查，寻找公司和船舶管理上的缺陷。船员管理部门根据通航管理部门所提供的事故资料，对事故船员进行违法扣分。

3.1.2　主要水路交通事故数据库

无论是船舶风险评估，还是事故分析都需要大量的事故及航行安全数据的支持，因此十分有必要建立水路交通事故数据库。目前，大部分国家已经建立基于事故调查的事故数据库系统。这些数据库系统中一般都详细记录了事故发生的日期、时间、位置、天气、船舶的尺度、装载量、技术缺陷、甚高频(very high frequency，VHF)通信、伤亡人数、船舶及航道设施损坏等信息。

目前，国际上常用的数据库是 IHS Fairplay 数据库。该数据库前身为英国劳埃德船级社的事故数据库，由美国 IHS 公司提供，现为 100 多个国家和地区服务，提供 100GT 及以上商船最全面的信息。其次是 IMO 主导创建的全球综合航运信息系统(global integrated shipping information system，GISIS)。

1) IHS Fairplay 数据库

IHS Fairplay 提供了世界上最大的海事数据库。该数据库资料可追溯至 1764 年发布的《劳埃德船舶登记册》(Lloyd's Register of Ships)，其中涵盖船舶特征、移动、船东、伤亡人数、港口、新闻和研究等。其主要产品有定制海事数据服务、航行信息、能源交易、船舶、所有权、船厂和公司信息、港口信息、全球海事统计报告、实用指南和手册、新闻和分析、广告服务等。

IHS Fairplay 数据库提供按船名、船旗国、船籍港、IMO 编号、呼号、MMSI 编号、船舶尺度(包括吨位、型长、型宽、型深、吃水)、载货类型及容量、船东、船舶状态、船舶结构(船舶类型、船壳结构、船壳材料等)、机械设备(主机/辅机类型、推进器类型、制造商、功率等)对船舶进行查询。同时，提供按船名、LMO 编号、事故编号、事故严重程度、伤亡人数、事故类型、污染情况、天气情况、货物类型、船舶类型、船舶吨位、船旗国、事故发生水域等对事故进行查询。同时，提供对船舶、事故的统计功能，但是需要额外收费。

2) GISIS 数据库

GISIS 是 IMO 牵头建立的可供公众在线查阅的全球航运数据库[4]。GISIS 数据库主要分为 19 个子模块，包括船舶资料、海上保安、认可机构、海上人身伤亡事故和突发事件、港口接收设施、联络点、污染防治设备、海盗及武装抢劫船舶、国际海上交通便利等。

海上人身伤亡事故和突发事件模块(简称事故模块)为记录海事事故详细数据的数据库。该模块包含收集于船舶事故中的两类信息。第一类信息是从各种渠道收集的事故数据,大部分为结构化数据。第二类信息是 IMO 提供事故分析报告或事故全面调查报告。该模块还包含旨在确定有关海洋运输(或航运业)潜在趋势或问题的分析报告。

事故模块的检索可分为基本检索和高级检索。基本检索通过涉事船舶的船名/呼号、船旗国、事故类型、事件日期、沿海国政府、公众调查报告等关键字来查询。高级检索是检索事故相关专题数据,如船舶受损数据、事故泄漏数据等。

GISIS 中的安全事故调查数据和报告由全球各国向 IMO 报送。由于欧盟国家通过欧洲海上事故信息平台——EMCIP 更新海上事故信息,为了避免两个系统内容重复,EMCIP 的事故数据将自动转发至 GISIS,即欧盟国家仅需通过EMCIP,便可向 GISIS 提交事故信息。2011～2020 年 GISIS 记录的事故量如表 3.1所示。

表 3.1　2011～2020 年 GISIS 记录的事故量

年份	2011	2012	2013	2014	2015	2016	2017	2018	2019	2020
事故量/条	376	462	519	434	377	370	360	234	219	118

3) 我国的海事数据库

我国海事部门的船舶和事故相关业务数据库(简称海事数据库)是国内典型的船舶安全数据库,提供了与船舶有关的各种实时信息,可以为船员、船运公司提供专业的信息定制服务。

海事数据库信息查询主要分为船舶监控、船舶查询、船员查询、船舶调度等分类。船舶监控包括 AIS 船位、船舶视频、船舶油耗,船舶查询包括船舶信息和船舶签证,船员查询包括船员信息和任职评价,船舶调度包括短信发送、文件发送、公司内部信息发布。海事数据库还提供各种实时信息,政务信息方面有海事信息、政务公告、公司审核、船员新闻等,船员服务方面有考试计划、船员成绩、服务机构等,通航信息方面有航行警告、航道通告等,助航信息方面有气象预报、水位公告、维护水深、港口水情等,安全信息方面有安全预警、安全形势、事故险情等,政策法规方面有部局法规、船员法规等。海事数据库同时为船员、船运公司提供专业的信息定制服务,主要有 AIS 船位监控、油耗管理、船舶视频、船舶签证等服务。

海事数据库包括船舶信息、签证信息,以及事故/险情信息等方面的业务数据。当前,大部分船舶安全相关数据库在最初积累数据资料构建数据库时并不是以应用于风险/安全评估为目的，所以现在利用数据库进行风险/安全评估时存在一些明显的限制。主要体现在以下方面。

(1) 主要事故类别和初始诱因事件不一致，缺少初始事件的后续事件记录。

(2) 仅以严重程度来定性描述事故的后果，没有详细的数据支撑，例如缺少船舶破损面积或污染范围、泄漏量等描述破损程度和污染程度的量化数据。

(3) 由于事故发生是小概率事件，数据量相对较小，为增加船舶安全评估的客观性，应增加险情和船舶维修记录等数据。

(4) 目前大多数数据库提供的统计分析功能有限，船舶安全评估需要大量的统计数据，因此要求提供灵活的查询统计功能。

3.2　水路交通事故特征分析技术

数据挖掘是指从数据库的大量数据中提取隐含的、先前未知的且有潜在价值的信息。利用数据挖掘技术可以从大量的水路交通事故数据中找出引发水路交通事故的关键因素，为预防水路交通事故提供支持[5]。

3.2.1　水路交通事故黑点提取方法

事故黑点指事故多发的水域，即发生事故密度最大的水域。提取事故黑点可以帮助人们了解事故多发水域，并通过分析该水域事故特征，针对性地采取预防措施，可以大大减少事故发生率，提高水路交通安全。

以长江干线水域为例，引入数据挖掘方法中的 DBSCAN(density-based spatial clustering of applications with noise，DBSCAN)算法提取长江干线水路交通事故黑点。其基本算法思想是，对构成事故黑点的水域，以发生位置的地点为圆心，半径 Eps(邻域)范围内的区域发生的其他事故数必须不小于给定的阈值 MinPts，即邻域的密度必须不小于某个阈值。因此，事故黑点为半径 Eps 范围内发生事故数大于或等于 MinPts 的水域。

1) DBSCAN 算法的几个基本概念

(1) 密度(density)：空间中任意一点的密度是以该点为圆心、Eps 为半径的圆区域内包含的点数目。

(2) 邻域(neighborhood)：空间中任意一点的邻域是以该点为圆心、Eps 为半径的圆区域内包含的点集合，记作 $N \mathrm{Eps}(p) = \{q \in D \mid \beta \mathrm{dist}(p, q) \leqslant \mathrm{Eps}\}$，$D$ 为事故数据库空间。

(3) 核心点(core point)：空间中某一点的密度，如果大于某一阈值 MinPts，则称为核心点。

(4) 边界点(border point)：空间中某一点的密度，如果小于某一给定阈值 MinPts，则称为边界点。

(5) 直接密度可达到：点 p 从点 q 直接密度可达，若它们满足以下条件。

① p 处于 q 的邻域中，即 $p \in N \, Eps(q)$。

② q 是核心点，即 $\beta N \, Eps(q) \beta \geqslant MinPts$。

(6) 密度可达到：点 p 从点 q 密度可达，若 $(p_1, p_2, \cdots, p_n)$，其中 $p_1 = p$，$p_n = q$，且有 p_i 从 p_{i+1} 直接密度可达。

(7) 密度连接：点 p 和点 q 是密度连接的，若 v_o 使 p 和 q 都从 o 密度可达。

(8) 类(cluster)：数据库 D 的非空集合 C 是一个类，当且仅当 C 满足以下条件。

① 若 $p \in C$，且从 p 密度可达 q，则 $q \in C$。

② 若 $p \in C$ 和 $q \in C$，则 p 和 q 是密度连接的。

(9) 噪声(noise)：数据库 D 中不属于任何类的点为噪声。

2) DBSCAN 算法的基本思想

考察数据库 D 中的某一点 o，若 o 是核心点，则通过区域查询可以得到该点的邻域。邻域中的点和 o 同属于一个类，这些点将作为下一轮的考察对象(即种子点)，并通过不断对种子点进行区域查询来扩展它们所在的类，直至找到一个完整的类。然后，依此程序寻找其他类。最后剩下的不属于任何类的点即噪声。

DBSCAN 算法的基本思想是，对于某一聚类中的每个对象，在给定半径 Eps 的邻域内，数据对象个数必须大于某个给定值，也就是说，邻域密度必须超过某一阈值 MinPts。DBSCAN 算法的聚类过程基于如下事实，即一个聚类可以由其中的任何核心对象唯一确定。

(1) 给定任一满足核心对象条件的数据对象 p，数据库 D 中所有从 p 密度可达到的数据对象 o 组成的集合 $\{o\beta o > Dp\}$ 构成一个完整的聚类 C，且 $p \in C$。

(2) 给定一个聚类 C 及其任一核心对象 p，C 等价于集合 $\{o\beta o > Dp\}$。

为了找到一个类，DBSCAN 算法从 D 中找到任意对象 p，并查找 D 中关于 Eps 和 MinPts 的从 p 密度可达的所有对象。如果 p 是核心对象，也就是说，p 的半径为 Eps 的邻域所包含的对象数不小于 MinPts，则根据该算法可以找到一个关于参数 Eps 和 MinPts 的类。如果 p 是一个边界点，即 p 的半径为 Eps 的邻域中包含的对象数小于 MinPts，则没有对象从 p 密度可达，p 被暂时地标注为噪声点。然后，DBSCAN 算法处理数据库 D 中的下一个对象。

3) 基于 DBSCAN 算法长江干线事故黑点提取

选取 Eps = 10km、MinPts = 20，对长江干线上、中、下游 2006~2010 年发生的水上交通事故进行分析，共提取长江干线事故黑点 15 个，如表 3.2 所示。长江上游 1 个，长江中游 6 个，长江下游 8 个[6]。

表 3.2　长江干线水上交通事故黑点分布位置

遇险区域	事故黑点 ID*(ClassID)		事故数/起	起始里程/km	终止里程/km	区域长度/km	每公里事故数/起
长江上游	A1		75	644	693	49	1.5306
长江中游	B6		82	512	554	42	1.9524
	B5		66	465	502	37	1.7838
	B4		43	301	324	23	1.8696
	B3		52	214	247	33	1.5758
	B2		26	183	201	18	1.4444
长江下游	B1	BC	80	0	19	37	2.1622
	C8			1025	1043		
	C7		142	890	968	78	1.8205
	C6		38	850	876	26	1.4615
	C5		96	752	820	68	1.4118
	C4		78	688	735	47	1.6596
	C3		62	593	623	30	2.0667
	C2		26	477	495	18	1.4444
	C1		97	395	460	65	1.4923

注：*表示 A1、B1~B6、C1~C8 代表长江不同水域提取的事故黑点的编号。

由于长江中游黑点水域 B1 和长江下游黑点水域 C8 正好处于长江中游和下游的分界处且紧邻，因此合并 B1 和 C8 两个黑点为黑点 BC，得到长江干线 14 处黑点。这 14 个事故黑点水域总长 571km，占长江干线总长的 28.25%，在这 14 个黑点上共发生事故 963 起，占长江干线事故总数的 56.38%。

进一步分析，长江干线水上交通事故黑点事故形态统计如表 3.3 所示。

表 3.3　长江干线水上交通事故黑点事故形态统计

事故黑点 ID	碰撞	搁浅	触礁	触损	火灾	风灾	机损	自沉	其他
A1	8	26	22	3	7	0	0	7	2
B6	21	54	1	2	1	1	0	0	2
B5	22	34	0	1	3	0	2	3	1
B4	13	26	2	1	0	0	0	0	1
B3	24	16	1	1	2	3	0	3	2
B2	15	8	0	1	0	1	0	0	1
BC	20	26	2	5	3	3	6	5	10

续表

事故黑点 ID	碰撞	搁浅	触礁	触损	火灾	风灾	机损	自沉	其他
C7	85	34	4	2	3	1	0	8	5
C6	23	3	4	2	0	0	0	4	2
C5	44	34	6	3	2	2	0	4	1
C4	31	20	4	10	1	9	1	1	1
C3	24	27	2	3	3	0	0	1	2
C2	21	3	1	1	0	0	0	0	0
C1	63	7	2	2	5	1	2	7	8

由此可知，以碰撞事故为主的事故黑点包括 B2、C7、C6、C2 和 C1，基本集中在长江干线下游；以搁浅事故为主的事故黑点包括 A1、B6 和 B4 等，主要分布在长江中上游。

4) 长江干线事故黑点特征分析

针对表 3.3 提取的事故黑点，长江上、中、下游各取一个航段进行特征分析。

(1) 事故黑点 A1 为长江上游航道里程 644～693 公里之间，依次为铜锣峡水道、通田坝水道、寸滩水道、朝天门水道、猪儿碛水道、三角碛水道、胡家滩水道、乌木桩水道。其中，铜锣峡水道、乌木桩水道两段通航条件恶劣，为通航控制河段，只能单向航行。该航段特点是航道狭窄、水流急湍，处于三峡回水变动区，在库区蓄水期和泄洪期，河道变动范围大，航道发生较大的偏移。可见，通航环境的急剧变化会引起事故的增加。

(2) 事故黑点 B4 为长江中游航段里程 301～324 公里之间，依次为大马洲水道、乌龟夹水道和窑集佬水道。大马洲水道河岸顺直，为枯水期淤变航道，右岸有丙寅洲边滩，左岸太和岭有多处遗留乱石堆，枯水期该航道十分狭窄弯曲，同时在横岭村至铺子湾一段航道较浅；乌龟洲将长江监利水道分为南北两汊，主流周期摆动，现阶段长江主航道即南汊的乌龟夹水道，枯水期航道弯曲狭窄，浅区密布，是中游著名瓶颈航段；窑集佬水道河岸顺直，为沙质河床，左侧洋沟子边滩洪淤枯冲，汛后边滩易被切割成多个块状心滩，出现多个过渡缺口，该水道枯水期河槽摆动十分频繁。本段航道特征为沙质河床，但是航道狭窄弯曲、边滩多、河道演变频繁，导致事故多发。

(3) 事故黑点 C6 为长江下游航段里程 850～876 公里之间，分别为鲤鱼山水道、搁排矶水道。鲤鱼山水道顺直微弯，河道两岸为低山丘陵节点控制，河势较稳定，盘塘以下由于河道放宽两岸泥沙沉积，沿岸形成大片江心浅滩，右岸边滩受水流冲刷切割成江心浅洲，枯水期两侧浅滩淤积相连，对船舶航行影响非常大。搁排矶水道为顺直微弯型河段，水深条件较好，但是两岸多低山丘陵，上段右岸掀棚嘴与左岸牛关矶隔江对峙，下段田家镇处山脚与半边山两岸相对，河道弯曲流态紊乱，水道内碍航物较多，右侧有猴儿矶礁石群与洞庭礁礁石，最远距右岸约 350 米，左岸搁排矶一带有礁石群和沉船。该河段都是顺直微弯型河段，搁排矶段水深虽然较好，但是水流紊乱，河底碍航物多，鲤鱼山段浅滩较多水深不足，总体上来说航行环境不好，容易发生搁浅等水上交通事故。

根据各事故黑点段的航道条件及特点描述，可得出以下结论。

(1) 长江上游有事故黑点段 1 处，即三峡库区蓄水水位变动区。三峡库区蓄水水位变动区在库区蓄水期和泄洪期，河道变动范围大，航道偏移较大，通航环境会在短时间内急剧变化，导致事故频发成为黑点段。

(2) 长江中游事故黑点段集中在河道弯曲，礁石密布，泥沙淤积航道多变段。长江中游航道浅险弯曲，历来事故多发，但是事故黑点段还有礁石密布，航道演变频繁、摆动频繁等特征。

(3) 长江下游事故黑点段集中在各礁石浅滩密布，同时水流紊乱的浅险段。长江下游水面开阔，但是事故黑点段集中在著名浅险段附近。这些浅险航段在长江下游良好的通航环境中形成航行的瓶颈，自然成为长江下游事故多发段。

3.2.2　水上交通事故的关联规则分析

水上交通事故带来的严重后果和给整个社会带来的负面影响远超事故本身。事故后如何客观、科学地分析，找出事故的真正原因是目前要解决的问题。

关联规则分析是数据挖掘研究的重要分支之一，也是数据挖掘知识类型中最典型的一种。从广义上讲，关联规则分析是数据挖掘的本质。如果说数据挖掘和知识发现的目的是从大量数据中挖掘出有用的知识，那么挖掘出来的这种知识反映的必然是不同对象之间不同属性的关联。关联规则挖掘主要描述的是数据库或数据库中对象之间的关联及其程度。

因此，可以利用关联规则分析，从船舶、人员、航道环境、管理等方面挖掘水上交通事故的多因素关联规则知识[7]。

1. 水上交通事故关联规则分析的基本思路

关联规则挖掘的形式化描述都是基于以下假设，以购物篮分析为例，数据项 i_m 出现在事务 t 中或不出现在事务 t 中，若某商场共经营 5 种商品(分别记为 i_1、i_2、i_3、i_4、i_5)，则事务 $t_1=\{i_1,i_2,i_5\}$ 表示商品 1、2、5 出现在事务 t_1 中，商品 3、4 未出现在事务 t_1 中。这种数据集的特点是单维单层布尔型的，单维是指购买，单层是指只有商品细项而没有概化归类为商品大类。布尔型指商品项在事务中表现为要么出现要么不出现，这样的数据非常适合采用频繁项集的 Apriori 算法。

现有的水上交通事故数据显然不符合这种特点，这是因为首先每条记录是定长的，每一个数据项都出现在记录中，只是取值不同；其次记录中的数据项分为两类，一类是枚举型数据用代码表示，如船员性别、天气等，另一类是量化型数据，用连续值表示，如年龄等。

针对上述特点，水上交通事故数据挖掘不是进行单维单层布尔型的数据挖掘，而是进行量化型关联规则挖掘。

对量化数据的处理有以下方法。

(1) 数值字段根据数据的分布分成布尔字段。

(2) 使用预定义的概念分层对量化属性进行离散化。

为了完成关联规则挖掘，采用以下数据项。

(1) 水上交通事故信息包括事故编号、遇险时间、管辖单位、遇险区域、事故形态、事故严重程度、翻沉船数、死亡失踪人数、事故原因、能见度、风、浪等。

(2) 水上交通事故船舶信息包括船名、船舶总吨、船龄等。

2. 关联规则挖掘算法选择

目前使用的关联规则挖掘算法有多种，其中 Apriori 算法是最有影响的挖掘布尔关联规则频繁项集的算法。针对具体的应用问题，研究人员在 Apriori 算法的基础上做了不同程度的改进。针对水上交通事故数据的特点，我们采用改进的 Apriori 算法对水上交通事故数据进行数据挖掘，同时用同一种关联规则挖掘算法对水上交通事故数据进行单维/多维数据的关联规则挖掘。

1) Apriori 算法的优缺点

Apriori 算法的优点是结构简单，易于理解，没有复杂的推导。应用 Apriori 性质设计的候选产生-检查方法在许多情况下可以大大缩小需要检查的候选规模，使算法效率大幅度提高。但是，Apriori 算法依然存在两个主要的问题。

(1) 多次扫描数据库。Apriori 算法需要在每进行一次迭代的时候扫描一次数据库，挖掘出的最大频繁项集的长度为 N 时，需要扫描 N 次数据库，这在实际应用中经常需要挖掘很长的模式，多次扫描数据库会带来巨大开销。

(2) 可能产生大量候选。Apriori 算法在迭代过程中要在内存中产生、处理和保存候选频繁项集。这个数量有时候是非常大的，会导致算法在广度和深度上的适应性很差。

因为需要多次扫描数据库和产生大量的频繁项集，所以算法花费在 I/O 上的时间很多，从而导致挖掘的效率非常低。因此，为了提高 Apriori 算法的有效性，需要对 Apriori 算法进行改进。

2) 改进的 Apriori 算法——AprioriTid 算法

AprioriTid 算法对 Apriori 算法做了调整，在第一次遍历数据库 D 之后，就不再使用数据库来计算支持度，而是用集合 C_k 来完成。集合 C_k 每个成员的形式为

(TID，$\{X_k\}$)，其中每个 X_k 都是标识符为 TID 的事务中一个潜在的大型 k 项集。对于 $k=1$，C_1 对应数据库 D，在概念上每个项目 i 由项目集$\{l\}$代替。对于 $k>1$，有算法产生 C_k。与事务 t 相应的 C_k 的成员是($t.$TID，$\{c \in C_k|t$ 中包含的 $c\}$)。若某个事务不包含任何候选 k 项目集，那么 C_k 对于这个事务就没有条目(entry)。这样，C_k 中条目数量比数据库中的事务数量少，尤其对于大值的 k 而言。另外，对于大值的 k，每个条目比相应的事务要小，这是因为几乎没有什么候选事务能包含在此事务中。对于小值的 k，每个条目比相应的事务要大，因为 C_k 中的一个条目包括此事务中的所有候选 k 项目集。算法描述如下。

(1) L_1 = {large l-itemsets}

(2) C_1 = 数据库 D;

(3) For (k=2; $L_{k-1}\neq\phi$; k++) do begin

(4) 　　　C_k = apriori-gen(L_{k-1}); //新的候选集

(5) 　　　$C_k'=\phi$;

(6) 　　　for 所有条目 $t\in C_{k-1}'$ do begin

(7) 　　　//确定事务 t。TID 中包含的候选 $C_t=\{~c\in C_k~|(c-c[k])\in$
　　　　　//$t.$项目集的集合 $\wedge (c-c[k-1])\in t.$项目集集合$\}$;

(8) 　　　　for 所有候选 $c\in C_t$ do

(9) 　　　　　c.count ++;

(10) 　　　　　if($C_t\neq\phi$) then C_k'+=<$t.$TID，C_t>;

(11) 　　　end

(12) 　　　L_k=$\{c\in C_k~|c.$count$\geq$min.supp$\}$

(13) end

3) 改进的 Apriori 算法——AprioTidList 算法

AprioriTid 算法比 Apriori 算法有很大的改善，并且适用于大型数据库，但是它必须通过多次搜索交易数据集才能得到所有候选项集的支持度。虽然数据都是在本地内存中存储，但是如果数据量和运算量很大，而且对于每一个候选项都要通过搜索所有的事务条目来计算支持度，搜索的结果不能重复利用，就会造成资源的浪费。AprioTidList 算法通过链表结构，存储包含每个候选项所有条目的 ID，计算 k 层候选项的支持度时，只要比较 k-1 层候选项链表中有几个相同的条目 ID 就可以得到结果。算法描述如下。

(1) 　L_1' = {1-itemsets along with their tidlist}

(2) L_1={large l-itemsets}

(3) For(k=2; $L_{k-1}'\neq\phi$; k++) do begin

(4) 　　　L_k= ϕ; L_k'= ϕ

(5) 　　　For $l_1\in L_{k-1}'$ do begin

(6)   for all itemsets $l_2 \in L'_{k-1}$ do begin

(7)   if $l_1[1]=l_2[1] \wedge l_1[2]=l_2[2] \wedge \cdots \wedge l_1[k-1]<l_2[k-1]$ then

(8) $C'.\text{itemsets} = l[1].l[2]\cdots l[k-1].l[k]$

(9) $C'.\text{tidlist} = l_1.\text{tidlist} \cap l_2.\text{tidlist}$

(10) $C'.\text{count} = \{C'.\text{tidlist}\}$

(11)   If$(C'.\text{count} \geq \text{minsup})$ then

(12) $L'_k = L'_k \cup \{C'\}$

(13) $C.\text{itemsets} = C'.\text{itemsets}$

(14) $C.\text{count} = C'.\text{count}$

(15) $L_k = L_k \cup \{C\}$

(16)   End

(17)   End

(18) End

该算法与 Apriori 和 AprioriTid 的不同之处在于，计算候选项集支持度的方法不同，对每一个候选项集定义一个叫作 tidlist 的结构；项集 1 的 tidlist 由那些包含 1 的交易的 TID 组成，用 1.tidlist 表示项集 1 的 tidlist。1-项集的 tidlist 可通过搜索交易数据集得到，候选 k-项集的 tidlist 可由产生该候选 k-项集的那两个$(k-1)$-项集的 tidlist 求交集得到。

AprioTidList 与 AprioriTid 算法一样，只搜索交易数据集一次。它与 AprioriTid 算法有两个区别。一个区别是计算候选项集支持度所用数据结构(链表)存储的信息不同。在 AprioriTid 中，链表的每个节点为〈TID,$\{X_k\}$〉，其中 X_k 是出现在标识为 TID 的交易中的高频 k-项集。在算法 AprioTidList 中，链表的每个节点为〈1，tidlist〉，通过对两个频繁项集的 tidlist 求交集，即可得到候选项集的支持度。在 AprioriTid 中，需要对整个链表进行搜索才能得到某个候选项集的支持度。因此，用算法 AprioTidList 得到频繁项集所需时间要比 AprioriTid 算法所需的时间短。AprioTidList 与 AprioriTid 算法的另一个区别在于候选项集的产生办法，在 Apriori 算法中，需要结合和修剪两个步骤，而 AprioTidList 算法只需结合步骤。

通过对关联规则挖掘算法的分析并进行综合考虑，本节采用 AprioTidList 算法实现对水上交通事故的关联规则挖掘。水上交通事故的关联规则挖掘程序主要由规则生成模块和规则挖掘模块组成。

(1) 规则生成模块。该模块的主要任务是运用改进 Apriori 算法对经过预处理的水上交通事故数据进行挖掘，分别在不包括水上交通事故数据的纯净训练数据集和含有水上交通事故数据的训练数据集上进行，形成规则库。

(2) 规则挖掘模块。该模块主要对水上交通事故数据进行关联规则挖掘，根据训练阶段得到的规则库，发现水上交通事故规律，并及时对规则库进行更新，发现可能存在的新的水上交通事故规律。

3. 水上交通事故数据的离散化处理

要使用改进的 Apriori 算法对水上交通事故进行关联规则的挖掘，首先要对水上交通事故数据进行离散化处理，即将原始数据按属性进行分类离散化处理。数据离散化可以减少给定连续属性值的个数，用区间的标记替代实际连续属性的数值，进而减少和简化原来的数据。这使数据挖掘的结果和知识的表示更加简洁方便可行。

由于大部分属性已经有所分类或划分，如船舶事故类型、船舶吨位等，通过数据挖掘算法对离散化的水上交通事故数据进行挖掘，得到的规则前件和后件都是用替代的区间标记表示的。

由于原始的事故数据大部分属性值已给出了科学的划分和分类，因此数据源中每条记录的大部分属性值很容易被判别出类值。剩下的少数个别属性值要进行单独离散化处理。

事故属性分类项集如表 3.4 所列。除项集 D、I、J，其余项集均为互斥集(即同一项集内只可能有 1 个项集元素值为 1。

表 3.4　事故属性分类项集

项集	编号	类别	项集	编号	类别	项集	编号	类别	项集	编号	类别
船龄 A	A1	1~5	事故损失 D	D1	沉船	遇险时间 F	F2	4~8 时	遇险月份 G	G9	9 月
	A2	6~10		D2	死亡失踪		F3	8~12 时		G10	10 月
	A3	11~15	事故形态 E	E1	碰撞		F4	12~16 时		G11	11 月
	A4	16~20		E2	搁浅		F5	16~20 时		G12	12 月
	A5	>20		E3	触礁		F6	20~24 时	遇险区域 H	H1	长江上游
船舶总吨 B	B1	(0,50]		E4	触损	遇险月份 G	G1	1 月		H2	长江中游
	B2	(50,300]		E5	风灾		G2	2 月		H3	长江下游
	B3	(300,1000]		E6	火灾		G3	3 月	事故原因 I	I1	操作不当
	B4	>1000		E7	机损		G4	4 月		I2	能见度差
事故等级 C	C1	一般		E8	浪损		G5	5 月		I3	走错航道
	C2	较大		E9	其他		G6	6 月		I4	超吃水
	C3	重大		E10	自沉		G7	7 月		I5	超载
	C4	特大	遇险时间 F	F1	0~4 时		G8	8 月		I6	机务故障

续表

项集	编号	类别	项集	编号	类别	项集	编号	类别	项集	编号	类别
事故原因 I	I7	大风	事故原因 I	I9	走锚	事故原因 I	I11	其他	环境因素 J	J2	风
	I8	急流		I10	积载不当	环境因素 J	J1	能见度		J3	浪

对第一条记录，设其中的属性事故船舶船龄为 1 年，事故船舶 700 总吨，未翻船，无人员死亡或失踪，较大搁浅事故，…，则可设 A1 = 1，B3 = 1，C2 = 1，…，依此类推，对整个数据表进行离散化处理，对记录 R1 各个属性值分别离散化。水上交通事故数据离散化如表 3.5 所示。

表 3.5　水上交通事故数据离散化

记录	船龄 A					船舶总吨 B				事故等级 C				…	
	A1	A2	A3	A4	A5	B1	B2	B3	B4	C1	C2	C3	C4	…	…
R1	0	1	0	0	0	0	0	0	1	0	1	0	0	0	…	0
R2	0	0	0	0	0	1	0	0	0	1	0	0	0	0	…	1
…	…	…	…	…	…	…	…	…	…	…	…	…	…	…	…	
Rn	0	0	1	0	0	0	0	0	0	0	0	1	0	1	1	1

4. 水上交通事故的关联规则挖掘

长江干线水上交通事故数据经过离散化预处理后，对长江干线水上交通事故进行全因素关联规则挖掘和偏因素关联规则挖掘。

1) 全因素事故关联规则挖掘

对 2006～2010 年长江干线水上交通事故数据全集进行关联规则挖掘，分析水上交通事故的影响因素组合。表 3.6 所示为最小支持度为 15%，最小置信度为 50%时，长江干线水上交通事故全因素关联规则挖掘结果。

表 3.6　长江干线水上交通事故全因素关联规则挖掘结果

序号	前件	→	后件 1	支持度/%	置信度/%	→	后件 2	支持度/%	置信度/%
1	A1	→	B4	33.66	67.58	→	E1	18.09	52.20
						→	J1	17.51	50.51
2	A1	→	E1	25.94	50.57	→	H3	13.75	56.88
3	A2	→	B4	12.88	58.51				

续表

序号	前件	→	后件 1	支持度/%	置信度/%	→	后件 2	支持度/%	置信度/%
4	A2	→	E1	12.94	58.78				
5	B3	→	E1	19.38	62.93	→	H3	11.59	59.82
6	B4	→	E1	26.29	50.34	→	H3	15.93	60.58
7	B4	→	J1	27.05	51.79				
8	C2	→	J1	23.18	56.97				
9	C3	→	E1	21.14	63.81	→	H3	11.36	53.74
10	D1	→	J1	10.07	65.65				
11	E1	→	H3	25.82	58.49				
12	E2	→	H2	13.05	50.74				
13	E2	→	J1	15.81	57.08				
14	F2	→	J1	11.89	51.01				
15	H1	→	J1	13.06	60.11				
16	I3	→	J1	10.13	52.74				

表 3.6 所列规则的解释说明如下。

规则 1：1～5 年船龄的事故船舶中有 67.58%是 1000 总吨以上的 I 类船舶，其中 52.20%的事故是碰撞事故，50.51%的事故发生在能见度不良的情况下。

规则 2：1～5 年船龄的事故船舶中 50.57%发生的是碰撞事故，并且这些碰撞事故 56.88%发生在长江下游。

规则 3：6～10 年船龄的事故船舶中 58.51%是 1000 总吨以上的 I 类船舶。

规则 4：6～10 年船龄的事故船舶中 58.78%发生的是碰撞事故。

规则 5：300～1000 总吨的事故船舶中 62.93%发生的是碰撞事故，并且这些事故 59.82%发生在长江下游。

规则 6：1000 总吨以上的事故船舶中 50.34%发生的是碰撞事故，并且这些事故的 60.58%发生在长江下游。

规则 7：1000 总吨以上的船舶事故中 51.79%发生在能见度不良的情况下。

规则 8：56.97%的较大事故发生在能见度不良的情况下。

规则 9：63.81%的重大事故是碰撞事故，并且这些事故中的 53.74%发生在长江下游。

规则 10：65.65%的沉船事故发生在能见度不良的情况下。

规则 11：58.49%的碰撞事故发生在长江下游。

规则 12：50.74%的搁浅事故发生在长江中游。

规则 13：57.08%的搁浅事故发生在能见度不良的情况下。

规则 14：51.01%的发生在 4～8 时的事故是在能见度不良的情况下。

规则 15：60.11%的发生在长江上游的事故是在能见度不良的情况下。

规则 16：52.74%的走错航道事故是在能见度不良的情况下发生。

从以上的事故规则中可以看出，长江干线 1～10 年船龄的船舶和 300～1000 总吨的 I、II 类船舶的主要事故形态是碰撞，且碰撞事故主要发生在长江下游、搁浅事故主要发生在长江中游，而能见度不良是与各类事故直接相关联的。特别是，早上 4～8 点和发生在长江上游的事故多发生在能见度不良的情况下。

表 3.6 所列为 2 层关联规则，即"前件→后件 1"和"(前件，后件 1)→后件 2"。

2) 偏因素事故关联规则挖掘

对事故数据的全集进行挖掘，可能无法得到特定类型或用户十分关注的事故类型的水上交通事故挖掘结果。偏因素选择挖掘是在全因素挖掘的基础上，依据用户的偏好、兴趣，以及关注度，在选择的特定因素集中进行挖掘的模式。

以时间特征为例，进行基于时间特征的事故关联规则挖掘。从长江水上交通事故统计可知，11 月～次年 1 月的事故最多，因此对这 3 个月的事故进行关联规则挖掘。表 3.7 所示为长江干线 11 月～次年 1 月水上交通事故关联规则挖掘结果。

表 3.7　长江干线 11 月～次年 1 月水上交通事故关联规则挖掘结果

序号	前件	→	后件 1	支持度/%	置信度/%	→	后件 2	支持度/%	置信度/%
1	A1	→	B4	38.43	70.36	→	E1	19.22	50.00
2	A1	→	E1	28.83	52.77	→	H3	15.48	53.70
3	B3	→	E1	20.28	71.70				
4	B4	→	E1	27.94	50.81	→	H3	16.01	57.32
5	C2	→	J1	23.84	51.94				
6	C3	→	E1	23.73	72.40				
7	E1	→	H3	25.62	53.53				
8	E2	→	H2	17.97	55.80				
9	E2	→	I3	16.73	51.93				

对表 3.7 所示的长江干线 11 月～次年 1 月事故关联规则解释说明如下。

规则 1：1～5 年事故船舶中 70.36%的是 1000 总吨以上的，并且 50.00%的事故是碰撞事故。

规则 2：1～5 年事故船舶中 52.77%发生的是碰撞事故，并且 53.70%发生在长江下游。

规则 3：300～1000 总吨的事故船舶中 71.70%发生的是碰撞事故。

规则 4：1000 总吨以上事故船舶中 50.81%发生的是碰撞事故，并且 57.32%

发生在长江下游。

　　规则 5：51.94%的较大事故发生在能见度不良的情况下。

　　规则 6：72.40%的重大事故是碰撞事故。

　　规则 7：53.53%的碰撞事故发生在长江下游。

　　规则 8：55.80%的搁浅事故发生在长江中游。

　　规则 9：51.93%的搁浅事故原因是走错航道。

　　从长江干线事故高发的 11 月～次年 1 月的事故规则来看，连续 3 个月的事故高发期事故规律与全因素数据挖掘的事故规律类似，碰撞为主要事故形态，主要发生在长江下游；搁浅事故主要发生在长江中游，并且这 3 个月的搁浅事故置信度比全因素数据挖掘略大。

　　在研究大量水上交通事故原始数据的基础上，采用信息技术与人工智能等方法和手段对水上交通事故数据进行关联规则挖掘。我们将关联规则挖掘应用到这些数据源中，发掘出一些潜在的、有益于船舶交通管理与规划的水上交通事故规律或特征，更加深入地认识水上交通事故自身的成因和影响，为船舶交通安全与保障和交通规划部门、海事管理机构等提供有指导性的信息，辅助决策支持，也为水上安全监控合理配置，科学地制定相关水上交通安全规划，建立完善的水上交通安全法律法规体系和管理信息体系提供基础和依据，具有重要的现实意义和社会意义。

3.3　水路交通事故预测技术

　　进行水上交通事故预测主要是通过对现有事故分布和趋势进行分析，并预测未来事故发生的可能性。针对水上交通事故领域，常用的预测技术包括指数平滑预测、灰色马尔可夫预测、GM(1,1)预测等[8]。目前，水上交通事故预测研究集中在对水上交通事故发生概率的趋势研究，能够提供指定区域和指定时间段内的事故发生分布情况。这类研究可以为预防事故发生提供参考依据，但是缺乏对指定事故类型的某一因素进行更加精确的预测[9]。

　　互信息是变量间相互依赖性的量度，互信息值越大，证明两者关联性越大，反之亦然。改进的 BN 模型引入互信息计算变量间依赖性程度，实现因素间关联性的量化，为变量间依赖性量化提供数据支持。

　　本节在分析船舶碰撞事故发生影响因素基础上，引入互信息和条件互信息计算风险因素独立性和条件独立性，建立 BN 的船舶碰撞险情等级预测模型预测风险等级，弥补传统经验模型的客观依据不足[10]。

3.3.1 基于互信息的贝叶斯网络预测方法

1. 碰撞险情等级预测方法框架

收集船舶碰撞事故数据，分析险情等级的风险因素并初步筛选，然后利用互信息的方法进行独立性和条件独立性计算，获得各个风险因素间的依赖关系，从而建立船舶碰撞险情等级预测的 BN 定性部分。在此基础上，利用船舶碰撞事故样本数据确定贝叶斯定量部分，从而建立定量的 BN，利用事故样本对该模型进行验证。基于 BN 的风险预测框架如图 3.2 所示。

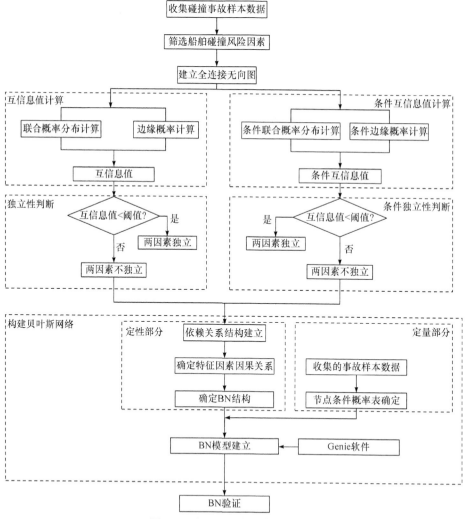

图 3.2　基于 BN 的风险预测框架

2. 险情风险因素识别

结合已有文献、船舶碰撞险情致因分析和碰撞事故数据统计分析，删除冗余和不相关风险因素，筛选主要碰撞险情风险因素。筛选的船舶碰撞险情风险因素表如表 3.8 所示。

表 3.8　筛选的船舶碰撞险情风险因素表

船舶碰撞险情风险因素		备注
事发时间	月份	枯水期、中水期和洪水期水位不同，船舶险情导致后果不同
	时间点	夜间和白天人的疲劳程度不同
气象/水文信息	风力	船舶航行会受到风致漂移，增加操船的困难度
	能见度	能见度不良增加瞭望难度
	波浪	航道水面波浪对船舶操纵性和平稳性有影响
事故船舶特征	船长	船舶长度对其操纵性能有影响
	船舶所有人性质	个人或私营的船舶运营管理相对来说没有国营规范
	总吨	船舶越大，惯性越大，导致船舶操纵性下降
	船龄	船龄影响船舶机械可靠性
	船舶类型	不同类型船舶造成的事故后果差别很大
船舶交通流特征	事故截面位置	不同桥区附近船舶通航情况不同，发生事故率的可能性有差别
	船舶交通流	通常交通流量大会增加船舶会遇概率

3. 确定风险因素间依赖关系

互信息可在定性层面判断两变量的依赖关系。计算风险因素互信息判断独立性，为进一步减少风险因素间不必要的依赖关系，计算条件互信息判断两因素的条件独立性。

1) 独立性测试

两个离散随机变量 X 和 Y 的互信息为

$$I(X;Y) = \sum_{y \in Y} \sum_{x \in X} P(x,y) \log_\alpha \left(\frac{P_{xy}(x,y)}{P(x)P(y)} \right) \tag{3.1}$$

其中，$P_{xy}(x,y)$ 为离散随机变量 X 和 Y 的联合分布概率；$P(x)$ 和 $P(y)$ 为离散随机变量 X 和 Y 的边缘分布概率。

两个连续随机变量 X 和 Y 的互信息为

$$I(X;Y) = \iint_{YX} P(x,y)\log\left(\frac{P(x,y)}{P(x)P(y)}\right)\mathrm{d}x\mathrm{d}y \tag{3.2}$$

其中，$P(x,y)$ 为变量 X 和 Y 的联合概率密度；$P(x)$ 和 $P(y)$ 分别为变量 X 和 Y 的边缘概率密度。

理论上，互信息值越大，变量间的依赖关系就越强，若互信息为 0，则变量相互独立。在实际计算中，概率分布只是一个用样本数据计算而来的近似估计值，总是大于 0。因此，需要设一个阈值 ℓ_1，当两个变量的互信息 $I(x_i,x_j) < \ell_1$ 时，则认为它们是相互独立的。

2）条件独立性测试

设存在 3 个随机变量，即非类属性 X 和 Y，类属性 Z。在条件 Z 下，X 和 Y 的条件互信息为

$$I(X;Y\,|\,Z) = \sum_{z\in Z}\sum_{y\in Y}\sum_{x\in X} P_{xyz}(x,y,z)\log_\alpha \frac{P(x;y\,|\,z)}{P(x\,|\,z)P(y\,|\,z)} \tag{3.3}$$

可简化为

$$I(X;Y\,|\,Z) = \sum_{z\in Z}\sum_{y\in Y}\sum_{x\in X} P_{xyz}(x,y,z)\log_\alpha \frac{P_z(z)P_{xyz}(x,y,z)}{P_{xz}(x,z)P_{yz}(y,z)} \tag{3.4}$$

其中，P_{xyz} 为 3 个随机变量的联合概率；P_z 为随机变量 Z 的边缘分布概率；P_{xz} 和 P_{yz} 分别为随机变量 X 和 Y 与随机变量 Z 的联合分布概率。

设 Z 为条件集，当且仅当两个变量在条件 Z 下的条件互信息 $I(x_i,x_j|Z) = 0$ 时，x_i 和 x_j 在条件 Z 下条件独立。在实际计算中，互信息的值恒大于 0，因此设空阈值 ℓ_2，当 $I(x_i,x_j|Z) < \ell_2$ 时，认为 x_i 和 x_j 在条件 Z 下条件独立。

3.3.2　贝叶斯网络风险等级预测模型验证及应用

1. 船舶碰撞样本数据获取

本节以 2010～2013 年长江发生的 516 起事故险情数据作为样本数据进行模型构建和验证。险情记录共包括 34 项事故因素。通过删除与碰撞事故不相关的船名、呼号、冗余数据，以及特征参数等缺失较多的事故数据，可以得到 1 个目标因素的险情等级和 12 个风险因素。根据因素的数据属性，风险因素可以分为枚举型和连续型。船舶碰撞险情风险因素表如表 3.9 所示。

表 3.9　船舶碰撞险情风险因素表

枚举型数据		连续型数据	
水面状况	平如镜子/轻浪/微浪	时间	xx:xx
风力	1 级/2 级/3 级	船龄	0/1/2/3
能见度	0 级/1 级/2 级	船舶交通流	1339/h
月份	1 月/2 月/3 月	总吨	——
所有人性质	个体/乡镇/私营/国企	船长	10m/12m
险情等级	重大事故/大事故/一般事故/小事故	——	——
截面位置	阳逻大桥/黄石大桥	——	——
船舶类型	杂货船/客渡船/液化气船	——	——

2. 船舶碰撞事故数据处理

船舶碰撞险情风险因素的数据属性有连续型和枚举型，为了后续计算需要将其统一。给枚举型因素的每个状态赋值，离散化连续型数据并编码赋值，未知数据采用平均分配。风险因素编码如表 3.10 所示。

表 3.10　风险因素编码

	因素编码	-1	1	2	3	4	5	6	7
枚举型	险情等级	—	小事故	一般事故	大事故	重大事故	—	—	—
	季节分段	—	4~5 月	6~9 月	10~11 月	12 月~次年 3 月	—	—	—
	风力/级	—	[1, 3]	[4, 6]	>6	—	—	—	—
	水面状况	—	平静	微波/小波	轻浪/中浪	大浪	—	—	—
	能见度/km	—	<0.05	(0.5, 1)	≥1	—	—	—	—
	事故断面	—	阳逻大桥	黄石大桥	九江大桥	九江湖口	安庆大桥	铜陵大桥	芜湖大桥
	所有人性质	—	个体/私营	集体	外资	—	—	—	—
	船舶类型	—	客船	农用船/其他	集装箱船	货船	工程船	危险品船	—
连续型	时间分段	—	8 时~20 时	20 时~次日 8 时	—	—	—	—	—
	交通流/(艘/年)	—	(200, 300]	(300, 400]	(400, 700]	(700, 900]	(900, 1500]	(1500, 2300]	—
	船龄/年	—	[0, 2)	[2, 15]	≥15	—	—	—	—
	总吨/t	—	≥1600	[600, 1600]	<600	—	—	—	—
	船长/m	—	(0, 40]	(40, 100]	>100	—	—	—	—

3. 确定风险因素依赖关系

基于船舶碰撞事故样本计算因素间的互信息和条件互信息。以险情等级和季节分段的互信息为例，两者的联合概率分布如表 3.11 所示。

表 3.11 险情等级与季节分段的联合概率分布

项目	险情等级 1	险情等级 2	险情等级 3	险情等级 4	险情等级边缘概率
季节分段 1	0.04	0.07	0.06	0.09	0.26
季节分段 2	0.07	0.05	0.04	0.09	0.25
季节分段 3	0.14	0.09	0.07	0.19	0.48
季节分段 4	0.01	0	0	0	0.01
季节分段边缘概率	0.26	0.21	0.17	0.36	1

在险情等级 $x_1 = 1$、季节分段 $y_1 = 1$ 情况下，$p(x_1) = 0.26$、$p(y_1) = 0.26$、$p(x_1, y_1) = 0.04$、$I(x_1, y_1) = p(x_1, y_1) \log_2(p(x_1, y_1)/(p(x_1)p(y_1))) = -0.03$。险情等级和季节分段之间的互信息是这两个因素所有状态的互信息之和，设 X 为险情等级的集合，Y 为季节分段的集合，险情等级与季节分段之间的互信息为

$$I(X;Y) = \sum_{i=1}^{4} \sum_{j=1}^{12} p(x_i, y_i) \log_2(p(x_i, y_i)/(p(x_i)p(y_i))) \tag{3.5}$$

计算可得险情等级和季节分段间的互信息为 0.034。其余因素的互信息可以按同样的方式计算。设阈值 $\ell_1 = 0.03$，互信息小于阈值 ℓ_1 时，判定这两个变量相互独立。以计算"险情等级=1"条件下季节分段和时间分段之间条件互信息为例，在"险情等级=1"的条件下，季节分段和时间分段的联合概率分布如表 3.12 所示。

表 3.12 "险情等级 = 1"时季节分段和时间分段的联合概率分布

季节分段	时间分段 1	时间分段 2
1	0.0046	0.0463
2	0.0324	0.0486
3	0.0139	0.0579
4	0.0116	0.0949

季节分段 $x_1 = 1$、时间分段 $y_1 = 1$、险情等级 $z_1 = 1$ 时, 计算结果为 $p_z(z_1) = 0.2612$、$p_{xz}(x_1, z_1) = 0.0429$、$p_{yz}(y_4, z_1) = 0.0526$、$p_{xyz}(x_1, y_1, z_1) = 0.0046$、$I(x_1; y_1 | z_1) = p_{xyz}(x_1, y_4, z_1) \log_2(p_{xyz}(x_1, y_4, z_1)p_z(z_1)/(p_{xz}(x_1, z_1)p_{yz}(y_4, z_1))) = -4.18 \times 10^{-3}$。

季节分段和时间分段的条件互信息是以险情等级为条件时这两个因素所有状态的互信息之和。计算可得季节分段和时间分段的条件互信息值为 0.0859，其他因素的条件互信息按同样方式计算。设阈值 $\ell_2 = 0.09$，互信息小于阈值 ℓ_2 时，判定这两个变量条件独立。同理可得各风险因素间依赖关系。经计算可知，时间分段与水面状况和风力条件独立。风险因素间的依赖关系如图 3.3 所示。

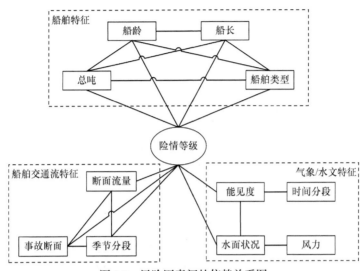

图 3.3　风险因素间的依赖关系图

4. 确定 BN 结构

确定 12 个风险因素和险情等级间的依赖关系后，建立 BN 还需确定因素间的因果关系。将 12 个风险因素按照船舶特征、船舶交通流特征和气象/水文特征 3 类进行分析。

(1) 险情等级与船长、船龄、总吨、船舶类型直接相关。总吨和船长用于描述船舶的尺度，可推导出船舶类型，因此总吨和船长是船舶类型的父节点。

(2) 季节分段、事故断面、断面流量与险情等级有直接关系。断面流量受季节和航道自身条件的影响较大，因此季节分段和事故断面都是断面流量的父节点。

(3) 能见度和水面状况与险情等级直接相关。风力直接影响水面平稳度，所以风力应该为水面状况父节点。能见度在夜间较低，日间较高，所以时间分段可作为能见度的父节点。由于能见度还受水面状况影响，因此水面状况也是能见度的父节点。

险情等级与相关风险因素的 BN 结构如图 3.4 所示。

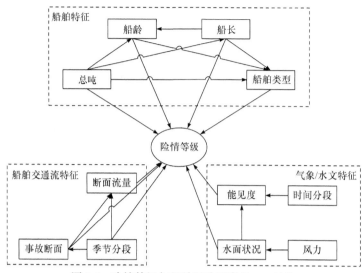

图 3.4　险情等级与相关风险因素的 BN 结构

5. 确定节点的条件概率表

节点之间的条件概率是进行 BN 推理的基础，因此从 516 条数据中选 432 条数据作为训练数据，使用 Genie 软件计算每个节点的条件概率表。表 3.13 反映了在不同时间分段的情况下，每一类水面状况发生船舶碰撞险情的概率。

表 3.13　不同时间分段下船舶碰撞险情的概率

水面状况	日间			夜间		
	1 级	2 级	3 级	1 级	2 级	3 级
1 级	0.000	0.082	0.334	0.067	0.196	0.353
2 级	0.143	0.288	0.000	0.333	0.509	0.412
3 级	0.857	0.630	0.666	0.600	0.294	0.235

得到每个节点的条件概率表就可以得到每个节点状态的分布概率。节点状态概率分布如图 3.5 所示。

6. BN 验证

验证 BN 模型的目的是证明模型的有效性，以及采用模型进行碰撞风险等级预测的可行性。我们利用剩余的 84 起事故样本数据进行验证。下面以全国险情编号 "20140044" 的险情数据(表 3.14)为例进行介绍。"20140044" 的险情级别为 3。

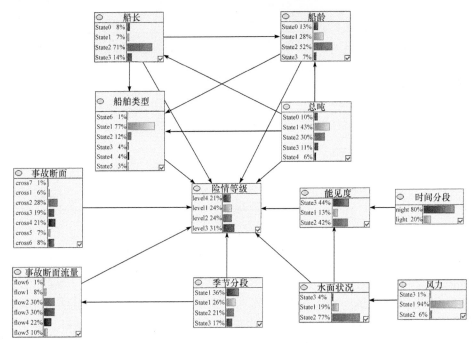

图 3.5　节点状态概率分布图

将该事故各个因素的值输入 BN 进行运算，预测结果显示"预测险情 = 2"，置信度为 98%。

表 3.14　ID"20140044"的险情数据

输入数据	季节分段	时间分段	事故断面	事故断面流量	风力	水面状况	能见度	船舶类型	船龄	总吨	船长	所有人性质
—	1	2	2	3	1	2	3	1	2	1	2	1

碰撞险情等级预测结果(部分)如表 3.15 所示。预测结果显示，利用 BN 共成功预测 76 组，准确率达 94%。在预测成功的数据中，36 组险情等级的预测置信度高于 95%，29 组预测置信度在 90%~95%，而预测错误的 5 组数据中除 1 组置信度为 52%外，其余全部低于 50%。

表 3.15　碰撞险情等级预测结果(部分)

ID	实际等级	预测等级	预测等级置信度/%	ID	实际等级	预测等级	预测等级置信度/%
20140044	3	3	84	20140947	1	1	91
20140044	3	3	98	20140947	1	1	91

续表

ID	实际等级	预测等级	预测等级置信度/%	ID	实际等级	预测等级	预测等级置信度/%
20140092	1	3	42	20140971	3	1	33
20140092	1	1	95	20141073	2	2	84
20140282	1	2	35	20141073	2	2	99
20140282	1	1	97	20141521	2	3	52
20141267	3	3	91	20141521	2	2	98
20141267	3	3	95	20141584	1	4	28
20141267	3	3	96	20141584	1	1	93

　　结果表明，在一些碰撞险情中，涉事的多只船舶险情预测准确率不同。以"20140044"的险情为例，险情级别预测置信度只有84%的险情船舶缺失船龄、总吨、船长等3项风险因素。据统计分析，所有预测置信度低于90%，或者预测结果与实际结果不符的险情船舶都缺失2个以上风险因素的数据。我们推断预测置信度取决于险情数据完整程度，数据完整程度越低，预测结果偏差越大。此外，缺失较多的数据主要集中在船龄、总吨、船长这3类有关船舶信息的影响上，因为这类数据需要人工事后采集，手工录入，所以存在较多的遗漏。从总体的模型验证效果来看，验证结果与实际情况基本符合，证明该模型能够有效地对船舶碰撞险情等级进行预测。

　　通过以上分析可知。

　　(1) 利用Genie实现预测船舶碰撞风险等级的BN模型，结合互信息和历史统计数据计算船舶碰撞风险因素的依赖程度从而判断风险因素关联性，相较于依靠专家经验判断更具客观性。

　　(2) 在风险因子数据完整的情况下，BN模型预测船舶碰撞险情等级可以达到较高准确率。事发水域的航道信息，以及船舶流量信息等关键信息的问题缺失时，无法对船舶碰撞发生的客观情况做出准确的还原，模型预测效果会大幅下降。对于存在缺失值的记录，可通过对完整数据记录加权来减小偏差。

　　(3) BN模型是基于长江海事局的历史统计数据得到的。长江航道的船舶吨位较小，船舶水域较为狭窄，应用到其他水域时需要依据该水域航道环境、天气状况、交通流情况进行研究。

参 考 文 献

[1] 中华人民共和国海事局. 水上交通事故调查概论. 大连: 大连海事大学出版社, 2004.
[2] 黄明, 甘志频, 陈颂. 水路运输系统相关管理体系探讨. 大连海事大学学报: 社会科学版,

2007, (12): 120-124.

[3] 桑凌志, 毛喆, 李弢, 等. 水上交通事故调查协同处理系统. 中国航海, 2013, 36(1): 89-94.

[4] International Maritime Organization. Marine Casualties and Incidents. https://gisis.imo.org/Public/ MCI/Default.aspx[2022-2-5].

[5] 毛喆, 严新平, 陈辉, 等. 水上交通事故分析研究进展.中国安全科学学报, 2010, 20(12): 86-92.

[6] 毛喆, 任欲铮, 桑凌志. 长江干线水上交通事故黑点分析. 中国航海, 2016, 39(4): 76-80.

[7] 付姗姗, 刘燕平, 席永涛, 等. 北极水域船舶事故特征及关联规则分析. 极地研究, 2020, 32(1): 102-111.

[8] Huang J C, Nieh C Y, Kuo H C. Risk assessment of ships maneuvering in an approaching channel based on AIS data. Ocean Engineering, 2019, 173: 399-414.

[9] 张金奋, 严新平, 陈先桥, 等. 基于概率分布的长江干线水上交通事故分析. 中国航海, 2012, (3): 81-84.

[10] 陈克嘉, 毛喆, 吴兵, 等. 基于互信息的长江船舶碰撞险情等级预测方法. 中国安全科学学报, 2018, 28(11): 168-175.

第 4 章　水路交通安全事故人因分析技术

人为因素被普遍认为是导致 75%～96%的水上交通事故的直接或间接原因[1]。通过研究事故数据中的人为因素有助于理解船舶、人、环境之间的关系；通过船员生理特征分析其情绪、工作负荷等与人因失误的联系，可以从多学科角度探究船员行为与水上交通事故的关联。利用现代化科学技术手段对人员心理数据、行为数据进行监测与采集，是研究海事安全人为因素的趋势。其中，脑功能成像技术，如 EEG、功能性近红外光谱，是临床、神经科学等领域的研究技术手段。它为人为因素研究提供了一种科学有效的试验工具和观测指标，具有广阔的应用前景。

4.1　基于事故数据的人为因素分析

4.1.1　水路交通安全事故人为因素

人为因素在海事事故中的研究被不断推动。IMO 制定的 ISM 1994 年被纳入 SOLAS，对与船舶相关的人提出安全管理要求。2012 年生效的《海员培训、发证和值班标准公约》修正案将驾驶和轮机设备管理纳入公约强制实施 A 部分。人因分析与分类系统(human factors analysis and classification system，HFACS)成为海上事故与调查组分支(英国)和交通安全董事会(加拿大)用于分析海事碰撞中人为失误和组织因素(human and organizational factor，HOF)的主要工具。英国海事调查委员会(Marine Accident Investigation Branch，MAIB)2004 年船舶驾驶舱安全研究报告指出，约 19%的值班驾驶员在碰撞事故中完全没有意识到对方船舶，甚至在碰撞后才注意；至少 3/5 夜晚无法进行合格瞭望工作的船舶上只有一位瞭望人员；船员适任性比疲劳因素更容易导致船舶碰撞事故；73%的船员不能正确使用雷达设备。人为因素导致 30%甲板部驾驶员失误、15%普通甲板船员失误、8%引航员失误、2%轮机员失误、7%岸基人员失误[2]。由此可见，人为因素与各部门船员操作、行为之间有紧密的联系，特别是对甲板位置处驾驶员失误的影响较大。

基于瑞士奶酪模型的人因分析和分类系统将人为失误归结为 4 个方面，即船员不安全行为、不安全行为预处理、不安全监督、组织影响。在此基础上，HFACS-

Coll 模型提出 5 个层面的人为失误，分别是外界因素、组织影响、不安全领导、不安全行为诱因、不安全行为。人为因素还可以分为以下几个方面，即疲劳、压力、健康问题、环境意识、团队合作、决策与认知需求、通信、语言与文化多样性[3]，因此人为因素的研究内容不仅要围绕人体生理、心理数据，还需要结合外界环境、组织原因、船舶自身条件等多方面进行考虑。

将 EEG、心电、肌电、血容量脉搏、皮肤电反应、眼动等作为人员心理数据观测指标的研究已在公路、航空等领域有所涉及，但是由于水路领域航行环境的复杂性、船舶作业的特殊性、个体差异性等，试验手段有限，目前仅开展了探索研究，对于主观因素客观化、危险行为识别的复杂机理还没有阐述清楚。随着各感知设备的发展与普及，以及智能船舶的推进与发展，利用 EEG、近红外光谱等技术测量船员值班数据，结合船舶驾驶模拟器模拟远程驾驶环境，挖掘其与认知决策的相关关系，是研究海事事故人为因素的有效手段之一。

利用驾驶模拟器的仿真场景，可以克服典型远洋船员人为因素研究中遇到的自然环境要素非单一变量变化周期长的问题，也可以模拟船舶驾驶过程，为能够在试验室条件下研究船员提供可能性。在试验中获得的启示，对船员培训体系科学优化、船舶航行过程风险决策具有指导意义；利用新型测量技术对船员情绪和工作负荷进行标定与识别，理解、评价船员心理状态及综合安全风险，将有利于改进船员培训体系、航行风险预警、航行任务分配优化，探索未来船舶航行的船员适任标准，减少海事事故。

针对海事事故人为因素，根据以上数据的获取过程，重点关注安全问题和常见因素，从原本总结的近 50 个人为因素中提炼并合并 32 种导致人为错误的相关风险因素，同时统计其发生的频率[4]。造成海事事故人为错误的风险因素如表 4.1 所述。

表 4.1　造成海事事故人为错误的风险因素

编号	风险因素	频率/%
1	沟通与协调不力	30.77
2	无效的监督与支持(单独的值班人员或被孤立工作，对装载作业的不当监督)	32.69
3	没有明确的航线规划或者修改过的航线规划不安全	13.46
4	引航员与船员的人员换岗或者转向模式切换	1.44
5	过度依赖设备而忽视瞭望	14.38
6	船速过快	9.62
7	没有明确指示(未准确解释或应用安全配员证书需求)	37.50
8	反应时间有限	12.50

编号	风险因素	频率/%
9	失去情景意识	14.42
10	疲劳/入睡/疲倦，以及渴望休息	13.46
11	情绪(唤醒水平低、痛苦、愤怒、不开心)	1.92
12	对设备知识不熟悉，无经验，未充分准备	32.69
13	对工作职责自满或对情景严重程度低估(警觉状态较低)	21.63
14	娱乐性药物、酒精	6.73
15	认知超负荷	4.81
16	生理不适	0.96
17	被分散注意力/注意力不集中	16.35
18	压力	0.48
19	船况较差或推进装置、船舶改造、船舶体积增大造成的船舶操纵复杂度升高	28.85
20	船载设备未充分使用或使用不当(驾驶台航行值班报警系统关闭，报警系统不在推荐放置的位置或未被注意到)	37.98
21	新船舶驾驶室设计的人体工程学问题(前方视觉盲区、运动错觉)	11.06
22	缺少有效且及时更新的信息(设备数据质量差、信息记录被伪造、依靠单一的航行设备信息)；没有自动化方式辅助或缺少观察必要的指示信号(工作指示信号、灯光)	44.67
23	天气状况：风、能见度(浓雾)	39.42
24	海况：退潮、水流、浪	53.37
25	环境噪声及振动	0.96
26	航道交流(交通流密度、重复的固定路线)	16.35
27	不适当或模糊的守则、授权、法规、流程、指示，正式发布的指导文件、操作手册、要求	19.71
28	缺少风险评估	26.92
29	管理系统失效(岸基管理、维修管理、船舶驾驶台资源管理、船上管理、安全管理系统、港口服务、适任考核、不充分培训、实践不足、应急演练不足)	40.87
30	缺少安全氛围、安全文化及预防思维	24.52
31	没有船员的医疗健康标准	2.40
32	商业压力、公众压力、企业压力(财务限制)	4.33

通过咨询专家意见，从报告及文献中提取的因素有的可以合并为统一的影响因素。这个过程使收集的数据质量更高，但是也会模糊某些频率不高的重要影响因素。特别是，人为因素中的个人因素，如 12 号、15 号、17 号因素，它们与情

绪、工作负荷因素相关，但是由于出现的频率较低，统计数据量可能无法支持后续的网络模型研究。其频率低并非是它们很少在事故中起到影响。如前所述，船员情绪与工作负荷因素是影响船舶安全驾驶、安全航行的重要风险影响因子。目前，可用可查的公共数据库并未明确显示这两种因素的数据。一方面，海事事故报告是依赖专家和调查组织在事故调查框架下整理而成的，目前的事故调查方法与框架并没有强调这类个人因素，因此事故报告中的描述不一致且偏向主观意识。另一方面，类似情绪和工作负荷这样的因素无法用定量的方式描述、记录，甚至评估，大多数情况下还是依赖事后调查的自述和模糊估计，并且常常伴有被隐瞒的情况。因此，我们通过从海事事故调查报告对海事事故人为因素的影响进行研究，发现这个问题，并意识到目前的调查中缺少对个人因素的关注与认识，进而从两方面开展人为因素研究：一方面利用海事事故报告调查常见人为因素对海事交通安全的影响，另一方面通过实验和可穿戴设备对个人因素，即船员的情绪和工作负荷进行量化研究，并将其与人为表现联系到一起。

此外，水上交通事故中的人为因素通常会与其他外部因素(如海况、天气状况、航道交通和船况)结合在一起影响航行的安全过程。从这个角度来看，将人为因素与其他此类因素结合起来研究它们对海上安全的综合影响是有价值的。

4.1.2　水路交通安全事故人为因素模型

使用 BN 作为风险分析研究工具的趋势正在不断增长。风险分析中关于 BN 的学术论文数量每年都在增加。它与应用于可靠性分析的其他经典方法，如马尔可夫链和故障树相比，BN 依然保持了其优势。故障树模型基于事件之间的关系进行建模，通过二进制决策图计算概率，但是当系统中有多个故障并导致不同结果时，它是不能表示多状态变量的。BN 与故障树相比，除了具有类似故障树的功能，还具有建模多状态变量和多输出变量的能力。故障树和 BN 方法可以转换，如动态故障树转换。马尔可夫链利用变量间的影响分析故障事件的确切概率，并整合多种信息表示多状态变量，但是系统建模往往会随着变量的增加而变得复杂。鉴于此，BN 要求参数相对数量较少且条件概率表体量较小，因此 BN 被广泛用于海事风险分析，如船舶航行风险评估、港口安全评估、北极水路运输、内河水路运输和碰撞风险评估。由于 BN 可以对人员与组织因素进行定量分析，因此凸显出较强的海事事故建模的能力。它明确揭示了因素之间的概率相关性及其因果关系。如果相关调查中的故障数据不完整，BN 还可以利用专家知识补充数据缺陷，因此非常适合用于海事风险建模。

BN 结构学习主要有两种方法。一种是基于专家知识，该知识用于基于主观因果关系进行定性分析。另一种是用数据驱动的方法表示变量之间的交互依赖性。为了避免 BN 模型中的主观输入，我们在研究中使用机器学习算法，即朴素贝叶斯网络(naive Bayesian network，NBN)和树增强网络(tree augmented network，TAN)模型，构造两种 BN 模型结构并训练数据，提出基于数据驱动的 BN 事故分析方法。

1. 朴素贝叶斯网络模型

根据风险影响因素，构建 NBN 模型研究风险影响因素对海事事故的影响。

1) 风险影响因素节点

根据事故报告和文献中的 16 个风险影响因素，包括船型、船体类型、船龄、船长、总吨位、船舶作业、航段、气象条件、海况、时间、航道交通、船速、船况、设备/装置、人机工程设计、信息。BN 中与事故有关的风险影响因素[5]如表 4.2 所示。

表 4.2　BN 中与事故有关的风险影响因素

风险影响因素	符号	描述	BN 中节点的状态值
船型(ship type)	R_{ST}	客船(passenger vessel)、拖船(tug)，驳船(barge)、渔船(fishing vessel)、集装箱船(container ship)、散货船(bulk carrier)、客滚船(RORO)，油轮或化学品船(tanker or chemical ship)、货船(cargo ship)、其他(others)	1、2、3、4、5、6、7、8、9、10
船体类型(hull type)	R_{HT}	钢(Steel)、木(wood)、铝(aluminium)、其他(others)	1、2、4、5
船龄(ship age)/年	R_{SA}	(0, 5]、[6, 10]、[11, 15]、[16, 20]、>20、不详(NA)	1、2、3、4、5、6
船长(length)/m	R_L	≤100、>100、不详(NA)	1、2、3
总吨位(gross tonnage)/t	R_{GT}	≤300、300～10000、>10000，不详(NA)	1、2、3、4
船舶作业(ship operation)	R_{SO}	拖曳(towing)、装卸(loading/unloading)、引航(pilotage)、操纵(manoeuvring)、捕鱼(fishing)，抛锚(at anchor)、通行(on passage)、其他(others)	1、2、3、4、5、6、7、8
航段(voyage segment)	R_{VS}	在港(in port)、离港(departure)、进港(arrival)、中水(mid-water)、通过(transit)、其他(others)	1、2、3、4、5、6
气象条件(weather condition)	R_{WC}	雨、风、雾、能见度状况好坏(good or poor considering rain、wind、fog、visibility)	1(好)、2(差)
海况(sea condition)	R_{SC}	退涨潮、水流、浪的状况好坏(good or poor considering falling/rising tide，current，waves)	1(好)、2(差)
时段(time of day)	R_{TD}	07:00～19:00、其他(others)	1、2
航道交通(fairway traffic)	R_{FT}	是否考虑复杂地理环境、密集交通流(good or poor considering complex geographic environment，dense traffic)	1(是)、2(否)

风险影响因素	符号	描述	BN 中节点的状态值
船速(ship speed)	R_{SS}	正常(normal)、过快(fast)	1、2
船况(vessel condition)	R_{VC}	船况良好或者船况未导致事故(good condition of vessels, or the condition of vessel has nothing to do with the accidents)；船况较差、推进器设置复杂、船舶改造过、船体过大(poor condition of vessels, or increasing complexity of propulsion arrangements, or modification made to vessels and size contributes to the accidents)	1、2
设备/装置(equipment/device)	R_E	船上装置设备运行正常(devices and equipment on board operate correctly)；船上装置设备未完全使用或操作不正确(devices and equipment not fully utilised or operated correctly)	1、2
人机工程设计(ergonomic design)	R_{ED}	人体工程学友好或人体工程学设计部分与事故无关(ergonomic friendly or ergonomic aspects has nothing to do with accident)，新驾驶室设计的人体工程学问题(ergonomic impact of innovative bridge design)	1、2
信息(information)	R_I	提供有效且最新的信息(effective and updated information provided)、信息缺失(insufficient or lack of updated information)	1、2

　　为了量化并分级各种变量状态，一方面通过借鉴文献来定义并量化，另一方面参考事故报告中变量状态对事故致因或人为失误是否产生影响的描述进行定义。根据 MAIB 和 TSB 的调查，对事故类型、船型、船体类型、船舶作业、航段进行如表 4.2 所示的划分；对气象条件、海况、时间、航道交通、船况、设备/装置、人机工程设计、信息，则按照它们是否导致海事交通事故中的人为失误分为两级。虽然 Wang 等[6]对船速的分级是按速度量化的，但是由于事故报告并未统一地表明事故中的船舶速度，常常描述为一个范围或形容其为速度过快，因此我们以是否速度过快导致事故为依据将其分为两级。

　　2) NBN 模型结构

　　随着 BN 中变量数量的增加，节点增多，数据驱动的 BN 结构的复杂性呈指数级增加。为了克服这种缺点，通常使用 NBN。它在分类等方面具有很高的效率，因此 NBN 模型可在不牺牲准确率的情况下简化 BN 结构。要实现这一点，大多数 NBN 模型具有一个强假设，即它具有一个独立的节点作为目标节点。该目标节点直接与 BN 结构中所有其他彼此独立的节点相连。参照专家意见和先前的研究，风险影响因素之间的相互依赖性在这里不予考虑，这使其适用于此假设前提。

　　假设 BN 的唯一子节点是事故类型，即类别变量(S)。父节点集是风险变量的集合(R_k)，包括的 16 个风险影响因素(船型、船体类型、船龄、船长、总吨位、船舶作业、航段、气象条件、海况、时间、航道交通、船速、船况、设备/

装置、人机工程设计、信息)。然后，简化结构学习，证明 S 和 R_k 之间的关系，如图 4.1 所示。

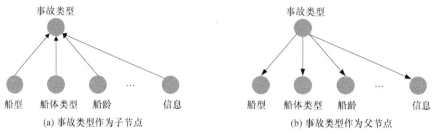

(a) 事故类型作为子节点　　　　　　　　　　　　　(b) 事故类型作为父节点

图 4.1　S 和 R_k 之间的关系

图 4.1(a)中事故类型节点的条件概率表大小随着节点的增多呈指数级增长，导致 BN 结构的计算十分复杂，无法有效运行。为了简化结构，我们提出一种改进的发散型 NBN 结构，即事故类型节点没有父级，但是作为其他风险影响因素的唯一父级，如图 4.1(b)所示。与图 4.1(a)中的结构相比，图 4.1(b)明显减少了计算量，以及条件概率分布的数量。由于 BN 具有进行双向风险分析的能力，因此修改的条件概率表可以很好地反映从收敛型 BN 连接到分散型 BN 连接的转变，对 BN 最终的风险分析结果没有任何影响。因此，它可以表示 NBN 结构中风险影响因素之间的关系。

NBN 模型假设风险影响因素之间没有相关性，尽管现实中这些变量并不是完全独立的，鉴于所有事故的统计分析并未表明风险影响因素之间有显著相关性，因此这种假设不会显著影响后验概率，也不会影响研究过程中的情景分析。因此，假设所有变量即子节点彼此独立，则可以构造 NBN 模型。

基于 NBN 模型，案例条件概率表的参数学习是由 Netica 软件得出的，一旦构建并获得条件概率表，就可以计算出每个变量的后验概率。

图 4.2 给出了涉及 16 个风险影响因素的 NBN 建模结果。在这些事故中，搁浅和碰撞是两种常见的事故类型，分别占 20.3%和 21.2%。考虑环境因素，事故中 40%的船舶涉及"通行"船舶作业，41.3%的船舶涉及"中水"航段；事故中只有 19.1%的船舶在事故过程中航道交通不畅，夜间发生事故的概率为 44.7%；恶劣的气象条件占事故的 40.2%，恶劣的海况占事故的 53.2%。

在船舶因素方面，渔船在事故中占最大比例(18.4%)；发生事故中超过 20 年船龄的船舶比例为 33.2%；发生事故的大多数船只长度是小于100m 的(即占 65%)；总吨位小于 300Gt 的船舶占发生事故船舶的 37.5%；有 67.5%的船是钢制的。此外，事故中 46%的船只传达的信息不足，14.2%的船舶人机工程学设计存在问题，38.9%的船舶需要面对无效的船载设备/装置，30.4%的船舶经历了改造或船舶尺寸较大。

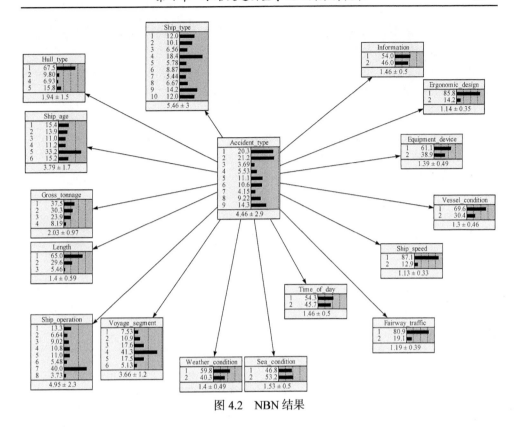

图 4.2　NBN 结果

3) 敏感性分析与模型验证

(1) 互信息。

概率论中的互信息是两个变量之间相互关联依赖程度的度量。它描述了通过其他随机变量获得并传递有关一个随机变量的信息量。互信息也被解释为熵的减少，用于测量不同变量的互依赖相关性。由于研究的目的是确定风险影响因素与事故类型之间的关系，因此事故类型被确定为互信息中的固定变量，其他变量风险影响因素为与之相关的随机变量。

互信息的值越大，单个风险影响因素与事故类型之间的关系越强。通过这种方式，计算互信息能够过滤模型中相对不太重要的风险影响因素。然后，将剩余的风险影响因素选择为影响事故类型的重要变量。

(2) 敏感性分析-风险变量的风险影响。

通过互信息计算筛选的重要风险影响因素，在 BN 对其进行敏感性分析，可以确定不同变量对事故的影响，尤其是以多变量组合方式，如场景模拟。传统的敏感性分析方法是设置一个场景，使研究节点之外的所有其他节点都被锁定，相应地更新目标节点来观察结果，即通过对该节点手动调节上下浮动 10%，可以显示模型中该变量对模型的影响。这种方法适合具有两个状态的变量，但是不适合具有两个以上状态的变量。因为当一个具有两状态的变量的其中一个状态值从 0% 增加到 10% 时，另一个状态的值将相应地从 100% 减少到 90%。当多状态变量中选定状态的值增加 10% 时，其他多状态很难合理分配降低的百分比。本研究有多状态变量，这使仅使用传统的场景模拟方法进行敏感性分析是不完善的。

为了克服传统方法的以上缺点，我们采用 Alyami 等[7]提出的一种新方法，计算真实风险影响。此方法将某一节点对某一种事故类型(如碰撞)影响最大的节点状态的概率提高到 100%，以获得该事故类型下的高风险影响(记为 HRI)。然后，该节点对该事故类型(如碰撞)影响最小的节点状态的概率提高到 100%，以获得该事故类型下的低风险影响。在特定事故类型下，每个节点的真实风险影响描述为

$$\text{TRI} = \frac{\text{HRI} + \text{LRI}}{2} \tag{4.1}$$

其中，HRI 为某一变量对事故类型某一状态的高风险影响；LRI 为某一变量对事故类型某一状态的低风险影响；TRI 为某一变量对事故类型某一状态的真实风险影响。

为了获得变量对事故类型的影响，对其他事故类型(如搁浅、进水等)也应用此分析计算过程，然后就可以获得该变量对所有事故类型的 TRI 值。进一步，对每个变量应用此方法，得到所有变量对所有事故类型的 TRI 值。因此，该敏感性分析根据 TRI 的值来显示变量对某种事故类型影响的程度。此外，通过计算某一变量对所有事故类型的平均 TRI 值显示这些变量对事故类型的影响，并且进行优先级排序。TRI 越高，相应的风险影响因素对事故类型的影响就越大。

敏感性分析需要满足以下两个公理。

公理 4.1 每个风险影响因素的先验概率略有增加或减少，目标节点(即事故类型)的后验概率应该相应增加或减少。

公理 4.2 x 个参数的综合概率变化总影响应不小于 $y(y \in x)$ 个风险影响因素的集合的变化总影响。

2. 树增强网络模型

NBN 模型通过理想假设将风险影响因素对事故的影响进行建模，但是未考虑因素间的关系。对于因素之间是否有联系、有怎样的联系、如何量化和分析、是否会产生与上述模型分析结果不同的场景和启示，还有待进一步研究。另外，上节研究对人为因素的考虑较少，在保证数据有统计学意义的前提下，需要进一步包括更多与人为失误有关的因素。因此，本节通过增添一些与人为失误有关的因素同时，考虑因素间的关系，通过构建 TAN 模型对各种影响因素进行分析。

1) 风险影响因素节点

根据统计的造成海事事故人为错误的风险因素，将出现频率较高的因素选为常见因素，并将发生频率低和量化困难的因素排除在外。海事事故中的 25 个风险影响因子如表 4.3 所示。这里阈值选定为所有因素频率的平均值 19.35%，提取频率高于平均值的 14 个常见因子作为风险影响因素[4]。

表 4.3　海事事故中的 25 个风险影响因子

编号	风险影响因子	符号	描述	BN 节点状态的相应值
1	船型(ship type)	R_{ST}	客船(passenger vessel)、拖船(tug)、驳船(barge)、渔船(fishing vessel)、集装箱船(container ship)、散货船(bulk carrier)、客滚船(RORO)、油轮或化学品船(tanker or chemical ship)、货船(cargo ship)、其他(others)	1、2、3、4、5、6、7、8、9、10
2	船体类型(hull type)	R_{HT}	钢(steel)、木(wood)、铝(aluminium)、其他(others)	1、2、4、5
3	船龄(ship age)/年	R_{SA}	(0 5]、[6 10]、[11 15]、[16 20]、>20、不详(NA)	1、2、3、4、5、6
4	船长(length)/m	R_L	≤100、>100、不详(NA)	1、2、3
5	总吨位(gross tonnage)/t	R_{GT}	≤300、300～10000、>10000、不详(NA)	1、2、3、4
6	船舶作业(ship operation)	R_{SO}	拖曳(towing)、装卸(loading/unloading)、引航(pilotage)、操纵(manoeuvring)、捕鱼(fishing)、抛锚(at anchor)、通行(on passage)、其他(others)	1、2、3、4、5、6、7、8
7	航段(voyage segment)	R_{VS}	在港(in port)、离港(departure)、进港(arrival)、中水(mid-water)、通过(transit)、其他(others)	1、2、3、4、5、6
8	船速(ship speed)	R_{SS}	正常(normal)、过快(fast)	1、2
9	船况(vessel condition)	R_{VC}	船况良好或者船况未导致事故(good condition of vessels or the condition of vessel has nothing to do with the accidents)；船况较差、推进器设置复杂、船舶改造过、船体过大(poor condition of vessels, or increasing complexity of propulsion arrangements, or modification made to vessels and size contributes to the accidents)	1、2
10	设备/装置(equipment/ device)	R_E	船上装置设备运行正常(devices and equipment on board operate correctly)、船上装置设备未完全使用或操作不正确(devices and equipment not fully utilised or operated correctly)	1、2
11	人机工程设计(ergonomic design)	R_{ED}	人体工程学友好或人体工程学设计部分与事故无关(ergonomic friendly or ergonomic aspects has nothing to do with accident)；新驾驶室设计的人体工程学问题(如前方视线盲区、运动错觉)(ergonomic impact of innovative bridge design e.g. visual blind sector ahead、motion illusion)	1、2
12	信息(information)	R_I	提供了有效且最新的信息(effective and updated information provided)、信息缺失(insufficient or lack of updated information)	1、2

编号	风险影响因子	符号	描述	BN 节点状态的相应值
13	气象条件 (weather condition)	R_{WC}	雨、风、雾、能见度状况好坏(good or poor considering rain, wind, fog, visibility)	1、2
14	海况(sea condition)	R_{SC}	退涨潮、水流、浪的状况好坏(good or poor considering falling/rising tide, current, waves)	1、2
15	时段(time of day)	R_{TD}	07:00~19:00、其他(others)	1、2
16	航道交通 (fairway traffic)	R_{FT}	是否考虑复杂地理环境、密集交通流(good or poor considering complex geographic environment、dense traffic)	1、2
17	沟通 (communication)	A1	是否有效沟通与合作(good or poor communication and coordination)	1、2
18	监督 (supervision)	A2	是否有效监督与支持(单独值班或落单工作、装载作业监督不当)(effective or ineffective supervision and supports lone watchkeeper or working isolated, improper supervision of loading operation)	1、2
19	明确指示(clear order)	A6	是否有明确指示(未准确解释或应用安全配员证书需求)(good or unclear order from documents, not accurately interpret and apply the requirements of a safe manning document)	1、2
20	船员经验 (experienced)	A11	对设备知识是否熟悉、有无经验、是否充分准备(familiar or unfamiliar with/lack of equipment knowledge, experienced or inexperienced, good or ill-prepared)	1、2
21	船员适任 (complacent)	A12	是否对工作职责理解适当、对情景严重程度预估正确(properly understand or complacent about the duties/underestimation of the severity of the condition)	1、2
22	法规(regulation)	A18	操作守则、授权、法规、流程、指示、正式发布的指导文件、操作手册、要求适当或模糊(good or inappropriate/ambiguous code, endorsement, regulations, procedure, instructions, formal published guidance, operation manual、requirement)	1、2
23	风险评估(risk assessment)	A19	是否有充分的风险评估(good or lack of risk assessment)	1、2
24	管理 (management)	A20	管理系统良好或失效(包括岸基管理、维修管理、船舶驾驶台资源管理、船上管理、安全管理系统、港口服务、适任考核、不充分培训、实践不足、应急演练不足)(good or dysfunctional management system, including shore management, maintenance management, bridge source management, on board management, safety management systems, port service, qualification examination, inadequate training, practice, emergency drill)	1、2
25	安全文化(safety culture	A21	安全氛围, 安全文化及预防思维良好或缺失(good or lack of safety culture, precautionary thought)	1、2

2) TAN 结构学习

数据驱动的贝叶斯方法有很多种,如 NBN、增强 NBN、TAN。其中,Friedman 等[8]指出,TAN 优于朴素贝叶斯,同时保持朴素贝叶斯计算的简单性和鲁棒性,因此本节利用 TAN 建立模型分析人为因素对事故类型的影响。

BN 是对一组随机变量 U 的联合概率分布进行编码。该网络是带注释的有向无环图。设变量 $A_1, A_2, \cdots, A_n$ 为风险影响因素, n 为风险影响因素的数量,则 C 为类变量(事故类型)。对于一个图结构,其中类变量是根,即 $\prod C = \varnothing$ ($\prod C$ 表示 U 中 C 的父集),并且每个风险影响因素都将类变量作为其唯一父级,即 $\prod A_i = \{C\}$, $1 \leqslant i \leqslant n$。BN 由此定义了 U 给出的唯一联合概率分布,即

$$P(A_1, A_2, \cdots, A_n, C) = P(C) \cdot \prod_{i=1}^{n} P(A_i \mid C) \tag{4.2}$$

如果除了一个变量(称为根), $\prod A_i$ 仅包含一个父代,则有向无环图 DAG $\{A_1, A_2, \cdots, A_n\}$ 就是一个树型。函数 π 可以在 $A_1, A_2, \cdots, A_n$ 上定义一棵树的条件是,恰好存在一个 i 使 $\pi(i) = 0$(即树的根),并且没有序列 $i_1, i_2, \cdots, i_k$,使 $\pi(ij) = i_{j+1}$, $i \leqslant j < k$,并且 $\pi(i_k) = i_1$(即无循环)。这样的函数定义了一个树网络,其中 $\pi(i) > 0$ 时, $\prod A_i = \{C, \cdots, A_{\pi(i)}\}$,并且 $\pi(i) = 0$ 时, $\prod A_i = \{C\}$。

TAN 结构的学习通过计算变量属性之间的条件互信息,完成优化过程。条件互信息的计算可以定义为

$$I_P(A_i, A_j \mid C) = \sum_{a_{ii}, a_{ji}, c_i} P(a_{ii}, a_{ji}, c_i) \log \frac{P(a_{ii}, a_{ji} \mid c_i)}{P(a_{ii} \mid c_i) P(a_{ji} \mid c_i)} \tag{4.3}$$

其中, I_P 为条件互信息; a_{ii} 为风险影响因素 A_i 的第 i 个状态; a_{ji} 为风险影响因素 A_j 的第 i 个状态; c_i 为事故类型的第 i 个状态。

定义关于 $A_1, A_2, \cdots, A_n$ 的函数 π,优化问题即学习 TAN 结构,找到一个树,使其对数似然性最大化。

当已知 C 的值时,以上函数将测量 A_i 提供的有关 A_j 的信息,TAN 建模过程包括五个步骤。

(1) 计算给定事故类型情况下,每个风险影响因素之间的 $I_P(A_i, A_j \mid C)$。事故类型是类变量。

(2) 建立一个无向图,其中的顶点为风险影响因素。将连接风险影响因素 A_i 到风险影响因素 A_j 的边注释为权重 $I_P(A_i, A_j \mid C)$。

(3) 建立最大加权生成树,即 $I_P(A_i, A_j \mid C)$ 最大和的树。

(4) 将无向树转换为有向树,从风险影响因素中选择一个根变量,将链接风险影响因素的所有边的方向设置为向外。

(5) 通过添加标记事故类型为顶点，从事故类型向每个风险影响因素添加有向弧来构造 TAN 结构。

TAN 模型节点如图 4.3 所示。

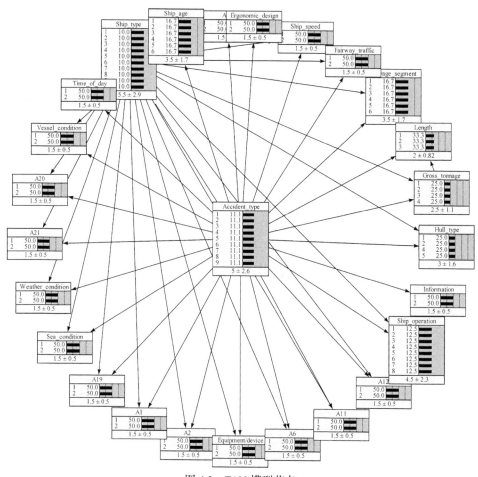

图 4.3　TAN 模型节点

基于 TAN 模型学习条件概率表参数，就可以计算每个变量的后验概率。变量概率的统计分析揭示了以下有关安全和事故预防的有效信息。TAN 建模结果如图 4.4 所示。

3) 敏感性分析与模型验证

(1) 互信息表示概率论中两个变量之间的依赖性，源自熵理论。互信息被描述为数据集不确定性的指标，并被解释为熵减少。互信息说明风险影响因素与事故类型之间的相关性有多强。计算互信息的值可以消除与事故类型相关性相对较小的风险影响因素，剩余的风险影响因素可以作为模型中影响事故类型的重要变量提取出来。

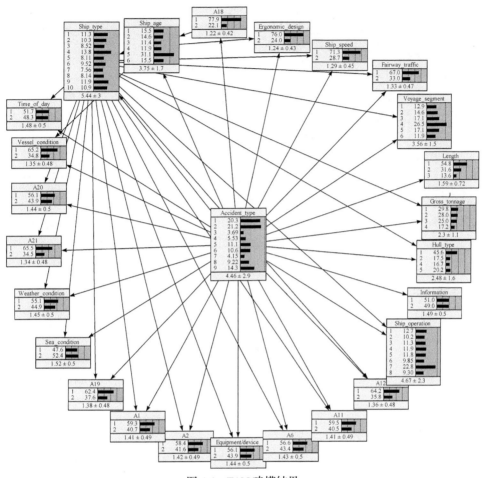

图 4.4　TAN 建模结果

(2) 联合概率和真实风险影响。敏感性分析的另一种形式是基于对网络联合概率的计算，当某风险影响因素的状态被分配不同的值，并且其他变量风险影响因素的状态被锁定时，目标节点(事故类型)的值将被计算。一旦从互信息计算中提取出重要的风险影响因素，就利用传统联合概率计算方式进行敏感性分析有不适用之处，因为它适合具有两个状态的变量，但不适合具有两个以上状态的变量。我们研究多状态风险影响因素，因此采用计算真实风险影响 TRI 值的方式对模型进行敏感性分析。

(3) 敏感性分析需要满足公理 4.1 和公理 4.2。

4.2　船员生理特征分析方法

海事事故人为因素研究早期主要以定性研究为主，并逐步向定量研究方向发展。传统人为因素研究是基于海事事故报告或者通过事故演化机理分析，这种传统的定性研究方法是具有一定广度的事故报告资源，获取信息便捷，然而每份事故报告的信息深度有限，难以量化人为因素，主观因素限制也无法体现人员心理、生理变化因子。

随着海上气象/水文信息的完备和模拟驾驶行为的可视化应用，结合复杂场景、极端天气的模拟构建，利用现代化科学技术手段对人员心理数据、行为数据进行监测与采集是研究海事安全人为因素的趋势。脑功能成像技术，如 EEG、功能性近红外光谱是临床、神经科学等领域的技术手段，也被用于人为因素研究中的认知负荷研究。因此，它为人为因素研究提供了一种科学有效的试验工具和观测指标，也具有船员人因失误研究的重要应用前景。

4.2.1　船员生理特征分析手段与研究方法

1. 船员生理特征分析手段

水路交通安全事故人为因素研究早期主要以定性为主，并逐步向定量研究方向发展。传统人为因素研究是基于海事事故报告或者通过事故演化机理分析，这种传统的定性研究方法是具有一定广度的事故报告资源，获取信息便捷；然而每份事故报告的信息深度有限，难以量化人为因素，由于主观因素限制无法体现人员心理、生理变化因子。

基于海事仿真模拟器进行视频、声音、生理信号的记录，可以优化人因研究方法。海事仿真模拟器提供不同场景，如恶劣天气、设备失效等研究目标因素，通过记录人员操作细节分析学员表现。在模拟器仿真中可随时对实验者进行反馈调查(在不影响工作的情况下)，更好地了解实验者的环境意识。通过改变单一变量重复情景实，解决实际环境中海上能见度、交通流密度、风、水流等通航环境数据在短时间内相对稳定的实验限制，利用模拟器仿真实验随时改变通航环境。同时，基于模拟器仿真的实验环境精确测量驾驶失误、通过问卷调查了解已执行任务的难易程度等。海事仿真模拟器在水路交通人为因素的研究中将持续发挥重要作用，随着海上气象/水文信息的完备和模拟驾驶行为的可视化应用，结合复杂场景、极端天气的模拟构建，采集人员监测指标，研究人为因素对水路交通安全的影响将是海事仿真模拟器的重要应用前景。

此外，获取驾驶行为过程中的神经生理参数值，对评估驾驶员中枢神经系统和自主神经系统的活动十分重要。基于 EEG 的 CogniMeter 系统结合认知算法，可以实时监测情绪、精神工作负荷和压力。由于 EEG 信号十分微弱，因此在采集过程中很容易受到其他噪声信号的干扰。一般来说，EEG 源数据需要经过带宽滤波器滤波、分形维数方法、统计特征分析、高阶过零检测等。随着可穿戴设备的普及，持续监测生理状态，如计步、心率、卡路里消耗、睡眠模式成为可能。采集的 EEG 数据波形会因为人体肌肉运动产生生理伪影，寻求软、硬件方法克服信号串扰，优化信号处理方法，是 EEG 实时监测情绪、精神工作负荷和压力的重点也是人机互动研发的基础。

在生物医学领域，研究人体生理数据的手段有借助近红外光谱。在生理学领域，由于睡眠不同阶段的慢自发皮层与全身血流动力学活动强度不同，睡眠阶段转换不对称，EEG 图的部分输出信号图形显示十分混乱，无法提取有效信息研究，同时 EEG 信号受肌肉运动的影响显著。近红外光谱将人体血液中的血红蛋白作为检测指标，是除 EEG 波指标的另一项直接观测指标。

2. 船员生理特征研究方法

1) 工作负荷

工作负荷是指人类认知能力与处理特殊事件所需精力之间的关系，主要包括生理工作负荷、主观工作负荷、认知工作负荷。在不可预知的新操作指令出现情况下，潜在工作负荷问题体现的尤为明显。工作负荷认知水平差异可能由个人经历、技能或仅仅是个体差异导致。具体来说，工作负荷的测量目前有两类。一类是，测量客观工作负荷而非精神工作负荷本身，一般由一系列参数组成，如交通流密度、航线复杂度、可见性、风、流、安全警报、航行设备交互，以及管理任务等。另一类是，生理及心理测量方式，如心率(0.1Hz 部分)等。这些测量方法表示对给定工作负荷的反映与个体特定环境下可承受的心理工作负荷的关系，可以是行为意义上的，也可以是生理学意义上的。

1985 年，南卡罗来纳大学开始研究精神工作负荷反映在人身上的生理反应，将不同工作负荷生理测量方式进行二维空间对比，一条轴代表方法的适用性，另一条轴表示空间及系统一致性，进而总结出 EEG 测量方法的优越性，提出生理测量方式的优势。工作负荷可作为人员表现的影响因子，将工作负荷作为独立变量，注意力或其他人为因素是非独立变量，通过研究工作负荷的函数衡量海事领域人为因素，通过实验解答数学问题诱导产生精神工作负荷，对交通领域的工作负荷研究提供思路。新加坡南洋理工大学利用功率谱特性实时识别 EEG 信号输出的工作负荷，对每个个体的情形进行识别分类。

在水上交通特殊的工作环境下，船员的工作量不仅体现在体力劳动强度和工作时长上，精神工作负荷作为水上交通事故人为因素内容之一，正体现外界环境、船对人的交互影响。理解并研究工作负荷，处理水上交通紧急情况下的认知需求、人员表现，并且有效地协调处理这些情况，对航行安全评估和降低潜在事故风险十分重要。将工作负荷与其他人为因素联系，研究他们之间的关系模型也是工作负荷研究的重点之一。

2) 情绪

水上交通工作环境狭小的空间、闭塞的信息来源、单一的性别等问题存在，容易造成船员的情绪问题。其不良情绪表现主要集中在易激怒、紧张、不稳定、低落、倦怠等，并且呈现周期性变化。

情绪的三维理论认为，情绪可在愉快-不愉快、激动-平静、紧张-松弛这 3 个维量上被度量。每种具体情绪都处在这 3 个维量两极之间的不同位置上。多维模型对情绪识别比较有效，它能把抽象的情绪放置在多维度空间中，即无法用具体的语言来形容的情绪可以放置在多维模型中进行描述。利用二维情绪分类模型对情绪进行研究，用横坐标表示状态的兴奋程度，从低迷逐渐过渡到兴奋，纵坐标表示心情的愉悦程度，从不喜欢逐渐过渡到喜欢，可以通过分解为两个维度映射到坐标系描述情绪。情绪的描述可以为情绪行为机理研究奠定基础。

在水上交通领域，船员情绪问题并不少见。据调查，在国际船员中，有 34.26% 为轻度及中度抑郁，18.59% 为轻度及中度焦虑，均明显高于普通人群。研究发现，瑞典船员有 33% 发生过不同程度情绪、心理障碍；采用症状自评量表(SCL-90)对 79 名船员进行调查，部分情绪因子分显著高于常模，差异具显著性；采用相同方法对 359 名船员调查发现，考虑抑郁、焦虑、恐惧、偏执等情绪相关因子，船员的心理情绪健康明显低于正常人；采用 16 种人格因素量表发现航海船员比公休船员忧虑性增加，同时航行时间及风浪对船员忧虑情绪亦有影响。然而，心理学层面的情绪研究并不能反映情绪因素的客观数据。随着 EEG 等生理数据信号采集设备的普及，机器学习技术、信号处理方法飞速发展，基于人体生理数据的情绪识别研究已经成为多领域的热门课题。

可以看出，情绪分析和识别是心理学、认知科学、神经科学、计算机科学和人工智能等领域的一项重要学科交叉研究。在水上交通领域，建立能够更准确地识别情绪状态的系统，研究船员情绪与工作表现的关系具有一定的意义。

3) 注意力

从泰坦尼克号、自由企业先驱号事故中的人为差错可以看出，船员工作状态中的注意力是航行安全的保障。在交通运输领域，对于不同的操作任务及其特点，驾驶员的注意力只能维持在有限的时间内，一旦超过有限时间将产生注意力不集中或者疲劳状态，从而增加人为差错的可能性。对于交通领域的注意力问题，对于公路司机连续驾驶 4h 以上即称为疲劳驾驶。对于航空管制员工作 20min 就需要休息，注意力不集中极大可能导致事故发生。人的注意力是有限的。在处理多项任务时, 如果需分散一部分注意力到更多的任务上, 则会降低对安全隐患、安全警报的敏感程度。对于频繁发生的预警和信号, 驾驶员容易对警报产生原因的思考产生惰性, 忽略检查航行速度和船舶位置。例如, 驾驶员不管安全预警装置的蜂鸣器是否报警, 都会形成条件反射操作, 关闭报警器却不去检查问题。注意力与工作负荷有一定的联系, 过高或过低的工作负荷都会导致注意力不集中。

研究注意力的方法有视觉特征监测、面部表情识别等直接观测方法, 以及通信监测、信息传递频率等间接观测方法。然而, 以一个瞬间看到的东西为注意力所在为假设前提, 通过眼动测量注意力的方法的假设并不严密, 例如当接受语音信息时, 注意力并不在接受信息瞬间眼睛观测的物体上。同样, 当注视一个物体时也不一定表示会关注它本身。人为因素中注意力的研究通常与半自动驾驶实验相关联, 在智能驾驶智能航行方面有一定的前景。

4) 压力

压力是由多种原因表征的人的状态, 包括高精神工作负荷、情绪、环境等。在交通研究领域, 压力可以由不同生理变量表征和评估, 包括 EEG、血压、心率变化、皮肤电导水平、肌电图。在大脑前额叶区域, 压力与 EEG 的 β 能量带正相关, 推动了人体生理数据监测下的压力观测。压力可通过高阶谱特性方法识别, 使用支持向量机(support vector machine, SVM)径向基函数核作为分类器, 对两种压力状态的识别准确率可以达到 79.2%。压力分类方法主要有人工神经网络、线性判别分析和 k 最近邻算法。对于两种压力状态, 最好的分类器是 k 最邻近算法, 准确率可以达到 72%。

压力识别与分类研究趋势不仅寻求更高的准确率, 也在不断优化求解速度, 进而优化实时监测算法。压力识别利用 EEG 等设备监测结果建立数据库, 趋向于与其他交互软件结合达到用户体验优化。

5) 疲劳

研究表明, 很多海上灾难性事故是疲劳引发的, 疲劳会降低人员表现。1989 年, "Exxon Valdez" 搁浅前 24h, 值班员仅睡了 5~6h, 这表明疲劳与海事事故有密切的关联。船员工作环境的要求越来越高, 如海上航道更短、交通流密度更高、人员配备减少、快速停转航。值班时间变长, 而且航次最后 3 天是疲劳引起的海上事故的多发时间段, 在 98 次船舶事故报告中, 主要由疲劳引起的事故占 23%。

研究发现, 疲劳问题多发生于平静航行环境中航次开始时(第一周内), 并通过工作时间、睡眠问题、航次长短(越长越不易疲劳)、工作压力、船舶类型等指标预测疲劳。量化疲劳指数是其中的一个重要步骤, 采用 EEG 可以将量化监测时间间隔降到 10s 以下; 利用 EEG 和事件相关电位建立测量 3D 可视化疲劳值的范式, 然后提出通过视觉压力、眼部酸胀、身体疼痛、视觉模糊对 3D 可视化疲劳进行测量。北京航空航天大学、清华大学在 2010 年的欧盟国际合作项目 "SENSATION" 中将驾驶数据分为疲劳和清醒，采用自适应滤波消噪的方法对 EEG 进行去伪迹处理，利用朴素贝叶斯分类对驾驶人的疲劳状况进行判断。

目前，疲劳研究多在公路交通与航空领域，在海事领域的定量研究不够深入。疲劳因素研究实验需要实验员在实验过程中的一段时间呈现疲劳状态，实验安全性亦需要考虑。水上交通事故人为因素中的疲劳首当其冲，研究疲劳因素的视化测量及其对人员的影响机理对交通安全发展具有重要意义。

4.2.2 基于 EEG 的船员生理特征提取

考虑航行的特殊性及成本因素，开展真实的航行实验，实时采集船员生理信息的成本较高，而且会面临各种难题，大多数情况下不切实际。因此，考虑在船舶驾驶仿真平台进行模拟航行实验，同时利用 EEG 设备采集船员的 EEG 信号，研究船员的生理特征。

参加实验的有 48 人，均为男性，年龄为 26～38 岁，平均年龄为 31.9 岁，人均有 7.7 年的航海经验。在身体方面，所有参加实验的人员健康状况良好，视力或矫正视力正常，没有任何药物依赖，也没有脑部创伤、精神问题、心理疾病。实验前，所有被试都没有服用过任何会影响 EEG 信号的药物。在正式实验开始之前，工作人员已详细告知被试实验的目的和意义、实验要求和注意事项等。所有被试表示自愿参加实验且承诺会积极配合完成实验，都签署了实验协议。在实验过程中，一旦他们感到身体不适或改变主意，可立刻示意工作人员中断或退出实验。

实验在两个单独的房间中同时开展，将这 48 人平均分为 12 组。每组 4 人分别承担船长、通信员、瞭望员、舵手的任务，在模拟器中进行合作，应对各种不同的航行场景完成航行任务。期间，船长会佩戴 EEG 设备，采集其 EEG 信息作为研究基础。

4.2.3 基于 EEG 的船员生理特征识别与分类

在 EEG 研究中[9]，可按频率由低到高的顺序将 EEG 分为五个频段，即 δ 波 (0～4Hz)、θ 波(4～8Hz)、α 波(8～12Hz)、β 波(12～40Hz)、γ 波(40～100Hz)。每个频段都与大脑的特定活动状态有关。

1. δ 波

δ 波是频率最慢和振幅最高的 EEG 波，其频率范围为 0～4Hz，幅度范围为 20～200μV。通常只出现在深度非快速眼动睡眠阶段，所以可以用来评估睡眠的深度。δ 波的能量越高，代表睡眠越深。由于睡眠与记忆巩固相关，因此 δ 波在生物记忆的形成，以及获得的技能和学习的信息中起着核心作用。

2. θ波

θ波的频率范围为 4~8Hz，幅度为 5~20μV。研究认为，前额 θ波的活动与心理操作的难度相关。例如，在集中注意力和信息摄取、处理和学习期间，或者记忆回忆期间较为明显。实验发现，随着任务难度的增加，θ波的变化更加突出，表明 θ波与潜在的精神工作负荷或工作记忆的大脑过程相关，所以 θ波便是我们研究船员工作负荷的闸门。

3. α波

α波的频率范围为 8~12Hz，幅度为 20~100μV。与 α波相关的功能包括感观、运动、记忆等。当人闭上眼睛放松身心的时候，α波的能量会增加。相比之下，在精神或身体活动时，α波的能量会被削弱或抑制。α波被抑制表明，个体的大脑正准备从各种感官获取信息，协调注意力资源，并专注于特定时刻真正重要的事情，是参与精神活动和状态变化的有效标志，所以α波也被认为是人们学习与思考的最佳脑波状态。

4. β波

β波的频率范围为 12~40Hz，幅度为 100~150μV。通常认为，活跃的、忙碌的、焦虑的思维和积极的注意力与 β波能量相关。当个体在计划或执行动作时，尤其是当伸手或需要精细的手指动作和集中注意力时，β波的能量会变得更强。在观察别人的身体动作时，β波能量的增加也很明显。

5. γ波

目前，γ波是 EEG 研究的黑洞，还没有研究出 γ波到底在大脑的什么部位产生，以及 γ波反映什么。一些研究人员认为，γ波将对一个物体的各种感觉印象结合在一起，形成一个连贯的形式，因此反映了一个注意力的过程。另一些人认为，γ波是其他神经过程的副产品，因此不能反映认知过程。

4.3　船员情绪与人因失误关联分析

本节主要使用船舶驾驶模拟器及配套考试场景进行船舶驾驶模拟器场景设计、船舶驾驶模拟实验操作，以及场景中人因失误数据采集；使用 EEG 采集装置记录船员在驾驶模拟过程中的数据，使用自我情绪评定量表采集船员情绪的问卷数据。

4.3.1　船员情绪分类

在海事事故致因与安全研究中，通过收集并研究历史数据是最受欢迎的方法之一。海上事故具有频率低、后果严重的特点，这导致很多情况下对于海事安全研究来说，海上事故历史数据数量是有限的，并且常伴有数据不完整、具有一定不确定性的情况。当历史数据缺失时，专家经验和专家知识被当作先验知识引入研究中。欧盟项目框架也进行了许多与船员表现、绩效相关的模拟仿真研究，例如欧盟第七框架计划项目"CYCLADES"。它将以人为中心的设计理念及方法运用到两个海上风力发电机安装船上，不仅可以提升船舶本身的安全性，还可以提高船舶运营效率和成本效益。欧盟"FAROS"项目通过设计阶段对全局设计因素进行修正，使海军建筑师和船舶设计师可以使用贝叶斯信念网络模型评估人员绩效。上述相关项目虽然围绕人员与组织因素、人因可靠性分析、人因失误、人为差错等概念为主要研究内容，但是未测量个人客观因素的变化，尤其是缺乏船员的心理生理特征测量所需的定量数据和研究方法。参考其他交通领域研究，海事领域中这些定量数据也可以通过 EEG 图、心电图、肌电图、血容量脉冲、皮肤电反应和眼球运动等相关的传感器对生理信号进行采集，从而用于船员人为因素的量化研究。尽管道路交通安全领域已经进行了愤怒驾驶研究来探究汽车驾驶员与其驾驶行为之间的情绪间联系，但在海事领域少有类似的研究，船员生理信号与人员行为绩效之间的关系还未得到阐述。

值班船员的情绪受有限的工作空间、信息访问不及时和通信困难影响会出现波动，从而影响他们的船舶操纵和基本工作任务表现。在公路或铁路交通领域上对情绪因素，以及人为错误量化方面有一些相关研究，在海事交通中为了识别船员的负面情绪，在船舶驾驶模拟器中使用 EEG 图系统监视船员的工作负荷，以及压力，成为最早使用船舶驾驶模拟器进行船员心理反应研究的内容。为了量化值班班组人员情绪，船员的情绪、情绪压力和环境压力可以被系统地监测并考虑。船舶驾驶模拟器实验通过提取船员驾驶时的 EEG 数据识别船员的情绪，但尚未与船员的表现联系起来。还有研究发现，情绪状态的活动位于相对不重叠的大脑区域，即大脑横跨皮质和皮质下区域。大脑腹侧纹状体的活动与唤起愉快的音乐相关；悲伤的音乐会激活大脑颞叶区域。这些区域和与负面情绪状态和焦虑对应的脑部区域是不同的。因此，通过结合情绪理论、心理学、EEG 进一步研究识别船员的情绪是可行的，对船舶驾驶、操纵安全、识别人为失误的主要原因和事故的直接原因具有重要意义。通过船舶驾驶模拟器协助，可以使用 EEG 识别船舶驾驶舱中船员的情绪并使用 SVM 模型方法对情绪进行分类。

4.3.2　船员情绪采集数据定量分析

总的来说, 该实验方案由标定部分和测量部分组成。实验流程如图 4.5 所示。对于每位被试来说, 标定部分需要填佩戴的 EEG 设备, 并且填写 2 份自我情绪评定量表(self-assessment manikin, SAM)分别对应两种情绪；测试部分需要佩戴 EEG 设备, 并且在测试结束后(或者考试结束后)填写 1 份 SAM 描述总体情绪问卷。

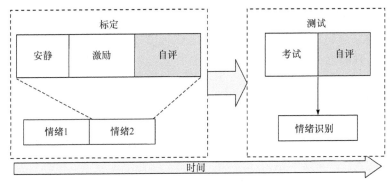

图 4.5　实验流程

在标定过程中, 国际情感数字化声音方法被用于诱发两种类型的情绪, 被试需要闭眼聆听声音片段, 以便防止眨眼对 EEG 信号采集的影响。标定过程包括时长 5s 的平静期、时长 10s 的情绪激励刺激(情绪 1)和 SAM 评分；之后重复同样的过程使情绪 2 激励被试。这样做的目的是标定每个对象的情绪。换言之, 获得被试每种情绪类型下的 SAM 值和 EEG 值, 并分别对应该情绪类型下特定的主观描述值和客船测量值。

在测试部分, 被试一般会在船舶驾驶模拟器中 30min 时, 才会结束实验, 填写 SAM 问卷。

船员的情绪主要分为消极情绪和积极情绪。在标定部分, 通过对 EEG、问卷数据的标定, 形成特定情绪类别下基于小波分析提取的情绪特征向量, 并训练分类器；在测试部分, 通过训练的分类器对 EEG 数据和问卷数据进一步分析, 通过 SVM 对船员情绪进行分类。

1. EEG 数据特征提取

EEG 数据由两部分组成, 即标定部分和测试部分。标定部分的 EEG 数据作为训练集被提取特征, 用于训练分类器。测试部分的 EEG 数据作为测试集, 用于预测分析。

EEG 数据特征提取的方法是利用小波变换。小波是指一个小波振荡, 其振幅从零开始增加, 然后又减小到零。小波变换继承和发展了短时傅里叶局部化的思想，但是克服了窗口大小不随频率变化等缺点，即提供了一个随频率改变的"时间-频率"窗口，是一种构造信号时频，从多种不同类型的数据中提取所需信息的方法。通过这种方式，原始信号可以由所得频率分量上的积分表示。

Daubechies 小波是主要用于离散型小波变换的正交小波函数，多用于噪声消除、信号压缩等，具有最大消失力矩。db$N$ 小波是 Daubechies 的极端相位小波，其中 N 表示消失矩的数量，又名消失矩阶数。在这项研究中，选择 Daubechies 小波的 db8(消失矩阶数为 8)函数，从 EEG 数据中对 EEG 信号特征进行提取，所得的小波分解部分分别对应噪声、γ 波、β 波、α 波、θ 波和 δ 波。这几种波的波段与不同的心理概念有关，例如 γ 波的高水平与焦虑和压力相关，其低水平与抑郁相关；β 波高水平与无法放松有关，低水平与认知能力差和缺乏注意力有关；α 波高水平通常涉及过度放松的状态或无法集中，其低水平与高度紧张有关；θ 波可以显示多动症或情绪意识差；δ 波与学习困难和睡眠不足有关。

为了获得特征矩阵，信号数据特征被以 512Hz 的采样率提取。对于窗口函数，窗口大小为 512，窗口增量为 32。举例来说，在标定部分中，被测对象 1 的负面情绪输入为 10510×1 的矩阵，其数据大小为 10510，窗口大小 winsize 为 512，窗口增量 wininc 为 32,则特征矩阵的输出为 313×5 的矩阵,其中 313 是由 floor((datasize-winsize)/wininc)+1 向下取整计算而来的，5 代表 5 个特征值波。因此，输出矩阵构成船舶驾驶员的 EEG 数据特征向量。

2. 情绪采集数据定量分析

船员的消极情绪和积极情绪可以在愉悦、唤醒程度和支配控制的三个维度空间描述。在标定部分给定消极情绪和积极情绪的前提下，1 代表消极情绪，2 代表积极情绪。

对于每个被试，均有三段 EEG 数据，两段由国际情感数字化声音片段数据库导出，用于标定的 EEG 数据，一段为测试期间在场景操作过程产生的测试 EEG 数据，前者两组分别对应消极情绪和积极情绪。除了情绪特征矩阵，情绪类型的标签也与之一一对应，方便建立分类器，完成后续情绪识别研究。情绪识别的采样率为 512Hz，瞬时情绪值被识别为两种情绪中的一种。

对于 SAM 问卷数据，这项研究收集了 22 份(11×2)标定问卷和 11 份反映 11 名船员的情绪测试问卷。船员问卷数据统计如表 4.4 所示。国际情感数字化声音数据库统计如表 4.5 所示。其中，声音片段 105 代表消极情绪，声音片段 220 代表积极情绪，字母"p""a""d"分别表示"愉悦程度""唤醒程度""主导控制程度"，"t"表示测试情绪。除了消极情绪中的愉悦程度，测试中的大多数平均值与国际情感数字化声音的平均值基本一致。

表 4.4　船员问卷数据统计

项目	最小值	最大值	平均值	标准差
105p	1	9	4.82	2.601
105a	1	7	4.18	2.272
105d	1	8	4.18	2.523
220p	3	9	8.09	1.814
220a	1	8	4.27	2.195
220d	3	9	6.36	1.912
tp	3	9	4.73	1.679
ta	1	7	4.64	2.063
td	1	9	6.00	2.449

表 4.5　国际情感数字化声音数据库统计

项目	平均值	标准差
105p	2.88	2.14
105a	6.40	2.13
105d	3.80	2.17
220p	7.28	1.91
220a	6.00	1.93
220d	4.99	1.88

4.3.3　船员情绪与人因失误关联

研究将船员的情绪主要分为消极情绪和积极情绪。在标定部分,通过对 EEG、问卷数据的标定,形成特定情绪类别下基于小波分析提取的情绪特征向量,并训练分类器;在测试部分,通过训练的分类器对 EEG 数据和问卷数据进一步分析,通过 SVM 对船员情绪进行分类。

SVM 用于识别船员的情绪类别,通过最优核函数,找到最优化的超平面,构成超平面的参数,使类别集合的边距最大化,同时将两个集合分开,从而实现数据的分类和回归分析。

对于 EEG 数据,SVM 可以进行实时的情绪识别,每种情绪对应 5 个特征;在标定部分,从 EEG 数据中提取的特征矩阵用于训练 SVM 分类器,然后通过 SVM 训练识别船员测试部分的情绪类型。

对于问卷数据，SVM 通过对主观感觉的问卷描述对情绪类型进行区分，从而得出整体情绪识别。这里主观感觉的情形具有三个维度，对应 SAM 量表中的愉悦、唤醒程度、主导控制。情绪作为主观变量，可以使用 SVM 对标定部分情绪类别下的量表进行分类器训练，生成 SVM 分类器。使用 SVM 的分类器，即可通过三维描述的量表问卷对适任考试中船员的情绪进行识别，然后进行归一化处理，通过交叉验证 SVM 中的搜索最佳参数，计算该模型的核函数，即可识别情绪类型并计算分类准确率。

1. 基于 EEG 数据的船员情绪分类

在给定消极情绪和积极情绪的前提下，提取标定部分的 EEG 特征，通过 SVM 模型对情绪进行分类，其中 1 代表消极情绪，2 代表积极情绪。对于每位被试，情绪识别的采样率为 512 Hz，瞬时情绪值被识别为两种情绪中的一种。计算特定时间段内的平均情绪值，因此得出的情绪值(平均情绪值)介于 1～2。测试部分的被试 2 每 5s 的情绪识别情况如图 4.6 所示。

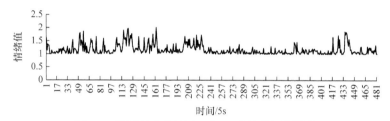

图 4.6　测试部分的被试 2 每 5s 的情绪识别情况

对于被试 2，SVM 模型从标定部分的 EEG 数据中提取特征到分类器，其准确性为 91.55%(390/426)。它使用分类器识别测试部分中的情绪值。在图 4.6 中，它演示了每 5s 被试 2 的情绪值。同样，该方法也可以用于识别其他被试。图 4.7 所示为测试部分被试的平均情绪值，其中情绪值定义为 1～2。

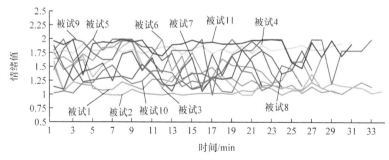

图 4.7　测试部分被试的平均情绪值(每 60s 计算一次)

可以看出，被试的情绪识别值在检查过程中会随时间波动。对于给定的 SVM 模型，个体识别的准确率如表 4.6 所示。平均准确率为 77.55%。根据被试之间的个体差异，情绪识别可以反映各种特征。

表 4.6　分类算法下个体识别的准确率

编号	1	2	3	4	5	6
准确率/%	67.37(351/521)	91.55(390/426)	82.48(273/331)	66.36(284/428)	73.72 (202/274)	70.70 (222/314)

编号	7	8	9	10	11	平均值
准确率/%	87.07(330/379)	69.63(188/270)	93.73(254/271)	80.62(262/325)	69.82 (236/338)	77.55

假设可以通过给定的情绪值描述情绪状态，这里进一步将情绪根据计算出的情绪值范围分为四个级别，即[1，1.25]为极端消极情绪、(1.25，1.5]为轻度消极情绪、(1.5，1.75]为轻度积极情绪、(1.75，2]为极端积极的情绪。情绪值的变化与测试过程场景中的多个事件相关。

2. 基于问卷数据的船员情绪分类

在船员情绪的问卷数据中，SAM 方法揭示了被试特定情绪的特定特征，可以量化特定情况和条件下的情绪。适任测试结束后，记录专家对其表现的评级及评论，同时专家给出合格或不合格结论。

通过 SAM 问卷从船员收集情绪三维描述数据后，使用 SVM 在测试阶段(值班任务)识别情绪类别。总体上，一共有 11 个实验样本，每个样本包含 2 组标定问卷和 1 组测试问卷，共 3 组，即 33 份问卷。问卷具有三个维度的情绪描述和一个情绪标签，因此形成 33×3 的情绪描述矩阵和 33×1 的情绪标签矩阵。其中，前 22 个来自标定部分，作为 SVM 的训练集；后 11 个来自测试部分，作为测试集。从此角度出发，构建的 SVM 模型就是通过找到将测试集两种情绪类别的超平面，实现船员情绪分类。如图 4.8 所示，测试准确率为 72.73%，训练准确率为 94.45%，其中类别标签 1 代表消极情绪，类别标签 2 代表积极情绪。该模型的核函数通过以下方式计算，$-t = 2$ 表示核类型为径向基函数，即函数 $\exp(-\gamma \times \| x - x' \|^2)$，核函数中的 $\gamma = 0.0068012$。SVM 模型的代价参数 $C = 776.0469$。

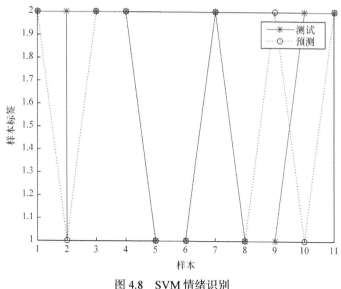

图 4.8　SVM 情绪识别

4.4　船员工作负荷与人因失误关联分析

本节使用船舶驾驶模拟器及配套考试场景进行船舶驾驶模拟实验；使用 EEG 采集装置记录船员的 EEG 数据，研究船员工作负荷与人因失误的关联性。

4.4.1　船员工作负荷识别

在基于 EEG 信号的工作负荷研究中，已经有研究者通过大量的实验证明工作负荷与 θ 波之间存在显著的相关性。研究在心算任务刺激下的 EEG 信号，发现 EEG 信号的 θ 波段功率在刺激下会明显增强。驾驶员的工作负荷与 θ 波和 α 波功率相关，在不同的驾驶任务中，前额区 θ 波的功率会随工作负荷的增加而显著增加。在另一个研究飞行员工作负荷和疲劳的实验中也发现，高工作负荷状态与低工作负荷状态相比，高工作负荷状态下的 θ 波功率显著增加，α 波功率降低。

1. EEG 特征选择与提取

利用小波分解算法对原始信号进行分级分解可以得到 θ 波的信号成分。θ 波与工作负荷最为相关。

小波分解的数学含义是把基本小波函数作伸缩平移，b 在不同尺度 a 下与待分析信号 $x(t)$ 做内积，用小波函数表示或者逼近原始信号，即

$$WT(a,b) = \frac{1}{\sqrt{b}} \int_{-\infty}^{\infty} x(t)\psi\left(\frac{t-a}{b}\right)dt \tag{4.4}$$

在小波分解过程中，先将信号分解为高频分量和低频分量，然后对低频部分再次进行分解，同样分解为高频分量和低频分量。依次对原始信号 s 进行有限层的分解，得到的分解信号与原始信号之间的关系可以表示为

$$f(t) = cA_L + \sum_{i=1}^{L} cD_i, \quad L = 1,2,3,\cdots \tag{4.5}$$

其中，L 为分解层数；cA_L 为低频信号分量；cD_i 为高频信号分量。

原始信号的整个频带被分解为多个子频带，若原始信号频率为 fs，则 $cA_L, cD_L, cD_{L-1}, \cdots, cD_1$ 各信号分量对应的频率范围依次分别为 $\left[0, \dfrac{fs}{2^L}\right]$，$\left[\dfrac{fs}{2^L}, \dfrac{fs}{2^{L-1}}\right]$，$\left[\dfrac{fs}{2^{L-1}}, \dfrac{fs}{2^{L-2}}\right], \cdots, \left[\dfrac{fs}{2}, \; fs\right]$。图 4.9 所示为小波分解与重构原理示意图。

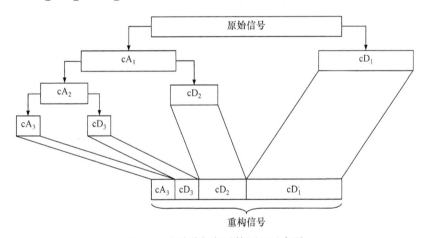

图 4.9　小波分解与重构原理示意图

在实验中，EEG 信号的采样率为 512Hz，由奈奎斯特采样定理可知，有效的 EEG 信号的最大频率是采样频率的二分之一，所以用来分析的信号的频率范围在 0～256Hz。采用小波变换时，首先需要确定分解层数和小波基。根据对 EEG 信号频率分类的描述，需要提取的是 θ 波，频段为 4～8Hz，频带长为 4Hz。我们选用 Danbechies 小波基中的 db8 小波函数对 EEG 信号进行 6 层分解。图 4.10 所示为 EEG 信号小波分解树。对各个子频带进行信号重构，可以得到各个子频带的 EEG 信号。各个频段分量的分解图如图 4.11 所示。

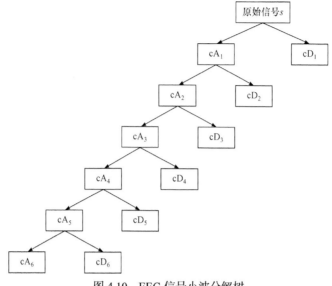

图 4.10　EEG 信号小波分解树

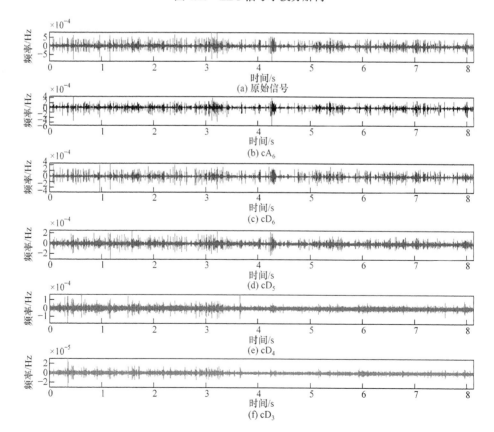

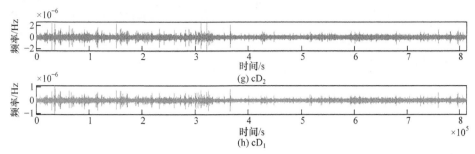

图 4.11　各个频段分量的分解图

通过计算，各子频带频率范围如表 4.7 所示。

表 4.7　各子频带频率范围

小波系数	cA$_6$	cD$_6$	cD$_5$	cD$_4$	cD$_3$	cD$_2$	cD$_1$
频率范围/Hz	0～4	4～8	8～16	16～32	32～64	64～128	128～256

经过小波分解，将原始信号分解成不重叠的子频带，对子频带进行信号的重构，其中 cD6 频带分量是研究对象。我们对该频段上 EEG 信号的幅度进行统计分析，记录信号幅度的最大值和最小值，并计算信号幅度的平均值和标准差。将这四个参数值作为信号分类的特征参数值，就构成工作负荷的四维特征向量。

在正式实验前，通过斯特鲁普实验，诱发产生两个等级的工作负荷水平，即较高工作负荷和一般工作负荷。工作负荷的特征参数如表 4.8 所示。

表 4.8　工作负荷的特征参数

分类	特征参数	取值/dB
较高工作负荷	最大值	64.2324
	最小值	21.7622
	平均值	36.756
	标准差	13.6460
一般工作负荷	最大值	79.4648
	最小值	20.5069
	平均值	47.0880
	标准差	16.6530

2. 船员工作负荷的分类与识别

在解决分类问题时，人们提出许多分类算法，主要分为线性分类器、神经网络、非线性贝叶斯分类器、最近邻分类器。SVM 作为一种广泛使用的分类器，在小样本分类中有很好的分类效果。

SVM 的主要思想是建立一个超平面作为决策曲面,使不同样本之间的隔离边缘最大化。最优分类超平面示意图如图 4.12 所示。该平面上存在着两类点，"▲"和"●"。SVM 的思想是找到一个最优分类超平面，将两类点分隔开且使分开的样本点到此超平面的距离最大化。

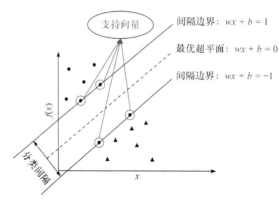

图 4.12　最优分类超平面示意图

由此可知，能将样本点分开的超平面不止一个。设分类超平面方程为

$$f(x) = wx + b \tag{4.6}$$

其中，w 为可以调整的权值向量，是超平面的法向量；b 为偏置，是超平面的常数项。

寻找最优的分类超平面，就是计算最优 w 和 b，使样本点与超平面之间的间隔最大化，最大限度地将不同的样本点分开。

把获得的两类特征参数作为分类器的特征向量分别输入 SVM 分类器，将工作负荷分为较高工作负荷和正常工作负荷两类。从校准样本中随机抽取 80% 作为训练集，其余 20% 作为测试集用于测试分类器的准确率。

因为 EEG 信号微弱杂乱，直接对其进行分类的准确率并不高，所以需要首先进行数据规范化处理，通过对原始数据按照比例进行缩放，将数据值映射到[-1，1]，消除特征参数之间取值范围的差异性。其次，需要选择合适的核函数及参数。关于如何选择合适的核函数和参数，目前还没有确切的方法，主要是依靠经验、对比方法或者寻优算法进行选择。SVM 的分类结果如表 4.9 所示。

表 4.9　SVM 的分类结果

被试	1	2	3	4	5	6
分类准确率/%	77.37	81.55	82.48	66.84	74.26	80.30
被试	7	8	9	10	11	均值
分类准确率/%	79.07	84.62	90.55	69.47	80.34	78.99

利用此模型对航行实验中船员的工作负荷进行识别，识得每个船员在模拟航行过程中工作负荷的变化情况。对实验过程采集的 EEG 数据进行分段处理，以

60s 为时间间隔,被试 1 工作负荷如图 4.13 所示,其中"1"表示较高工作负荷,"0 表示一般工作负荷。

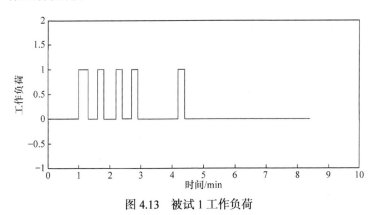

图 4.13　被试 1 工作负荷

4.4.2　船员工作负荷与人因失误关联

1. 船员工作负荷与航行场景的关系

在分析人为失误的产生机理时发现,人为失误不会凭空产生,而是在一定的前提和环境下产生的,具体体现在航行场景改变,如偶遇船舶会遇、大雾环境等突发事件,在面对和处理这些事件时,船员才可能出现人为失误,所以需要首先分析船员工作负荷与航行场景之间的关系。

如图 4.14 所示,被试 EEG 波峰出现在有事件发生时。因此,对实际航行而言,在整个航行过程中,有事件发生时,工作负荷高,其他阶段工作负荷低,即工作负荷的变化与航行场景的改变基本是一致的。

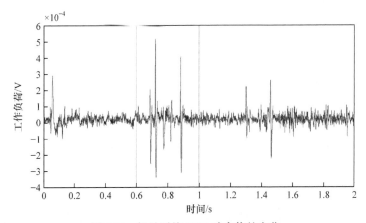

图 4.14　船员平均 EEG 功率值的变化

航行场景主要考虑以下典型事件，船舶会遇(A)，包括多船会遇等；紧急事件(B)，包括人员落水、船舶溢油、船舶碰撞、船员伤病等；能见度不良(C)，包括浓雾天气等。

首先，假设工作负荷变化情况与典型事件相关，并进行方差齐性检验，结果如表 4.10 所示。

表 4.10　工作负荷变化情况与典型事件的方差齐性检验结果

指标	航行场景(标准差)			F	p
	$1.0(n=26)$	$2.0(n=13)$	$3.0(n=11)$		
工作负荷	0.40	0.28	0.30	2.642	0.082

表中 1.0、2.0、3.0 分别代表典型事件的 A 类、B 类、C 类。不同航行场景对工作负荷的变化不会表现出显著性($p>0.05$)，意味着不同航行场景对工作负荷全部表现出一致性，适合进行方差分析。方差分析结果如图 4.15 和表 4.11 所示。

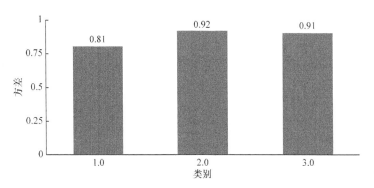

图 4.15　工作负荷大小与航行场景状况的方差分析结果

表 4.11　工作负荷大小与航行场景状况的方差分析结果

类别	样本量	平均值	标准差	F	p
1.0	26	0.81	0.40	0.598	0.554
2.0	13	0.92	0.28	0.598	0.554
3.0	11	0.91	0.30	0.598	0.554

可见，航行场景的改变对工作负荷的变化与假设一致，即航行场景变化，有事件发生时，容易影响船员工作状态，86%可能会使船员工作负荷升高。

2. 船员人为失误与航行场景的关系

人为失误情况与航行场景的方差齐性检验结果如表 4.12 所示。

表 4.12　人为失误情况与航行场景的方差齐性检验结果

指标	航行场景(标准差)			F	p
	$1.0(n=26)$	$2.0(n=13)$	$3.0(n=11)$		
人为失误	0.47	0.44	0.47	0.533	0.590

注：$p<0.05$。

$p>0.05$ 代表不同航行场景对于人为失误没有表现出显著性。航行场景与人为失误的方差分析结果如图 4.16 和表 4.13 所示。

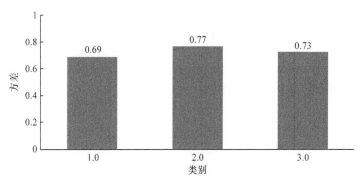

图 4.16　人为失误与航行场景的方差分析结果

表 4.13　人为失误与航行场景的方差分析结果

类别	样本量	平均值	标准差	F	p
1.0	26	0.69	0.47	0.122	0.885
2.0	13	0.77	0.44	0.122	0.885
3.0	11	0.73	0.47	0.122	0.885

由此可见，人为失误的产生与航行场景之间的关系正如我们假设的那样，在航行场景改变的前提下，72%的船员容易出现人为失误。

参 考 文 献

[1] 范诗琪, 严新平, 张金奋, 等. 水上交通事故中人为因素研究综述. 交通信息与安全, 2017, 35(2): 1-8.

[2] Erico Z, Celik M. Definitions of human factor analysis for the maritime safety management process// International Association of Maritime Universities (IAMU) 6th Annual General Assembly and

Conference, Malmo, 2005: 192-221.

[3] Hetherington C, Flin R, Mearns K. Safety in shipping: The human element. Journal of Safety Research, 2006, 37(4): 401-411.

[4] Fan S, Blanco-Davis E, Yang Z, et al. Incorporation of human factors into maritime accident analysis using a data-driven Bayesian network.https://ideas.repec.org/a/eee/reensy/v203y2020ics 0951832020305718.html[2020-10-8].

[5] Fan S, Yang Z, Blanco-Davis E, et al. Analysis of maritime transport accidents using Bayesian networks. Proceedings of the Institution of Mechanical Engineers Part O: Journal of Risk and Reliability, 2020, 6: 234-252.

[6] Wang L, Yang Z. Bayesian network modelling and analysis of accident severity in waterborne transportation: A case study in China. Reliability Engineering & System Safety, 2018, 180: 277-289.

[7] Alyami H, Yang Z, Riahi R, et al. Advanced uncertainty modelling for container port risk analysis. Accident Analysis & Prevention, 2019, 123: 411-421.

[8] Friedman N, Geiger D, Goldszmidt M. Bayesian network classifiers. Machine Learning, 1997, 29(2-3): 131-163.

[9] Fan S, Zhang J, Blanco-Davis E, et al. Effects of seafarers' emotion on human performance using bridge simulation. Ocean Engineering, 2018, 170: 111-119.

第5章 内河水路交通事故应急处置技术

水路交通事故的安全管理需要遵循"预防与处置并重、常态与非常态结合"的理念。水路交通事故应急处置通过合理的资源调度,在有限的时间内对事故采取适合当时情景的处置方法,可有效避免或减少事故的损失。其中,事故应急处置决策可快速为应急人员提供辅助决策方案;应急资源优化可合理配布和调度有限的资源;应急仿真可更好地理解事故发展过程,从而提升内河水路交通事故应急处置水平。

5.1 内河水路交通事故应急特征分析

为更好地实现水上交通险情的应急干预,本节对水上交通险情发展过程及其应急干预的特征进行总结,并针对这些特征及问题开展相应的研究工作。根据目前已有的研究成果,可知险情应急干预具有时间紧迫性[1]、信息不对称性[2]、应急资源限制性[1]、多部门协同性[3]、险情发展动态性[4]、多因素影响性[5]、多方案可行性[6]、不确定信息性等特征。

(1) 时间紧迫性。通过对多起船舶进水事故进行调查,特别是对船舶 MV Estonia 进行详细分析,并将该船舶的进水事故发展划分为四个阶段,即初始倾斜、一侧漂浮、倾覆和船尾沉没。通过分析,存活的 137 个人中基本上都是在 10~20min 内采取了应急行动。另外一艘船舶 Monarch 则在 17min 采取了快速行动,有效避免了人员伤亡。船舶 Rockness 的应急时间更有限,大概仅有 2~3min,最后应急时间严重不足,导致 18 人死亡。可以看出,水上险情应急时间极为有限,随着时间的推移,险情会发展到不同阶段,这也对水上险情应急的研究提出更高的要求。

(2) 信息不对称性。险情应急信息的不对称性包括两方面的内容。一方面,应急人员对事故发展态势的信息缺乏足够的了解,需要建立相应的应急决策支持系统来判断事故的发展过程,并对险情应急进行辅助决策。另一方面,由于涉及外部应急救助力量与船方的信息沟通问题,在大多数情况下,两方获取的信息是不一致的,因此需要通过内部和外部沟通的方法使双向的信息同步。

(3) 应急资源限制性。考虑实时性要求,险情应急还受到应急资源限制,需要针对该问题专门进行相关的研究。从实际来看,水上险情的应急由于其离岸作业的特点，受应急资源的限制更为明显。一方面，岸方的应急资源需要在险情的发展过程中及时到达事故现场展开救援。Shi 等[1]通过对某海域的救助资源进行调查，分析该海域的救助能力。另一方面，船舶的应急资源也相对有限，如船舶的主机状况、船舶结构状况、通信资源状态等。

(4) 多部门协同性。多部门协同性是水上险情应急的一个重要特征和难点问题，而且从不同的层面，其协同的部门也存在不同。《水路交通突发事件应急预案》特别规定了各个部门的职责。实际上，在水路运输系统中，包括过往船舶、失事船舶和海事部门的协同应急。在船舶层面，还包括轮机部门、驾驶部门之间的统一协作。由于这些不同部门的专家具有不同的教育背景、专业背景、信息渠道、自身偏好和经验等，在应急干预中，如何对这些不同部门进行协调也是水上交通险情应急的重点研究方向。

(5) 险情发展动态性。险情的发展一般要经历初始事件、中间事件和最终事件等多个阶段。实际上，目前已经开展了很多水上交通事故二次事故的研究，分析碰撞事故之后二次事故的概率；分析船舶发生碰撞事故后溢油事故的概率；分析失控船舶发生其他事故的概率。特别需要注意的是，在险情不同发展阶段采取的干预措施不同，其险情发展的过程也会有所不同。当应急抛锚之后，船舶可能安全到达目的地，也可能发展到一个最终事件，并成为另一个险情的初始事件。险情发展情景(失控船舶为例)如图 5.1 所示。

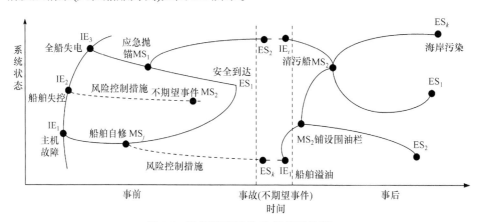

图 5.1　险情发展情景(失控船舶为例)

(6) 多因素影响性。一般认为，水上交通安全是一个人、船、环境、管理组成的四面体，这个四面体又受到多个因素影响。这从目前国内外的研究也可以看出来。在《水路交通突发事件应急预案》中，信息采集阶段也对需要采集的影响因素信息进行了说明，包括港口、航道、通航设施、危险货物运输、进出港船舶、水运基础设施建设、气象、海洋、水利等方面的信息。实际上，考虑应急的时间紧迫性，应急资源的调配也会对险情的发展产生影响。

(7) 多方案可行性。水上交通险情应急尽管受到很多因素的制约，但是在实际操作中仍然有很多可行方案。例如，船舶发生碰撞后，船舶在有浅滩的情况下可以主动冲滩搁浅，也可以请求拖船协助前往安全水域，还可以立即抛锚进行堵漏等。每种方案的可行性、效果、费用均会有所不同，这就需要建立合适的决策准则确定最优的应急方案。

(8) 不确定信息性。一般来说，不确定性信息包括模糊性、不精确性、不完整性等多方面的内容。受目前传感器检测水平、时间紧迫性和被采集信息自身的物理特性等多方面因素的影响。例如，对于风的检测，往往存在风力在 3 级风和 4 级风波动的情况，同时还有一定的阵风，这就造成采集信息的不确定性，因此进行应急干预的时候也要充分考虑这些不确定性信息的影响。

5.2　内河水路交通事故应急处置决策技术

5.2.1　多部门协同的水路交通事故决策技术

失控船舶初始应急决策的最后一个重要问题是多部门偏好决策问题[7]。在失控船舶的应急中，三个决策者(失控船舶、过往船舶、海事部门)可分别表示为 $DM = \{d_1, d_2, d_3\}$。考虑决策专家的知识背景、实际经验、教育程度，各专家可能存在不同的偏好。因此，为获得不同决策偏好下的决策准则权重，引用一致性分析的目标规划模型。各决策部门的偏好格式可以描述如下。

第一种偏好格式为区间效用值，即采用一个区间的效用值描述决策准则的权重。该格式的偏好部门为失控船舶，这是由于失控船舶对自身状况最为熟悉，并且希望能在较短的时间内实现有效的应急处置。该格式可表示为 $\tilde{U} = \{\tilde{u}_1, \tilde{u}_2, \cdots, \tilde{u}_s\}$，式中 $\tilde{u}_i = [u_i^-, u_i^+]$ 包括权重的上下边界，满足 $0 \leqslant u_i^- \leqslant u_i^+ \leqslant 1$。

第二种偏好格式是直觉模糊数，即采用一个隶属度和非隶属度(或犹豫度)描述决策准则的权重，其中隶属度、非置信度、隶属度之和为 1。该格式的偏好部门为过往船舶。这是由于过往船舶对现场情况不是那么熟悉，往往会存在不确定性信息，因此可采用犹豫度进行描述。直觉模糊数的偏好决策矩阵为 $\tilde{P} = (\tilde{p}_{ik})_{s \times s}$，$\tilde{p}_{ik} = (\mu_{ik}, v_{ik})$，$\mu_{ik}$ 为专家认为相对于 x_k 采用 x_i 方案的隶属度，v_{ik} 为其非隶属度。

采用直觉模糊数进行偏好决策需要满足

$$0 \leqslant \mu_{ik} + v_{ik} \leqslant 1, \quad \mu_{ik} = v_{ki}, \quad v_{ik} = \mu_{ki}, \quad \mu_{ii} = v_{ii} = 0.5 \tag{5.1}$$

第三种偏好格式为区间乘法偏好关系。该方法和层次分析法类似，即采用成对比较的方法比较各风险控制方案的重要程度。考虑决策时的不确定性信息,采用区间值进行描述。该格式的偏好部门是海事部门,这是由于海事部门需要综合考虑失控船舶和过往船舶的通航安全,因此在进行决策时需要对所有的决策方案进行成对比较。采用区间乘法偏好关系进行决策需要满足

$$\tilde{b}_{ik} = [b_{ik}^-, b_{ik}^+], \quad b_{ik}^+ \geqslant b_{ik}^- > 0, \quad b_{ik}^- b_{ki}^+ = b_{ik}^+ b_{ki}^- = 1, \quad b_{ii}^- = b_{ii}^+ = 1 \tag{5.2}$$

在获得各决策部门的权重后,还需要根据各决策准则之间的重要程度确定其对应的权重。由于决策过程中各个部门对实际情况了解的不同,其偏好采用决策的格式也会有所不同,如失控船舶应急决策中,失控船舶偏好采用区间数,过往船舶偏好采用直觉模糊数,海事部门偏好采用区间乘法。我们引入线性规划模型对这些偏好格式进行整合,从而获取各个决策准则的权重。

1. 区间效用值偏好决策

对于一个具有很好一致性的区间效用值 $\tilde{u}_i = [u_i^-, u_i^+]$,其决策准则的权重应该比区间值的下界 u_i^- 大,区间值的上界 u_i^+ 小,即

$$u_i^- < w_i < u_i^+ \tag{5.3}$$

但是,这在现实世界中是很难实现的,为使式(5.3)成立,可以引入两个非负但接近于 0 的偏差变量,分别为正偏差变量和负偏差,且表示为 e_i^+ 和 e_i^-,当这两个偏差变量的数值足够小时,也可认为该评价具有很好的一致性,即

$$u_i^- - e_i^- < w_i < u_i^+ + e_i^+ \tag{5.4}$$

因此,建立一个一致性的线性规划函数,其目标函数是使正负偏差向量之和最小,决策准则值要大于区间下界小于区间上界,即

$$
\begin{aligned}
M_1 \quad & J_1 = \min \sum_{i=1}^{s} (e_i^- + e_i^+) \\
\text{s.t.} \quad & w_i + e_i^+ \geqslant u_i^+ \\
& w_i - e_i^- \leqslant u_i^- \\
& e_i^+, e_i^-, \quad w_i \geqslant 0 \\
& \sum_{i=1}^{s} w_i = 1
\end{aligned} \tag{5.5}
$$

2. 直觉模糊数偏好决策

直觉模糊数的评价结果和区间效用值有一定的差异。首先,需要将直觉模糊

数 $\widetilde{p_{ik}} = (\mu_{ik}, v_{ik})$ 利用 $\widetilde{p_{ik}} = (\mu_{ik}, 1 - v_{ik})$ 转换为模糊区间数；其次，将获得的具有一致性的模糊区间数表示为

$$\mu_{ik} < 0.5(w_i - w_k + 1) < 1 - v_{ik} \tag{5.6}$$

设 e_{ik}^+ 和 e_{ik}^- 为正负偏差变量，对应的线性规划函数为

$$M_2 \quad J_2 = \min \sum_{i,k=1}^{s} (e_{ik}^- + e_{ik}^+)$$

$$\text{s.t.} \quad 0.5(w_i - w_k + 1) + e_{ik}^- \geqslant p_{ik}^-$$

$$0.5(w_i - w_k + 1) - e_{ik}^+ \leqslant p_{ik}^+ \tag{5.7}$$

$$e_{ik}^+, e_{ik}^-, \quad w_i \geqslant 0$$

$$\sum_{i=1}^{s} w_i = 1$$

3. 区间乘法偏好关系决策

类似地，区间乘法偏好关系也可引入正负偏差变量，分别表示为 c_{ik}^- 和 c_{ik}^+。该偏好格式只有在满足式(5.8)时才被认为具有很好的一致性，即

$$b_{ik}^- w_k < w_i < b_{ik}^+ w_k \tag{5.8}$$

其相对应的线性规划函数可表示为

$$M_3 \quad J_3 = \min \sum_{i,k=1}^{s} (c_{ik}^- + c_{ik}^+)$$

$$\text{s.t.} \quad w_i - b_{ik}^- w_k + c_{ik}^- \geqslant 0$$

$$w_l - h_{ik}^+ w_k - c_{ik}^+ \leqslant 0 \tag{5.9}$$

$$c_{ik}^+, c_{ik}^-, \quad w_i \geqslant 0$$

$$\sum_{i,k=1}^{s} w_i = 1$$

4. 目标规划模型

由于需要获得 3 个协同部门的一致性评价，建立针对这 3 个部门一致性的最优化模型。在该规划模型中，目标函数是使这 3 个部门的偏差变量之和最小。根据前面建立的区间效用值、直觉模糊数和区间乘法偏好关系这 3 个线性规划模型，可以建立针对这 3 个部门的整体目标规划模型，即

$$M_4 \quad J_4 = \min\left(\sum_{i=1}^{s}(e_i^- + e_i^+) + \sum_{i=1}^{s-1}\sum_{k=i+1}^{s}(e_{ik}^- + e_{ik}^+) + \sum_{i=1}^{s-1}\sum_{k=i+1}^{s}(c_{ik}^- + c_{ik}^+)\right)$$

$$\text{s.t.} \quad w_i + e_i^+ \geqslant u_i^+$$

$$w_i - e_i^- \leqslant u_i^-$$

$$0.5(w_i - w_k + 1) + e_{ik}^- \geqslant p_{ik}^-$$

$$0.5(w_i - w_k + 1) - e_{ik}^+ \leqslant p_{ik}^+ \qquad\qquad (5.10)$$

$$w_i - b_{ik}^- w_k + c_{ik}^- \geqslant 0$$

$$w_i - b_{ik}^+ w_k - c_{ik}^+ \leqslant 0$$

$$e_i^+, e_i^-, e_{ik}^-, e_{ik}^+, c_{ik}^+, c_{ik}^-, \quad w_i \geqslant 0$$

$$\sum_{i,k=1}^{s} w_i = 1$$

对整体规划模型进行求解，可以求得该限制条件下的最小目标值。需要注意的是，只有当所有的偏差变量均大于且接近于 0 时才存在最优解。此时的权重即优化后的权重。

5.2.2 不确定信息下水路交通事故决策技术

1. 不确定信息下失控船应急决策问题描述

失控船应急决策是一个典型的具有三层结构框架(图 5.2)的决策问题，一般由目标层、决策准则层和影响因素层(可进一步扩充为多层)组成。为保持模型的通用性，假定多个决策准则为 $A = \{a_i, i = 1, 2, \cdots, I\}$，相应的权重为 $w = \{w_i, i = 1, 2, \cdots, I\}$。第 i 个决策准则对应的影响因素层为 $B = \{b_j^i, j = 1, 2, \cdots, J\}$，相应的权重为 $\tilde{w} = \{w_j^i, j = 1, 2, \cdots, J\}$，权重采用归一化权重，即 $0 \leqslant w_i \leqslant 1$ 和 $\sum_{i=1}^{I} w_i = 1$，$0 \leqslant w_j^i \leqslant 1$ 和 $\sum_{j=1}^{J} w_j^i = 1$。

令目标层的决策变量有 N 个不同的评价等级，用来描述决策者对于该变量的偏爱程度，其中 n 值越大，该评价等级越受偏爱。各评价等级可表示为

$$H = \{H_n, n = 1, 2, \cdots, N\} \qquad\qquad (5.11)$$

对于第 k 个决策方案($k = 1, 2, \cdots, K$)，第 i 个决策准则层的第 j 个影响因素的评价结果可表示为

$$S(b_j^i(k)) = \{(H_n, \beta_{n,j}^i(k)), n = 1, 2, \cdots, N\}, \quad j = 1, 2, \cdots, J; k = 1, 2, \cdots, K \qquad (5.12)$$

式中，$\beta_{n,j}^{i}(k)>0$ 且 $\sum\limits_{n=1}^{N}\beta_{n,j}^{i}(k)\leqslant1$，$\beta_{n,j}^{i}(k)$ 为第 n 个评价等级下，第 k 个方案第 i 个决策准则层第 j 个影响因素的置信度。

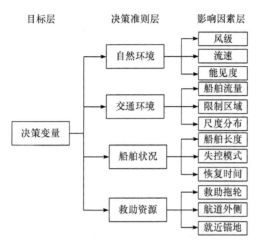

图 5.2　失控船应急处置三层结构框架

需要指出的是，在实际应急处置过程中，各个影响因素的评价等级一般与目标层的评价等级不一致，并且存在定性和定量的数据。

在确定各个影响因素的评价结果后，利用 D-S 合成规则对其进行融合，获取不同决策方案下的决策准则值，构成以不同决策方案、不同决策准则值为元素的某一部门的决策矩阵[8]。另外，根据各个部门 $dm=\{d_c,c=1,2,\cdots,C\}$ 的不同决策信息，可以获取各个部门的决策矩阵。

2. 建立多准则决策矩阵

令 $\tilde{u}(H_n)$ 为评价等级 H_n 的效用值，各效用值与其对应置信度的乘积之和即各个决策准则的评价值。考虑不确定性信息，最大效用值即不确定性信息全部分配给最优评价等级，最小效用值即不确定性信息全部分配给最差评价等级。易得最大效用值、最小效用值和平均效用值的计算公式，即

$$\tilde{u}_{\max}(a_{ik})=\sum_{n=1}^{N-1}\beta_n^i(k)\tilde{u}(H_n)+(\beta_N^i(k)+\beta_H^i(k))\tilde{u}(H_n) \tag{5.13}$$

$$\tilde{u}_{\min}(a_{ik})=(\beta_1^i(k)+\beta_H^i(k))\tilde{u}(H_1)+\sum_{n=2}^{N}\beta_n^i(k)\tilde{u}(H_n) \tag{5.14}$$

$$\tilde{u}_{\mathrm{avg}}(a_{ik})=\frac{\tilde{u}_{\max}(a_{ik})+\tilde{u}_{\min}(a_{ik})}{2} \tag{5.15}$$

因此，可得各决策方案下决策准则的决策矩阵，即

$$X = (x_{ik})_{I \times K} = \begin{bmatrix} x_{11} & \cdots & x_{1K} \\ \vdots & & \vdots \\ x_{I1} & \cdots & x_{IK} \end{bmatrix} \tag{5.16}$$

其中，x_{ik} 为一区间值，即 $x_{ik} = [\tilde{u}_{\min}(a_{ik}), \tilde{u}_{\max}(a_{ik})]$，可简记为 $x_{ik} = [x_{ik}^l, x_{ik}^u]$。

考虑决策过程中存在多个部门协同的情况，可进一步表示为

$$X^c = ([x_{ik}^{cl}, x_{ik}^{cu}])_{I \times K} = \begin{bmatrix} [x_{11}^{cl}, x_{11}^{cu}] & \cdots & [x_{1K}^{cl}, x_{1K}^{cu}] \\ \vdots & & \vdots \\ [x_{I1}^{cl}, x_{I1}^{cu}] & \cdots & [x_{IK}^{cl}, x_{IK}^{cu}] \end{bmatrix} \tag{5.17}$$

其中，$c = 1, 2, \cdots, C$ 为协同部门的编号。

3. 获取多部门决策矩阵

在获得各决策准则的决策矩阵后，考虑各决策准则重要程度的不同，需要对各决策准则赋予一定的权重。需要注意的是，该方法既可以对各决策准则赋予一个区间权重，也可以赋予一个确定权重，考虑应急决策过程难以较精确地描述各决策准则的权重，因此采用区间权重赋值。令决策准则权重为 $w = \{w_i^c, i = 1, 2, \cdots, I\}$，其中 $w_i^c = [w_i^{cl}, w_i^{cu}]$，根据区间值相乘的基本定理，可获得加权后的决策准则矩阵，即

$$Y^c = ([y_{ik}^{cl}, y_{ik}^{cu}])_{I \times K} = \begin{bmatrix} [y_{11}^{cl}, y_{11}^{cu}] & \cdots & [y_{1K}^{cl}, y_{1K}^{cu}] \\ \vdots & & \vdots \\ [y_{I1}^{cl}, y_{I1}^{cu}] & \cdots & [y_{IK}^{cl}, y_{IK}^{cu}] \end{bmatrix} \tag{5.18}$$

其中，$y_{ik}^{cl} = w_i^{cl} x_{ik}^{cl}$；$y_{ik}^{cu} = w_i^{cu} x_{ik}^{cu}$。

除了各决策准则的权重，还需要考虑各决策部门的权重。与决策准则权重类似，该权重既可以是区间值也可以是确定值，仍采用区间值 $w_c = [w_c^l, w_c^u]$，可以获得加权的决策矩阵，即

$$Z^c = ([z_{ik}^{cl}, z_{ik}^{cu}])_{I \times K} = \begin{bmatrix} [z_{11}^{cl}, z_{11}^{cu}] & \cdots & [z_{1K}^{cl}, z_{1K}^{cu}] \\ \vdots & & \vdots \\ [z_{I1}^{cl}, z_{I1}^{cu}] & \cdots & [z_{IK}^{cl}, z_{IK}^{cu}] \end{bmatrix} \tag{5.19}$$

其中，$z_{ik}^{cl} = w_c^l y_{ik}^{cl}$；$z_{ik}^{cu} = w_c^u y_{ik}^{cu}$。

4. 决策方案最终排序

根据逼近理想排序法，需要选取各决策部门的最大值和最小值作为决策的正负理想点。在选取之前，需要对式(5.19)的元素进行变换，转换为 $\widetilde{Z^k}=(z_{ic}^k)_{I\times C}$，获取决策部门的正理想点矩阵 θ^+ 和负理想点矩阵 θ^-，即

$$\theta^+=(\theta_{ic}^{l+},\theta_{ic}^{u+})_{I\times C}=\begin{bmatrix}[\theta_{11}^{l+},\theta_{11}^{u+}] & \cdots & [\theta_{1C}^{l+},\theta_{1C}^{u+}]\\ \vdots & & \vdots \\ [\theta_{I1}^{l+},\theta_{I1}^{u+}] & \cdots & [\theta_{IC}^{l+},\theta_{IC}^{l+}]\end{bmatrix} \tag{5.20}$$

其中，$\theta_{ic}^{l+}=\overset{K}{\underset{k=1}{\max}}\,y_{ic}^{kl}$；$\theta_{ic}^{u+}=\overset{K}{\underset{k=1}{\max}}\,y_{ic}^{ku}$。

$$\theta^-=(\theta_{ic}^{l-},\theta_{ic}^{u-})_{I\times C}=\begin{bmatrix}[\theta_{11}^{l-},\theta_{11}^{u-}] & \cdots & [\theta_{1C}^{l-},\theta_{1C}^{u-}]\\ \vdots & & \vdots \\ [\theta_{I1}^{l-},\theta_{I1}^{u-}] & \cdots & [\theta_{IC}^{l-},\theta_{IC}^{u-}]\end{bmatrix} \tag{5.21}$$

其中，$\theta_{ic}^{l-}=\overset{K}{\underset{k=1}{\min}}\,y_{ic}^{kl}$；$\theta_{ic}^{u-}=\overset{K}{\underset{k=1}{\min}}\,y_{ic}^{ku}$。

根据下式获取决策准则值和正负理想矩阵与决策矩阵 $\widetilde{Z^k}$ 之间的距离，即

$$S_k^+=\sqrt{\sum_{i=1}^{I}\sum_{c=1}^{C}[(y_{ic}^{kl}-\theta_{ic}^{l+})^2+(y_{ic}^{ku}-\theta_{ic}^{u+})^2]} \tag{5.22}$$

$$S_k^-=\sqrt{\sum_{i=1}^{I}\sum_{c=1}^{C}[(y_{ic}^{kl}-\theta_{ic}^{l-})^2+(y_{ic}^{ku}-\theta_{ic}^{u-})^2]} \tag{5.23}$$

进而获取各决策方案的相对值，其中相对值越大，代表该方案越优越，即

$$\text{RC}_k=\frac{S_k^-}{S_k^++S_k^-} \tag{5.24}$$

5.3　内河水路交通事故应急资源优化技术

5.3.1　水路应急资源选址优化及方法

1. DBSCAN 算法的基本概念

DBSCAN 算法是针对任意形状的聚类发现提出的，可理解为每个聚类对应的数据分布在一个相对密集区，通过寻找由低密度区域(对应噪声或离群数据)分割连通的高密度区域实现数据划分。

(1) 邻域。空间中任意一点的邻域是以该点为圆心、Eps 为半径的区域内包含的点的集合。

(2) 核心点和边界点。空间中某一点的密度，在给定的领域内(点的领域由距离函数和距离参数 Eps 决定)若大于或等于某个给定的阈值 MinPts，则称该点为核心，否则称其为边界点。

(3) 噪声点。既非核心点也非边界点的任何点。

2. DBSCAN 算法的实现

DBSCAN 算法的实现过程如下。

(1) 设定参数 Eps 和 MinPts，将所有点标记为核心点、边界点或噪声点。

(2) 删除噪声点。

(3) 为距离在 Eps 之内的所有核心点之间赋一条边。

(4) 每组连通的核心点形成一个簇。

(5) 将每个边界指派到一个与之关联的核心点簇中。

3. 基地选址主要考虑的问题

辖区水域要建设若干个应急救助基地，实现对水域单元的全面覆盖，以及重要高危水域单元的多重覆盖。我们重点从以下四个方面对问题进行描述。

(1) 通过对多起船舶进水事故进行调查，发现水上险情应急时间极为有限。因此，水上应急救助一般优先考虑的是时间紧迫性，即应急救助点到应急需求点(事故发生点)的时间最少或距离最短，以便迅速响应，到达事故发生地。

(2) 从成本角度考虑，在模型中引入应急需求点的风险权重概念，保证应急救助点布置在风险权重较高的水域附近，并提出应急救助服务点之间可以进行资源调运。

(3) 每个应急救助点都有覆盖半径，超出最大覆盖半径，该救助点将不能对水域单元提供应急救援，因此应保证任何一个应急需求点至少有一个应急救助点服务。

(4) 设置应急救助点到所覆盖的应急需求点反应时间的约束条件。

在综合考虑时间最短和成本最小化的基础上，实现对辖区水域的全面覆盖和重点加强。

4. 基地选址建模过程

根据以上分析，构建如下多目标应急资源选址配置布局模型。

(1) 目标函数。应急需求点包括重点水域、桥区水域、锚地。首先考虑辖区水域水上应急救助的预期需求风险权重距离最小，同时考虑应急反应的时效性和安

全风险保障的可靠性，即

$$\min Z = \sum_{i=1}^{n} \sum_{j=1}^{m} \omega_i d_{ij} y_{ij} \tag{5.25}$$

其中，$i \in I$，I 为所有应急需求点的集合，$I = \{1,2,\cdots,n\}$；$j \in J$，J 为所有候选应急救助点的集合，$J = \{1,2,\cdots,m\}$；ω_i 为应急需求点 i 的危险权重；d_{ij} 为应急需求点 i 到应急救助点 j 的广义距离；y_{ij} 为应急救助点分配变量。

(2) 约束条件。所有的应急救助点到应急需求点的距离要满足应急救助半径的要求，λ_j 为第 j 个应急救助点所服务的应急需求点的个数，d_{ij} 为应急救助点的应急服务半径，即

$$\max_{1 \leqslant j < l_j} d_{ij} = \lambda_j \tag{5.26}$$

应急救助点服务半径的取值办法为

$$\lambda_j = \min(\lambda_{m-1}, \lambda_m^E) \tag{5.27}$$

其中，λ_{m-1} 表示当应急服务点的个数为 $m-1 (m \geqslant 2)$，求得系统最优值时，$m-1$ 个最大的应急反应距离；λ_m^E 表示对应的应急服务点个数为 m 时，对应急反应距离的最低期望值。

要设立 P 个应急救助点，则应急救助点选址数量 y_j 应满足

$$\sum_{j=1}^{m} y_j = P \tag{5.28}$$

应急救助点 j 到应急需求点 i 的反应时间均值不能超过时间阈值 t_c，即

$$\sum_{i-1}^{n} y_{ij} t_{ij} \leqslant t_c \tag{5.29}$$

应急反应时间为

$$t_{ij} = d_{ij} / \upsilon_{ij} \tag{5.30}$$

其中，υ_{ij} 为应急需求点 i 到应急服务点 j 的平均速度。

式(5.31)表示保证任何一个应急需求点至少一个应急服务点为其服务，即

$$\sum_{j}^{m} y_{ij} \geqslant 1, \quad i \in I \tag{5.31}$$

$$y_{ij} \leqslant y_j, \quad i \in I; j \in J \tag{5.32}$$

$$y_{ij} \in \{0,1\}, y_j \in \{0,1\}, \quad i \in I; j \in J \tag{5.33}$$

式(5.32)表示只有当 $y_j = 1$ 时，y_{ij} 才能分配到 y_j；式(5.33)表示当应急救助点 j 覆盖应急需求点 i 时，$y_{ij} = 1$，否则 $y_{ij} = 0$。在 j 设置应急救助点时，$y_j = 1$，否则 $y_j = 0$。

采用免疫算法对 P 中位应急救助基地选址模型进行求解。免疫算法是受生物免疫系统启发而兴起的一种智能算法，通过学习外界物质的自然防御机理，提供自组织学习、记忆等进化机理，利用免疫算法的多机制求解多目标函数最优解的自适应特性。与遗传算法相比，它可以在很大程度上提高适应度，避免群体的退化，最终求得全局最优解。免疫算法流程如图 5.3 所示。具体步骤如下。

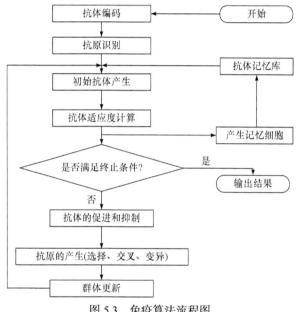

图 5.3　免疫算法流程图

(1) 抗体编码。在免疫算法中，一般把待解决的问题看作抗原，把问题的解看作抗体。编码采用自然数编码，在 n 个应急救助点中选取 q 个构成选址方案，每种选址方案形成一个长度为 q 的抗体。

(2) 识别抗原。免疫算法中的抗原指应急救助基地选址的目标函数和各种约束条件。

(3) 产生初始抗体群。随机生成 N 个个体，并从记忆库中提取 M 个个体，构成初始抗体群。

(4) 计算抗体适应度。以个体期望繁殖率 P 为标准，对抗体进行评价。

(5) 向记忆细胞分化。按 P 标准对群体降序排列，并取前 N 个个体构成新一代群体；同时取前 M 个个体存入记忆库。

(6) 判断是否满足结束条件，是则结束，输出最优抗体；否则，继续下一步操作。

(7) 群体更新。基于步骤(5)的计算结果对抗体群体进行选择、交叉和变异操作得到新群体，再从记忆库中取记忆抗体，共同构成新一代抗体群。

针对水上应急救助基地最优选址问题，利用 DBSCAN 算法，确定辖区事故重点水域的分布情况，并综合考虑桥区水域、锚地水域影响因素，减小事故的偶然性导致的计算误差，进而建立考虑救助时间和安全风险的 P 中位水上应急救助基地选址模型，模型采用免疫算法进行求解，得到如下结论。

(1) 利用 P 中位模型求解得到的应急救助基地和南京水上辖区各个海事处的地点十分相近，可为两部门联合执法及应急协同救援提供便利。

(2) 实现应急救助基地对辖区水域的全面覆盖和安全风险高的水域的多重覆盖，以及救助时间最小化，使选址优化方案为紧急情况下的快速应急响应提供良好的保障。

5.3.2　水上应急资源配置效率评价方法

数据包络分析方法由 Charnes 和 Cooper 等于 1978 年在关于相对效率的研究中首次提出。它是以效率的相对有效性为基础的效率评价方法。其基本思想是利用线性规划方法，对具有相同的投入产出的决策单元(decision making unit，DMU)的效率进行综合评价。该方法广泛应用于效率评价，然而基于数据包络分析(data envelopment analysis，DEA)的评价方法仅能简单区别有效决策单元和无效决策单元，无法对有效决策单元进一步区分，因此无法满足决策者的实际需求。

我们采用 TOPSIS(technique for order preference by similarity to an ideal solution)方法克服 DEA 方法存在的无法对有效决策单元进行二次分析的缺陷[9]。TOPSIS 的基本思想是构建目标决策问题的正理想解与负理想解，计算有限评价对象与理想解的相对贴近程度，并对各个评价对象进行排序，以实现多目标决策评价。我们运用 DEA-TOPSIS 集成模型实现决策单元的全面分析。水上应急资源配置效率评价模型求解流程如图 5.4 所示。

构建评价模型前需建立水上应急资源配置指标体系。输入指标是指配置水上应急资源耗费的量，输出指标是指获得的服务和价值。在构建评价指标体系时，从人力资源和财力资源角度出发，选取应急从业人数、应急培训次数、开展活动经费、获取机器设备支出，以及获取技术经费支出作为输入指标。从资源分类的角度出发，将救援队伍、物资储备、决策支撑作为输入指标。在此基础上，根据水上应急资源的特点对输入输出指标进行调整。

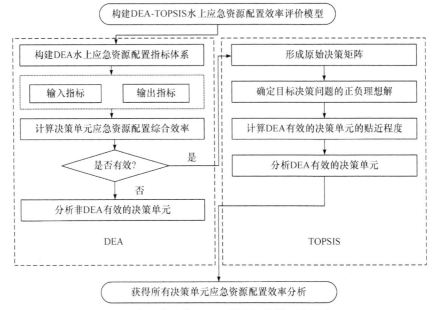

图 5.4 水上应急资源配置效率评价模型求解流程

1. 输入指标

水上应急资源配置的输入指标主要为投入的应急力量。考虑水上应急资源特点，以及获取数据的难易程度，我们选取海事基地数量、公务船(海事)、拖轮作为输入指标。

2. 输出指标

水上应急资源配置效率集中体现在最大限度地减少事故发生引起的损失。我们拟选取的输出指标为获救人员、获救船舶。

根据以上分析，在遵循可操作性、科学性、全面性的原则下，构建水上应急资源配置效率评价体系(图 5.5)。

我们拟选取 C^2R 模型对水上应急资源配置效率进行评价。基于生产集规模收益不变的 C^2R 模型是 DEA 最基本的模型。C^2R 模型表述如下。

设有 n 个性质相同的水上应急站点，即 n 个 $DMU_j(1 \leqslant j \leqslant n)$。$DMU_j$ 的输入向量为

$$x_j = (x_{1j}, x_{2j}, \cdots, x_{mj})^{\mathrm{T}} > 0, \quad j = 1, 2, \cdots, n \tag{5.34}$$

其中，x_{ij} 为第 j 个决策单元的第 i 个输入指标的输入值；x_j 为第 j 个决策单元的输入指标向量。

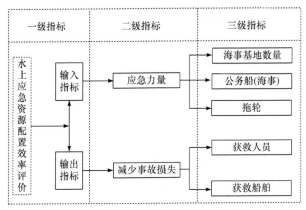

图 5.5　水上应急资源配置效率评价体系

DMU_j 的输出向量为

$$y_j = (y_{1j}, y_{2j}, \cdots, y_{sj})^{\mathrm{T}} > 0, \quad j = 1, 2, \cdots, n \tag{5.35}$$

其中，y_{rj} 为第 r 个决策单元的第 j 个输出指标的输出值，$r = 1, 2, \cdots, s$；y_j 为第 j 个决策单元的输出指标向量。

m 种输入对应的权向量为

$$v = (v_1, v_2, \cdots, v_m)^{\mathrm{T}} \tag{5.36}$$

其中，v_i 为第 i 个输入指标的权重，$i = 1, 2, \cdots, n$。

s 种输出对应的权向量为

$$u = (u_1, u_2, \cdots, u_m)^{\mathrm{T}} \tag{5.37}$$

其中，u_r 为第 r 个输入指标的权重，$r = 1, 2, \cdots, m$。

根据式(5.34)~式(5.37)，可以得出决策单元 DMU_j 的效率评价指数，即

$$h_j = \frac{u^{\mathrm{T}} y_j}{v^{\mathrm{T}} x_j}, \quad j = 1, 2, \cdots, n \tag{5.38}$$

对于效率评价指数 h_j，存在权系数 u 和 v，使

$$h_j = \frac{u^{\mathrm{T}} y_j}{v^{\mathrm{T}} x_j} \leqslant 1, \quad j = 1, 2, \cdots, n \tag{5.39}$$

由式(5.38)可知，对于决策单元 DMU_j，h_j 越大，表明 DMU_j 可以运用越少的输入得到越多的输出。因此，以 $h_j = \dfrac{u^{\mathrm{T}} y_j}{v^{\mathrm{T}} x_j}$ 为目标，权系数 v 和 u 为变量，式(5.39)

为约束，可以建立如式(5.40)和式(5.41)所示的分式规划模型(C^2R 模型)，即

$$\max \frac{\sum\limits_{k=1}^{s} u_k y_{kj_0}}{\sum\limits_{i=1}^{m} v_i x_{ij_0}} = h_j \tag{5.40}$$

$$\text{s.t.} \begin{cases} \dfrac{\sum\limits_{k=1}^{s} u_k y_{kj_0}}{\sum\limits_{i=1}^{m} v_i x_{ij_0}} \leqslant 1, & j=1,2,\cdots,n \\[2mm] u_k \geqslant 0, & k=1,2,\cdots,s \\[1mm] v_i \geqslant 0, & i=1,2,\cdots,m \end{cases} \tag{5.41}$$

根据式(5.40)可以计算得出每个 DMU 的效率值。式(5.41)为 C^2R 模型原问题的约束条件。

利用 Charnes-Cooper 变换将其转化为式(5.42)所示的等价线性规划模型，即

$$\min(\theta - \varepsilon(e^T s^- + e^{-T} s^+)) \tag{5.42}$$

$$\text{s.t.} \begin{cases} \sum\limits_{j=1}^{n} x_j \lambda_j + s^- = \theta x_0 \\[2mm] \sum\limits_{j=1}^{n} y_j \lambda_j - s^+ = y_0 \\[2mm] \lambda_j \geqslant 0, & j=1,2,\cdots,n \\[1mm] s^+ \geqslant 0, s^- \geqslant 0 \end{cases} \tag{5.43}$$

其中，θ 为效率值；$e^T = (1,1,\cdots,1) \in E_m$；$e^{-T} = (1,1,\cdots,1) \in E_s$；$s^+$、$s^-$ 为松弛变量；λ_j 为权重系数。

在运算过程中，$\varepsilon = 10^{-3} \sim 10^{-6}$，为非阿基米德无穷小量，是小于任何正数且大于零的数。

求解上述 C^2R 模型，判断 DEA 的有效性。

(1) 若 $\theta < 1$，则 DMU_j 为非 DEA 有效。

(2) 若 $\theta = 1$，且 $s^+ = s^- = 0$ 时，则 DMU_j 为 DEA 有效。

(3) 若 $\theta = 1$，且 $s^+ \neq s^- \neq 0$ 时，则 DMU_j 为弱 DEA 有效。

① 根据上述判断，选取 DEA 有效决策单元的原始数据作为 TOPSIS 的原始决策矩阵，即

$$X = (X_{ij})_{m \times n} \tag{5.44}$$

其中，X_{ij} 为 DEA 有效的决策单元。

② 对 X_{ij} 的输入指标和输出指标分别进行归一化处理。

输入指标(成本型指标)为

$$Z_{ij} = \frac{-X_{ij} - X_{\min}}{X_{\max} - X_{\min}} \tag{5.45}$$

输出指标(效益型指标)为

$$Z_{ij} = \frac{X_{ij} - X_{\min}}{X_{\max} - X_{\min}} \tag{5.46}$$

③ 运用熵权法确定指标权重 $W = (w_j)^{\mathrm{T}}, j = 1, 2, \cdots, n$，然后将指标权重与初始化决策矩阵相结合，构建加权决策矩阵，即

$$V = (V_{ij})_{m \times n} = (W_j \times Z_{ij})_{m \times n} \tag{5.47}$$

④ 确定正理想解 V^+ 和负理想解 V^-，即

$$V^+ = \{(\max V_{ij} \mid j \in J^+), (\min V_{ij} \mid j \in J^-)\} = (V_1^+, V_2^+, \cdots, V_m^+) \tag{5.48}$$

$$V^- = \{(\min V_{ij} \mid j \in J^+), (\max V_{ij} \mid j \in J^-)\} = (V_1^-, V_2^-, \cdots, V_m^-) \tag{5.49}$$

其中，J^+ 为效益型指标；J^- 为成本型指标。

⑤ 计算决策单元与正理想解 V^+、负理想解 V^- 的距离，即

$$d_i^+ = \left[\sum_{j=1}^{n} (V_{ij} - V^+)^2\right]^{1/2} \tag{5.50}$$

$$d_i^- = \left[\sum_{j=1}^{n} (V_{ij} - V^-)^2\right]^{1/2} \tag{5.51}$$

⑥ 计算各决策单元与正理想解的贴近程度，即

$$C_i = \frac{d_i^-}{d_i^+ + d_i^-} \tag{5.52}$$

⑦ 根据式(5.42)、式(5.43)和式(5.52)的计算结果分析决策单元效率。

5.4　内河水路交通事故应急仿真技术

5.4.1　水路交通安全微观仿真技术

火灾是许多物质间相互作用的复杂物理和化学现象，包括火焰、燃料、周围

环境之间的强非线性作用，以及一些复杂的副反应，如烟气的发展和有毒气体的含量都是难以准确预测的。近年来，计算机技术对船舶火灾研究有重要的推进作用，运用计算机技术对火灾进行仿真模拟具备投资小、易实现、效率高等优点。目前常用的主流火灾模拟软件有 CFAS、FDS、FLUENT、EVACNET 等，其中的 FDS 是由美国国家标准研究所开发的模拟火灾中流体运动的计算流体动力学软件。它能够较为准确地提供有关火灾发展过程中不同时期的火灾相关参数，因此广泛应用于火灾模拟研究。

　　建模过程主要包括两步。第一步根据实际火灾发生区域的空间结构，对火灾场景进行三维仿真建模，即建立该区域的物理模型。第二步设定燃烧条件，有两种方式设定燃烧反应，一种是直接设定一个单位面积释放速率作为发火表面，另一种是根据火灾可燃物的种类设定燃烧热和其他相关热参数。这两种情况都需要设定混合分数的燃烧反应[10]。火灾数值模拟流程如图 5.6 所示。

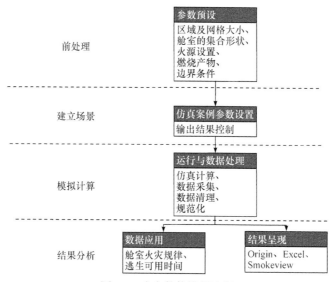

图 5.6　火灾数值模拟流程

　　舱室火灾的热量释放率取决于火灾形成的环境和燃烧的产物，如烟气的温度、热烟气层的沉降速率，以及火灾羽流等。在建立火灾燃烧模型时，针对不同的火灾种类，一般采用能量释放速率随时间的变化表示火灾发展过程。对于已知的火灾，有两种常用的方法确定火灾大小。一种方法是，基于火灾发生区域内所有可燃物的数量和种类，估算燃烧后的总热量释放量。另一种方法是，根据火灾载荷密度进行确定(一般在确定具体火灾载荷的情况下使用)。我们设计火灾的主要目的是推导和估算舱室内人员逃生可用时间，研究的火灾时间段为前中期，使用热量释放率-时间曲线表征火灾是最合理的。

　　热释放率(heat release rate，HRR)的单位是 kJ/s 或者 kW。它表征燃烧反应产生热量的速率，是描述火灾危险最重要的变量。要确定某一可燃物最大燃烧热释放率有两种途径，一种是通过实验直接测定可燃物的热释放率，常用的实验方法为耗氧热量计，在实际工程中常有利用已有的实验数据进行设计；另一种是在已知可燃物燃烧热的情况下，通过测定可燃物的燃烧速率或燃料质量损失率，再乘以燃烧效率因子，即可得出可燃物的热释放率。

　　当舱室发生火灾时，通常会形成上下两个气层。上层由聚集在天花板下面的热燃烧产物组成，下层主要由流入火焰底部的空气组成。燃烧初期，火焰羽流全聚集在下层，火灾以完全通风的模式燃烧。随着燃烧的增长，房间内的风道会限制气流，造成燃烧条件的不足，进而导致不完全燃烧产物的形成。燃烧产物种类和产量严重影响人员安全和室内设施。火灾仿真对象是人员居住的船舶舱室，与一般的室内火灾燃烧十分相似，主要可燃物是木制品和常用家居物品。

　　建立舱室火灾模型之后，需要设定参数并运行计算。参数设置主要包括时间参数、输出参数、环境参数、粒子参数、模拟参数等。影响火场中人员安全的主要因素包括温度、CO_2 浓度、CO 浓度，因此在模型中分别设定 4 个温度传感器、4 个 CO_2 浓度探测器、4 个 CO 浓度探测器，探测器和热电偶设定高度均为 1.5m，分别位于舱室内、舱室门口，以及走廊的两端。在火源附近设定温度场监测切面。舱室火灾发生后，火灾的蔓延是十分迅速的，因此模型设定运行时间为 600s。热电偶和气体浓度探测器的分布情况如图 5.7 所示。

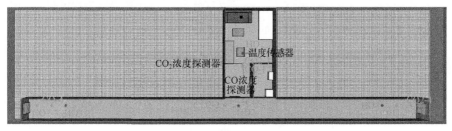

图 5.7　热电偶和气体浓度探测器的分布情况

　　舱室发生火灾后，引起周围环境变化的两个最明显的特征是温度的升高和烟气的产生。Pyrosim 自带的可视化软件 Smokeview 可用于查看火灾发展过程，模型中设置的热电偶和气体浓度探测器可以记录温度和浓度随时间的变化关系。为了显示烟气扩散到走廊外部，将计算区域的长度增加 1m，这样可以看到烟气从走廊扩散到其他区域的过程，设定隐藏舱室中的墙、走廊和家具等障碍物，进而分析烟气的蔓延特性。船舶舱室火灾不同阶段如图 5.8 所示。空气流动速度如图 5.9 所示。

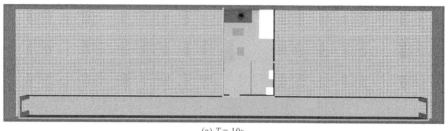

(a) $T = 10$s

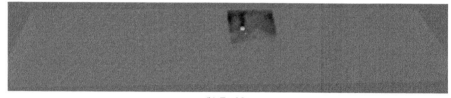

(b) $T = 25$s

(c) $T = 40$s

(d) $T = 77$s

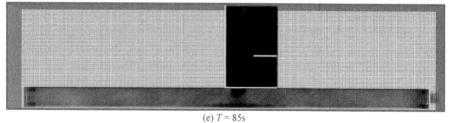

(e) $T = 85$s

(f) $T = 110$s

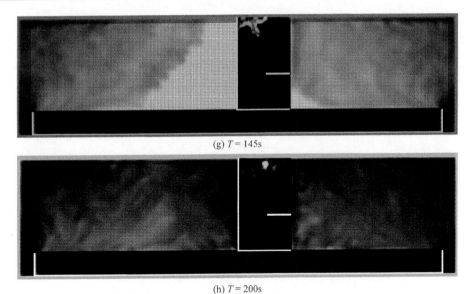

(g) $T = 145$s

(h) $T = 200$s

图 5.8　船舶舱室火灾不同阶段

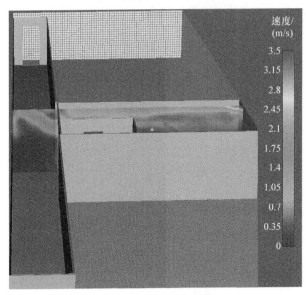

图 5.9　空气流动速度

从图 5.8 可以看出，在开始燃烧大约 40s 时，烟气已经分布在着火舱室的上空。通过门蔓延到走廊中，随后不到 20s 的时间蔓延至走廊中部。在火灾发生的 85s 时，烟气已经扩散至走廊的两端，此时舱室内已经是浓烟密布。在大约 200s 内，大量的烟气已经填满计算区域的整个空间。

从图 5.9 可以看出，最大空气流速约为 3.5m/s，可知火灾形成后的烟气扩散速度是极快的，约为人体运动速度的 2.5 倍。在火灾初发期，由于烟气的温度高于空气，因此烟气会聚集于上空并水平蔓延，在水平方向聚集到一定程度后，会沿着墙壁向下蔓延。一般来说，舱室门的高度低于顶部，烟气蔓延到门口处也会形成积聚的现象，达到一定程度后向外扩散。

此外，温度也是表征舱室火灾特点的另一个关键量，在火源处设置用于显示垂直平面温度分布的切面，并在火源处设置温度探测器。Pyrosim 数值计算后会生成火源释放率等历史数据随时间变化的结果，如图 5.10～图 5.12 所示。

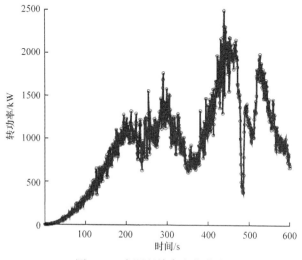

图 5.10　火源释放率变化曲线

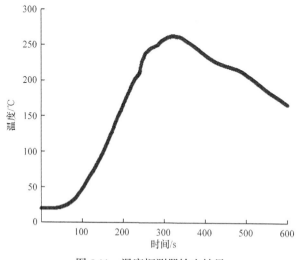

图 5.11　温度探测器输出结果

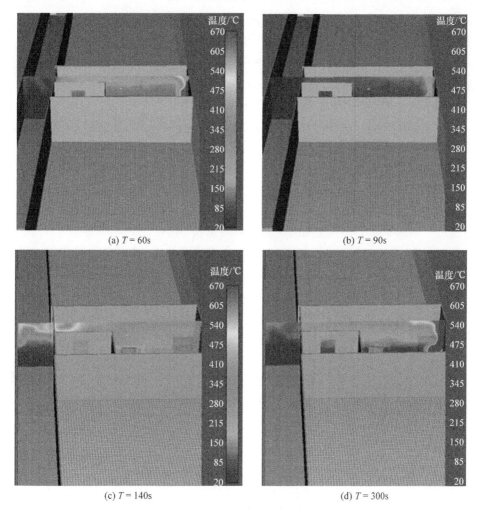

(a) T = 60s　　　　　　　　　　　(b) T = 90s

(c) T = 140s　　　　　　　　　　　(d) T = 300s

图 5.12　温度场变化规律

　　火源释放率的曲线整体符合 T2 型增长规律，只有在 300s 出现递减现象，最可能的原因是空气中的含氧量不足，导致燃烧不稳定。对应于温度探测器的变化曲线，在 300s 左右达到最高值，最高温度约为 250℃。同时，温度场也提供了不同高度下的温度变化云图，因此可得以下结论。

　　(1) 火场中温度传播速度要落后于烟气的蔓延，但是与烟气蔓延路径相似。

　　(2) 同一方向的温度场存在明显的分层现象，并且上下层的温差很大。

　　(3) 在火灾发展到一定程度后，对同一高度的不同位置，其温度几乎是相同的。

5.4.2　水路交通应急演练三维仿真技术

　　水路交通仿真可理解为在采集水上交通运输活动状态信息的基础上，对这些状态数据信息进行分析和处理，掌握水上交通运输系统之间的作用规律，并利用数学模型描述和再现这些内在机理，借助计算机仿真技术对这些行为进行重构，从而实现对不同航道规划方案、船舶交通组织和通航安全监管方式进行评价和优化，达到保障船舶通航安全、减少船舶事故损失、提升船舶运输效率的目的。

水路交通仿真侧重对各种要素间彼此作用的过程进行还原或重构，而其中水路交通事故，以及事故过程中各种要素的制约和依赖关系成为水路交通仿真中最重要的数据驱动，也就是被仿真对象在满足各种机制约束下，根据合理假定得到的数据初始条件和边界条件。海事管理是指海事管理机关为保障水上交通安全、防止船舶造成水域污染依法进行的水上交通安全监管、环境监督、通航安全保障、行政执法等活动的总称。在这个意义上，可以认为水路交通仿真开展的是与船舶通航安全和保障活动相关的所有仿真活动的总和。

如图 5.13 所示，水路交通仿真区别于其他仿真的显著特点在于它关注水路运输系统中船舶的通航安全活动，即人-船-环境-管理四个要素之间的耦合作用，以及整个过程中水上交通安全态势和演化趋势。虽然水路交通仿真的研究边界与其他仿真有重叠，但是研究的侧重点仍然有明显的差异。例如，与航道仿真相比，航道仿真更关注河床演变、泥沙运动对航道的影响，海事仿真更关注与船舶通航安全密切相关的航道尺度仿真；与水利仿真相比，水利研究中的水流仿真主要关注水流演变规律及其对堤岸、防洪的影响，海事仿真仅关注水文变化对航路的影响；与船舶设计与制造仿真相比，船舶仿真关注船舶的型线设计、水动力系数获取等，海事仿真更关注船舶交通流形态与外部环境的耦合作用。

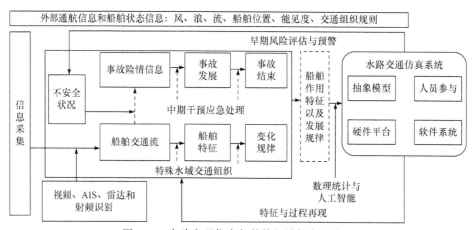

图 5.13　水路交通仿真与其他相关仿真的关系

这里介绍一种面向海事管理人员，针对船舶事故发生后的多人协同应急处置决策的中观海事仿真系统。针对目前海事事故应急演练中实战演练和桌面推演存在的不足，建立一种具有直观性能强、测试成本低、组织难度小、训练效果好的海事应急仿真系统。该系统通过模拟水路交通安全事件及应急互动处置和演练过程，可以提高相关人员在复杂现场确定救援策略的能力，强化整体救援的技能，提升搜救过程中的指挥水平和心理适应能力。该系统搭建了一个事故应急处置的硬件和软件相结合的仿真场景，一方面该系统搭建了具有目前海事应急搜救指挥中心类似的硬件平台，包括通信系统；另一方面该系统能够模拟 VTS 系统、AIS 等二维系统及其船舶交通流形态。在此基础上，利用三维视景仿真技术搭建三维通航环境场景、事故场景，以及巡航支队的海巡艇救助等，为参与人员提供逼真的事故场景。

该仿真系统的逻辑基础为信息物理系统中信息域和物理域间的一致性，即仿真系统能在何种程度上逼近真实的物理世界。同时，系统中自然人和数字人(Agent)将形成混合实体。这些实体共存、彼此交互，可以为自然人的行为提供充分的表现空间。就架构而言，物理世界以真实数据和典型历史案例数据库作为载体，而信息空间由一列仿真步骤组成；数学模型和物理模型则是用信息域逼近物理域的工具。通航环境模拟、事故演化仿真和桌面船舶驾驶模拟通过仿真引擎来驱动，最后形成"人员在环"模拟与演练环境。仿真系统的逻辑视图如图 5.14 所示。

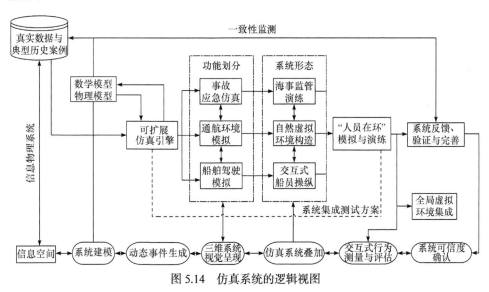

图 5.14　仿真系统的逻辑视图

应急指挥演习演练的主体可分为涉事船舶操纵人员、监管/救援人员、背景船舶对象。根据演练的尺度或精细度的不同，这些主体和对象可以由自然人或者 Agent 充当。对于涉事船舶的操纵人员，主要仿真其船舶操纵意图和对意外通航环境下的适航能力。在多数情况下，监管和救援人员采用自然人充当，系统主要考察他们的应急指挥和协调工作的能力。对于背景船舶，主要仿真其自组织行为和事故前后的交通流形态。最后的集成实现由三部分构成，包括通航环境构建、事故情节与应急场景设定，以及应急处置与决策过程。海事应急仿真的总体技术要点如图 5.15 所示。

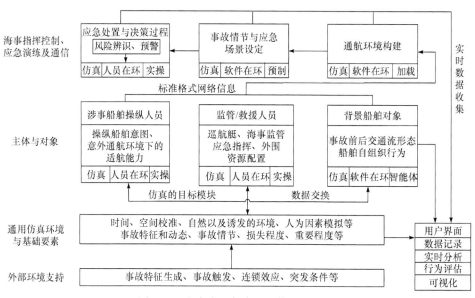

图 5.15　海事应急仿真的总体技术要点

　　基于虚拟三维平台的海事事故应急仿真训练主要以实际搜救案例为基本背景，以实际搜救过程和阶段为时间发展顺序，动态生成交互式虚拟事故全景或局部场景，面向各训练台(主控终端指挥台、搜救调度前端一线指挥台、搜救终端任务行动小组台)提供事故发生、报警、船舶调度、人员调度、搜救资源调度、现场事故搜救处置、事故处理后处置等指挥操作环节的训练功能。功能模块按照人员机构级别(主控终端指挥台、搜救调度前端一线指挥台、搜救终端任务行动小组台)展开描述。虚拟训练包括现场指挥指挥部战略决策训练、搜救调度前端指挥员技战术决策训练、行动小组行动方式方法决策及处置行动训练。事故应急船舶的操纵仿真界面如图 5.16 所示。

　　海事应急指挥中心包括主控终端、闭路电视(closed circuit television，CCTV)仿真终端、VTS 仿真终端、AIS 仿真终端、预案执行仿真终端和指挥仿真终端。主控终端用于在环测试系统的情景设定，即从三维渲染服务器和事故场景服务器中选取案例所需要的三维仿真场景和海事事故情节，并全程监控参训人员的测试行为和进展。CCTV 仿真终端用于从不同视角显示主控终端选取的三维仿真场景，从而模拟不同摄像头监控水域船舶交通流的形式。VTS 仿真终端用于接受三维仿

图 5.16　事故应急船舶的操纵仿真界面

真场景中生成的船舶运动数据，并以雷达回波光斑的形式向参训人员显示场景中的船舶动态。AIS 仿真终端用于接收三维仿真场景中生成的船舶运动数据，并以电子江图的形式向参训人员显示场景中的船舶动态。预案执行仿真终端用于在环测试过程中从操艇终端、CCTV 仿真终端、AIS 仿真终端、VTS 仿真终端上的各操作人员那里接收应急处置的进展信息，发送到预案管理服务器。预案管理服务器根据当前参训人员操作进展计算得到的下一步操作建议，并在预案执行仿真终端显示。指挥仿真终端首先根据参训人员汇报确认险情，然后根据预案执行仿真终端显示的提示内容向参训人员发布指令，协调在环测试行为。海事应急指挥仿真界面如图 5.17 所示。

5.4.3　水路交通应急演练电子沙盘技术

电子沙盘是以传统沙盘堆制理论为依据，以地图数据库数据为基础，结合先进的计算机仿真技术、多媒体展示技术，将真实世界的三维坐标变换成二维的计算机坐标，并通过光学处理模仿真实世界。随着触摸屏技术、虚拟现实技术和增强现实技术的发展，电子沙盘发展非常迅速，并将电子沙盘与这些技术结合，形成很多电子沙盘新的形式。目前，电子沙盘广泛应用于军事、房地产、工程规划与管理、地形景观图、消防救援、案例场景演示等众多领域。

图 5.17　海事应急指挥仿真界面

1. 水路交通应急演练电子沙盘系统架构

(1) 用户层。在船舶事故模拟电子沙盘中，用户层分别代表不同的角色(海事局、分支局、外援救助)，并承担不同的责任。

海事局在每次事故应急处置过程中扮演总指挥的角色，负责整个事故的应急决策和处置。在收到事故发生的信息后，海事局需要尽快制定有效的应急决策，根据事故发生状况合理调度分局资源，并随时与外单位救助联系。

分支局主要负责现场应急处置与海事局保持联系，汇报现场信息，为事故应急决策提供数据支撑。根据事故类型的不同，分支局承担的角色有所差异。例如，发生溢油事故时，分支局负责发布航行通告、现场警戒调度清污船对事故区域进行应急处置；当需要人员救助时，分支局负责布置救助船，扮演人员救助的角色。

外援救助根据事故发生的实际情况，需要的外援救助也会不同，在一次事故过程中也可能需要多方面的外部救助。长距离或在低级台风下进行人员救助则需要借助直升飞机，在超过 8 级台风的情况下只能用救生船。若事故后发生人员伤亡，则必须及时与医疗部门联系，请求必要的帮助。

(2) 应用层。应用层包括事故模拟、决策支持、应急处置和三维展示四方面。用户可以在制作好的电子沙盘上进行事故模拟，模拟船舶不同事故的应急处置过程。

事故模拟主要是模拟溢油、碰撞、搁浅，以及台风事故的发生，能够实现不同场景、不同位置、不同资源、不同规则、不同展示方式的事故模拟。事故模拟主要包括自然环境、事故船舶、应急资源。自然环境主要有事故发生时的风、浪、流、水温、能见度等不同环境的模拟。事故船舶主要模拟船舶发生事故的原因、过程和结果，以及发生事故后船舶的损坏状况等情况。

决策支持是根据掌握的船况和事故信息结合当时外部环境，指挥者制定最佳的应急决策，合理调度应急资源，提供实时最优的应急处置方案。

应急处置是针对不同的船舶，若发生溢油事故则首先采取措施控制溢油区域扩散，然后尽快使用合理的溢油回收器材或化学抑制剂进行清污处置。

三维展示可以全面生动形象地展示溢油、碰撞和搁浅等事故发生的原因，以及发展的过程和模拟的现场人员应急处置的全过程。演示者也可以通过鼠标、触摸屏外部设备指定到事故处置过程中的每一个场景或步骤，可以令观看者犹如身临事故现场，使参与者投入事故模拟过程。

(3) 服务层。服务层主要包括三维场景服务(可视化建模、模拟事故的发展场景)、影像地形服务、矢量数据服务和查询分析服务(水深、救助资源、救助船舶离事故现场距离等)。

三维场景服务是构建典型事故的三维场景，既包括外部的三维环境信息，如地形地貌、港口、码头、锚地等，也包括船舶交通流的三维场景，以及事故的发展过程，从而构建虚拟的三维场景。

影像地形服务利用影像数据，快速建立三维地形地貌，从而为事故应急处置决策提供信息支持服务，同时也可在三维影像数据上量取相关的位置、长度等信息，直观地给应急决策人员提供信息支持。

矢量数据服务根据提供的矢量地形数据，进一步开展查询分析服务。

查询分析服务是在事故模拟过程中，对某个事故场景的相关信息进行实时查询，包括全图信息、事故发生区域的水深、风浪等级、可用的救助资源查询，以及救助船舶离事故现场的距离等。

(4) 数据库层。数据库是按照数据结构来组织、存储和管理数据的建立在计算机存储设备上的仓库。系统主要包括三维数据库、通航要素数据库、岸基支持数据库、敏感资源数据库，以及模拟相关的数据库、元数据库。元数据库又称中介数据库，主要描述数据属性的信息，如指示储存位置、历史数据、资源查找、文件记录等功能。业务数据库主要有通航要素数据库、岸基支持数据库、敏感资源数据库，以及模拟相关的数据库。

(5) 数据层。数据是所有能输入计算机并被计算机程序处理的符号介质的总称，是具有一定意义的数字、字母、符号和模拟量等的统称。数据层包括监管数据、DWG 格式数据、三维模型数据和数字线划地图(digital line graphic,

DLG)数据。监管数据主要指海事监管监测到附近海域有船舶事故发生,用来输送船舶事故发生的信息。三维模型数据包含三维建模尺寸、坐标、船舶信息、周围海域状况等建模信息。数字线划地图数据是地形图上基础地理要素的矢量数据集,同时保存了各要素间的空间关系和相关的属性信息,可以是电子海图的形式。

2. 电子沙盘物理视图

智能交互式电子沙盘由电子沙盘硬件子系统和电子沙盘软件子系统组成,主要包括可选配的多点交互、大屏幕显示、动作捕获、图像(融合)控制器、图形工作站等硬件设备,以及客户端、服务器端软件(图 5.18)。系统可通过各种接口实现与现有海域信息数据及船舶相关数据的连接。整个集成系统将监控区域状况处理成数字化地图,添加模拟的船舶、航标、海况和船舶事故等信息。通过可视化及交互协同功能,模拟船舶事故应急处置过程,优化船岸沟通,提高对船舶发生事故的应急协同处理能力。

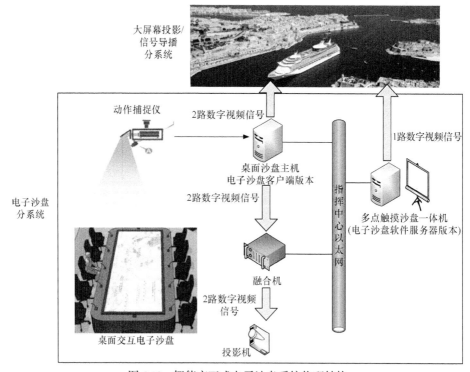

图 5.18　智能交互式电子沙盘系统物理结构

3. 交互式电子沙盘功能规划

交互式电子沙盘系统由计算机硬件、软件和硬件设备组成(由多点触摸三维地理信息系统软件、电子海图数据库、多点触摸硬件设备构成),支持空间数据的采集、管理、处理、分析、建模,用来仿真船舶事故应急处置过程。电子沙盘功能界面如图 5.19 所示。系统主要包括水域漫游、测量、设置、资源查询、决策支持、应急演练、效果评价等。

图 5.19　电子沙盘功能界面

参 考 文 献

[1] Shi W, Su F, Zhou C. A temporal accessibility model for assessing the ability of search and rescue in Nansha Islands. Ocean & Coastal Management, 2014, 95: 46-52.

[2] 吴兵, 严新平, 汪洋, 等. 不确定性信息下的内河失控船应急决策方法. 哈尔滨工程大学学报, 2016, 37(7): 908-914.

[3] 吴兵, 严新平, 汪洋, 等. 多部门协同的内河失控船应急处置决策方法. 交通运输系统工程与信息, 2015, 15(5): 16-23.

[4] Wu B, Wang Y, Zhang J F, et al. Effectiveness of maritime safety control in different navigation zones using a spatial sequential DEA model: Yangtze River case. Accident Analysis & Prevention, 2015, 81: 232-242.

[5] Montewka J, Ehlers S, Goerlandt F, et al. A framework for risk assessment for maritime transportation systems: A case study for open sea collisions involving RoPax vessels. Reliability Engineering & System Safety, 2014, 124: 142-157.

[6] 张志昂, 郭志新, 吴兵, 等. 船舶溢油事故定量应急处置决策方法. 中国航海, 2018, 41(2):

102-106.

[7] Wu B, Yan X, Wang Y, et al. Selection of maritime safety control options for NUC ships using a hybrid group decision-making approach. Safety Science, 2016, 88: 108-122.

[8] Wu B, Zong L, Yan X, et al. Incorporating evidential reasoning and TOPSIS into group decision-making under uncertainty for handling ship without command. Ocean Engineering, 2018, 164: 590-603.

[9] 郭国平, 周超林, 吴兵, 等. 基于 DEA-TOPSIS 模型的水上应急资源配置效率评价. 安全与环境学报, 2019, 19(1): 134-139.

[10] Wu B, Zong L, Yip T L, et al. A probabilistic model for fatality estimation of ship fire accidents. Ocean Engineering, 2018, 8: 266-275.

第6章　内河液化天然气动力船舶通航安全性评价

本章主要对液化天然气(liquefied natural gas，LNG)储罐系统、船舶航行过程进行风险分析，在此基础上对 LNG 动力船舶安全保障措施进行研究，并对主要危险进一步评价分析，进而提出相应的控制方案。

6.1　内河液化天然气动力船舶危险识别

6.1.1　液化天然气储罐系统风险辨识

LNG 作为一种清洁能源，正在迅速地被开发和利用。随着 LNG 终端(LNG 接收站)的不断发展，人们对 LNG 泄漏潜在威胁的关注度也越来越高。接收的 LNG 一般通过大型的低温储罐储存。按照对液体和蒸汽封闭系统的力学承载方式，LNG 储罐主要分为单容罐、双容罐、全容罐、薄膜罐。全容罐具有两个力学承载层，是我国目前接收终端的主要储罐类型。因此，研究 LNG 储罐泄漏风险，确定 LNG 储罐事故影响对 LNG 动力船舶的发展和安全管理[1-3]具有重要的意义。

1. LNG 储罐系统事故致因分析

1) 泄漏致因分析
LNG 管线系统的阀门、法兰、焊缝、接头和容器与管道的连接处等是 LNG 最容易产生泄漏的地方。LNG 储罐可能因表面裂纹、破损、穿孔等造成泄漏。从人/机系统角度考虑，造成 LNG 泄漏主要有人为失误、设备故障、极端环境、安全管理不当等方面原因[4]。

(1) 人为失误包括违章指挥、违章操作和误操作；各作业环节之间，在缺乏有效的联络和指挥的情况下擅自操作；思想不集中、粗心大意；发现异常问题不知如何处理；擅自脱离岗位。

(2) 设备故障包括设计失误；设备选材不当；加工质量差；施工和安装精度不高；金属部件低温收缩和长时间的磨损、疲劳、腐蚀、老化等；安全控制和技术措施失效；LNG 储罐、管道等设备设施的保温、隔热等措施失效，造成 LNG 大量蒸发，系统压力上升。

(3) 极端环境包括持续高温天气等自然灾害；船舶碰撞/触损事故；船舶自沉事故。

(4) 安全管理不当包括对安装的设备未进行严格的验收；没有制定完善的安全操作规程；没有制定严格、完整的安全管理规章制度，或者执行监督检查制度不严，管理力度不够；岗位工人生产技能和安全培训不够，对危险品的危险特性安全知识缺乏了解，经验不足，不能判断异常情况；检修制度不严，对存储设备/安全可靠性缺乏认真的检验分析和评估，没有及时检修已经出现故障的设备，或检修质量差，使设备带病运转；对安全漠不关心，已发现的问题不及时解决，对设备设施存在的质量缺陷或事故隐患，没有及时检查和整改。

2) 火灾、爆炸致因分析

点火源的存在是扩散的可燃气云产生点火并发生火灾、爆炸事故的根源。点火源的类型及点火可能性的分析对于进行定量风险计算至关重要。本节主要分析点火源的类型，用以辨识 LNG 动力船中潜在的点火源。

LNG 动力船中的点火源主要包括如下类型。

(1) 船上吸烟。烟火在"防火防爆十大禁令"中位列第一。燃烧的烟头表面温度约 200～300℃，中心温度高达 700～800℃，远高于天然气的自燃点。打火机、火柴点火时散发的能量也大大超过天然气的最小点燃能量。少数作业人员，尤其是部分外来人员(如外来施工人员、参观人员等)，由于安全意识较差，在 LNG 动力船内及附近危险地带吸烟的现象是可能出现的。

(2) 静电放电。LNG 动力船在航行、充装过程中，由于流动和受搅动、冲击，易产生和积聚静电荷。若管路系统的防静电措施未落实或效果较差，静电荷将不能及时消除，而是逐渐累积起来，从而产生较高的静电位。当电位上升到一定程度时，就会产生静电，并发生火花。由于着装不当，作业人员或外来人员身体所带的静电同样可能引起火灾爆炸事故。

(3) 电火花和电弧。电火花和电弧是不可忽视的危险着火源。电弧的温度可高达 3000～6000℃，很容易引发火灾爆炸事故。1998 年，3·5 西安液化气泄漏爆炸事故的着火源就来自电火花。

LNG 动力船中的供配电系统、仪器仪表控制系统等电气设备，由于设计不合理、安装存在缺陷或防爆等级不匹配等，运行时会因短路、过载、接触不良、散热不良、漏电等产生电火花、电弧或高温表面，进而引发火灾、爆炸事故。

电气设备缺乏必要的检修维护，容易造成设备或线路锈蚀、老化，以及接头松脱，导致发生故障，产生电火花。

(4) 金属与甲板机械摩擦，以及船体遭到撞击可能产生火花。

(5) LNG 动力船舶及泊位附近水域的其他船只上生活设施用火不当，或排烟口夹带火焰，都有可能引发火灾爆炸事故。

2. LNG 储罐泄漏事故后果分析

根据 LNG 的性质及其泄漏的危险特性，我们结合 LNG 燃料动力可能发生泄漏的模式，分析 LNG 泄漏后可能发生的事故情景，包括池火、闪火、蒸气云爆炸(vapor cloud explosion, VCE)、沸腾液体扩展蒸气爆炸(boiling liquid expanding vapor explosion，BLEVE)、物理爆炸等。

由于水上 LNG 泄漏事故与陆上 LNG 泄漏事故具有一定的相似性，采用"SYT 6714—2008 基于风险检验的基础方法"提出的 LNG 特定事故概率进行分析计算。LNG 特定事故概率如表 6.1 所示。

表 6.1　LNG 特定事故概率

事故类型	不可能自燃的持续泄漏	可能自燃的持续泄漏	不可能自燃的瞬时泄放	可能自燃的瞬时泄放
点燃	0.2	0.7	0.2	0.7
VCE	0.04		0.04	
火球		0.7	0.01	0.7
闪火	0.06		0.15	
喷射火	0.1			
池火				

注：空白区表示不可能、不适用的结果。

根据表 6.1 中 LNG 特定事故概率，在船舶航行过程中，LNG 储罐系统在采取风险控制措施的前提下，发生自燃的可能性非常小，因此选择不可能自燃情况下的 LNG 持续/瞬时泄放的概率作为 LNG 特定事故概率进行分析计算。

研究结合 LNG 特定事故概率，利用 ETA 对 LNG 泄漏可能造成的事故类型进行分析。LNG 泄漏主要事故类型 ETA 分析图如图 6.1 所示。

根据 LNG 储罐系统泄漏模式的分析，LNG 泄漏可能发生持续泄漏和瞬时泄漏两种模式。

当 LNG 储罐泄漏孔径小于或者等于 100mm 时，由于 LNG 属于持续泄漏模式，LNG 管道、阀门一旦发生泄漏也属于整体破裂的持续泄漏。在 LNG 发生持续泄漏之后，如果遇到明火会立即点燃形成喷射火。如果没有立即点燃会形成重气云团。重气云团延迟点燃有可能发生闪火、蒸气云爆炸这两种事故类型，重气云团没有点燃就不会发生火灾。

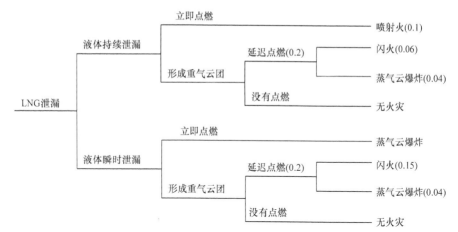

图 6.1　LNG 泄漏主要事故类型 ETA 分析图

当 LNG 储罐泄漏孔径大于 100mm 时，可以视为是罐体整体破裂，属于持续泄漏模式。在 LNG 储罐发生瞬时泄漏之后，如果遇到明火会立即点燃形成 BLEVE、不可控蒸汽云团爆炸(unconfined vapor cloud explosion，UVCE)；如果没有立即点燃会形成重气云团。重气云团延迟点燃有可能发生闪火、蒸气云爆炸这两种事故类型，重气云团没有点燃就不会发生火灾。

考虑 LNG 在内河船舶上泄漏之后，储罐安全区内几乎不可能存在点火源，LNG 形成重气云团，泄漏到一定距离之后，有可能遇到点火源。一般认为，LNG 储罐系统的事故情景是闪火、蒸气云爆炸，以及冷脆。其中，闪火的破坏形式主要是热辐射，蒸气云爆炸主要是冲击波超压破坏。另外，在 LNG 大量泄漏的情况下也有可能形成液池，发生池火。我们将闪火、蒸气云[5]爆炸，以及池火作为 LNG 泄漏危害较大的事故情景进行事故后果模拟。

3. LNG 储罐系统风险登记表

根据 LNG 危险特性分析、LNG 储罐系统事故致因分析、事故后果分析研究，LNG 储罐系统在使用及充装过程中面临如下风险。

1) 使用中的危险

(1) 结构失效。危险源表现为正常模式下结构破坏；潜在后果表现为 LNG 泄漏，船体钢板低温脆断、火灾。

(2) 管阀泄漏。危险源表现为船体变形或机械损伤；潜在后果表现为罐体变形或开裂，LNG 泄漏，船体钢板低温脆断、火灾。

(3) 碰撞与冲击。危险源表现为船舶碰撞或重物冲击；潜在后果表现为 LNG 泄漏，船体钢板低温脆断、火灾。

(4) 外部火灾。危险源表现为外部失火；潜在后果表现为储罐超压，安全阀排放的气体被引燃。

2) 加注中的危险

(1) LNG 加注管路失效。危险源表现为管路热胀冷缩；潜在后果表现为 LNG 泄漏，船体钢板低温脆断、火灾。

(2) 过充。危险源表现为充装极限太高、无相关报警和切断装置；潜在后果表现为安全阀起跳，甚至储罐破裂。

(3) 阀门冰堵。危险源表现为加注时有水分进入；潜在后果表现为阀门、安全阀等冰堵造成罐超压。

(4) 温度不对等。危险源表现为加注罐和受注罐温差过大；潜在后果表现为 LNG 迅速蒸发、超压。

LNG 储罐系统使用中的泄漏风险如表 6.2 所示。

表 6.2　LNG 储罐系统使用中的泄漏风险

状态	危险事件	失效模式	事故因素	
使用中	结构失效	储罐泄漏	船舶因素	设计失误、设备选材不当、加工质量差、施工和安装精度不高
			管理因素	对安装的设备未进行严格的验收、检修制度不严
	管阀泄漏	管道、阀门泄漏	人为因素	违章指挥、违章操作和误操作
			船舶因素	金属部件低温收缩和长时间的磨损、疲劳、腐蚀、老化等原因，对安装的设备未进行严格的验收，LNG 储罐、管道等设备设施的保温、隔热等措施失效
			环境因素	持续高温天气等自然灾害
			管理因素	对安装的设备未进行严格地验收、检修制度不严
	碰撞与冲击	储罐、管道、阀门泄漏	人为因素	违章指挥、违章操作和误操作，思想不集中、粗心大意，擅自脱离岗位
			船舶因素	安全控制和技术措施失效
			环境因素	船舶碰撞/触损事故
			管理因素	没有制定完善的安全操作规程、违章指挥、违章操作和误操作、擅自脱离岗位
	外部火灾	阀门泄漏	人为因素	船上吸烟、船上生活设施用火不当
			船舶因素	金属与甲板机械摩擦、排烟口夹带火焰
			环境因素	持续高温天气
			管理因素	没有制定严格、完整的安全管理规章制度

续表

状态	危险事件	失效模式	事故因素	
加注中	LNG加注管路失效	管道泄漏	人为因素	违章指挥、违章操作和误操作
			船舶因素	金属部件低温收缩和长时间的磨损、疲劳、腐蚀、老化等原因，对安装的设备未进行严格的验收，LNG储罐、管道等设备设施的保温、隔热等措施失效
			环境因素	持续高温天气等自然灾害
			管理因素	对安装的设备未进行严格的验收、检修制度不严
	过充	储罐破裂	人为因素	操作失误、思想不集中、粗心大意、擅自脱离岗位
			船舶因素	装极限太高、无相关报警和切断装置
			管理因素	没有制定完善的安全操作规程
	阀门冰堵	储罐超压	人为因素	操作失误
			船舶因素	加注时有水分进入，LNG储罐系统阀门冰堵
			管理因素	没有制定完善的安全操作规程
	温度不对等	储罐超压	人为因素	LNG加注组分选取失误
			船舶因素	加注罐和受注罐温差过大，LNG储罐、管道等设备设施的保温、隔热等措施失效
			管理因素	没有制定严格、完整的安全操作、管理规章制度

6.1.2　液化天然气动力船舶典型情景风险辨识

本节在LNG储罐系统、船舶营运风险识别的基础上，对国内外LNG动力船舶营运过程中的典型风险情景[6]进行分析。

1) 碰撞、触损造成LNG储罐破裂

高能量冲击有可能穿透船舶侧面，对LNG储罐造成破坏。碰撞事故的机械冲击力可能造成LNG直接点燃，在生活区发生火灾。由于强大的热辐射效应，火灾会对人员造成较大危害。

2) 船舶触碰桥梁

船撞桥事故的后果与桥梁的防撞等级有关，船舶在桥区发生触损事故会对人员、船体、桥梁造成一定的影响。船舶在通过桥区水域时受能见度、水流、风速等影响较大，外部通航环境恶劣也是造成撞桥事故的原因。

3) 船舶坝区发生火灾

船舶在船闸排队等待时间较长，受持续高温天气影响，LNG储罐系统内部压力增大，压力释放阀开启，LNG蒸气从透气管出口排出，有可能形成LNG蒸气堆积，如遇明火有发生火灾的风险。

4) 港区内船舶碰撞/触损

由于港区水域作业繁忙、船舶交通流较大，船舶在航区航行时，人为因素、船舶因素、环境因素、管理因素等可能造成碰撞、触损事故，对港区作业人员、碰撞船舶、港区建筑物造成较大危害。

5) LNG 韧性加注软管破裂

在韧性管路缺乏维护和操作失当的情况下，加注软管外保护层有可能破裂。此外，材料问题、制造问题，以及外部冲击(货物坠落、移动载荷)也可能导致 LNG 软管破裂。在极端情况下，软管完全破裂可能导致大量 LNG 泄漏到加注趸船/驳船、岸上加注站、LNG 接收船上。如果泄漏的 LNG 被点燃，可能形成闪火/池火，随之产生的强烈热辐射可能造成人员死亡。因此，有必要在韧性软管上安装紧急脱离装置(emergency release coupling，ERC)和快速连接-断开装置(quick connect disconnect coupler，QCDC)。

6.2 内河液化天然气动力船舶风险评价

根据 LNG 动力船舶风险识别结果，结合 LNG 动力船舶风险评价方法，从概率、后果两方面对 LNG 储罐系统泄漏风险、船舶航行风险、典型情景风险进行分析计算。

6.2.1 液化天然气动力船舶泄漏风险评价

LNG 一旦发生泄漏，若温差较大会瞬间气化，其余部分会在低洼地方形成液池。池内液体发生初始闪蒸汽化，瞬时产生大量蒸气。蒸气云内的物质难以在短时间内自发均匀分布。其分布特性由泄漏量、泄漏速度及泄漏地点等因素确定。当其体积比在爆炸极限(5%～15%)内并遇点火源时[7]，会发生闪火或发生蒸气云爆炸事故。若泄漏量相对很大，LNG 没有蒸发完全，蒸气云处于液池上方，便有可能迅速向液池回火燃烧，形成池火火灾[8,9]。

1. LNG 泄漏概率计算

LNG 储罐的典型泄漏模式主要包括瞬时泄漏和连续泄漏两种。其中，影响泄漏源强的主要因素是泄漏口的尺寸和形状，夸大或缩小泄漏尺寸会对事故后果发生场景和事故后果伤害范围产生重要影响。我们通过分析世界银行、挪威船级社等国内外大型研究机构的推荐方法，结合 LNG 储罐的具体工艺、设备情况，将泄漏孔径大小分为完全破裂和孔泄漏两大类。泄漏场景如表 6.3 所示。

表 6.3　泄漏场景

场景	范围	代表值
小孔泄漏/mm	0~5	5
中孔泄漏/mm	5~50	25
大孔泄漏/mm	50~150	100
完全破裂/mm	>150	整个设备的直径

当设备(管道)直径小于 150mm 时，取小于设备(设施)直径的孔泄漏场景，以及完全破裂场景。

设备设施的泄漏是导致火灾、爆炸等事故发生的根源，因此需对基础泄漏概率进行分析。此外，易燃易爆气体泄漏后，会因摩擦、火花或附近的高温物体、明火等直接点燃；如果没有被直接点燃，也可能在蒸气云扩散过程中遇到合适的点火源发生延时点火，产生不同的事故后果。

LNG 储罐系统泄漏有可能发生在储罐、管道、阀门处。基础泄漏概率主要通过对事故的统计分析得到。参考 SYT 6714—2008 基于风险检验的基础方法，不同部件的基础泄漏频率如表 6.4 所示。

表 6.4　不同部件的基础泄漏频率

部件		失效模式	泄漏概率/(次/年)
双层压力储罐	15m³/20m³	小孔泄漏(5mm)	1×10^{-7}
		中孔泄漏(50mm)	5×10^{-6}
		大孔泄漏(100mm)	5×10^{-7}
管道	DN40	小孔泄漏(5mm)	3×10^{-6}
		中孔泄漏(25mm)	6×10^{-7}
	DN25	小孔泄漏(5mm)	5×10^{-6}
		全管径破裂	5×10^{-7}
	DN10	小孔泄漏(5mm)	1×10^{-5}
		全管径破裂	3×10^{-7}
阀门	DN40	小孔泄漏(5mm)	2.78×10^{-6}
		中孔泄漏(25mm)	3.45×10^{-7}
	DN10	小孔泄漏(5mm)	2.78×10^{-6}
		完全破裂	1.50×10^{-7}

不同失效模式下的 LNG 事故概率如表 6.5 所示。

表 6.5　不同失效模式下的 LNG 事故概率

部件		失效模式	事故概率/(次/年)	
			闪火	蒸气云爆炸
LNG 储罐	15m³/20m³	小孔泄漏(5mm)	1.2×10^{-9}	8×10^{-10}
		中孔泄漏(50mm)	6×10^{-8}	4×10^{-8}
		大孔泄漏(100mm)	6×10^{-9}	4×10^{-9}
管道	DN40	小孔泄漏(5mm)	3.6×10^{-8}	2.4×10^{-8}
		中孔泄漏(25mm)	6.20×10^{-9}	4.8×10^{-9}
	DN25	小孔泄漏(5mm)	6×10^{-8}	4×10^{-8}
		全管径破裂	6×10^{-9}	4×10^{-9}
	DN10	小孔泄漏(5mm)	1.2×10^{-7}	8×10^{-8}
		全管径破裂	3.6×10^{-9}	2.4×10^{-9}
阀门	DN40	小孔泄漏(5mm)	3.34×10^{-8}	2.22×10^{-8}
		中孔泄漏(25mm)	4.14×10^{-9}	2.76×10^{-9}
	DN10	小孔泄漏(5mm)	3.34×10^{-8}	2.22×10^{-8}
		完全破裂	1.8×10^{-9}	1.2×10^{-9}

2. LNG 泄漏后果计算

通过事故后果阈值,对仿真结果进行分析,可以划定不同事故情景下 LNG 泄漏造成的死亡半径。

1) 事故后果阈值分析

(1) 热辐射对人体的伤害。

热辐射对人体的伤害主要通过不同热辐射通量对人体所受的不同伤害程度表示,伤害半径有一度烧伤(轻伤)、二度烧伤(重伤)、死亡半径三种,我们使用 Pietersen 提出的热辐射影响模型进行计算。不同热辐射值对人体的伤害如表 6.6 所示。

表 6.6　不同热辐射值对人体的伤害

热辐射通量/(kW/m²)	人体伤害类别
36.5	在 1 分钟内 100%的人死亡, 10 秒内 1%的人死亡
25.0	在 1 分钟内 100%的人死亡, 10 秒内人员重伤

热辐射通量/(kW/m²)	人体伤害类别
12.5	1分钟内 10%的人死亡，10 秒内一度烧伤
4.0	超过 20 秒引起疼痛，可能烧伤，无人员死亡
1.6	长时间接触无不适感觉

① 死亡半径指人体死亡概率为 0.5，或者一群人中有 50%的人死亡时，人体(群)所在位置与火球中心之间的水平距离。

② 重伤半径指人体出现二度烧伤的概率为 0.5，或者一群人中有 50%的人出现二度烧伤时，人体(群)所在位置与火球中心之间的水平距离。

③ 轻伤半径指人体出现一度烧伤的概率为 0.5，或者一群人中有 50%的人出现一度烧伤时，人体(群)所在位置与火球中心之间的水平距离。

(2) 超压冲击波对人体的伤害。

常见的准则有超压准则、冲量准则、压力-冲量准则等。这里采用超压模型计算冲击波造成的死亡半径、重伤半径、轻伤半径，并采用超压准则衡量爆炸冲击波对人员的伤害。人员伤害超压准则如表 6.7 所示。

表 6.7　人员伤害超压准则

超压/MPa	损伤程度
0.02～0.03	轻微挫伤
0.03～0.05	中等损伤，表示听觉器官损伤、内脏轻度出血、骨折等
0.05～0.1	严重损伤，表示内脏严重损伤，可引起死亡
>0.1	严重损伤，表示可能大部分死亡

死亡半径内人员如缺少防护，则被认为将无例外地蒙受严重伤害或死亡；重伤半径内人员的绝大多数将遭受严重伤害，极少数人可能死亡或受轻伤；轻伤半径内人员的绝大多数将遭受轻微伤害，少数人将受重伤或平安无事，死亡的可能性极小。

死亡、重伤、轻伤、财产损失半径的计算准则如下。

① 死亡半径指外圆周处人员因冲击波作用，肺出血死亡的概率为 50%，记为 $R_{0.5}$。

② 重伤半径指外圆周处人员因冲击波作用，耳膜破裂的概率为 50%，要求冲击波峰值超压为 44000Pa，记为 $Rd_{0.5}$。

③ 轻伤半径指外圆周处人员因冲击波作用，耳膜破裂的概率为 1%，要求冲

击波峰值超压为 17000Pa，记为 $Rd_{0.01}$。

(3) 超压冲击波对周围建筑物的损害。

冲击波对大部分建筑物的毁伤取决于峰值超压的强弱。超压准则认为，只要冲击波超压达到一定值便会对目标造成一定的破坏或损伤。建筑物破坏的超压准则如表 6.8 所示。

表 6.8　建筑物破坏的超压准则

超压/kPa	破坏程度
0.2～1	建筑物玻璃破裂
1～10	轻型结构受到一定程度破坏；建筑物轻微破坏；黏土建筑的钢架轻微变形
10～20	建筑物部分破坏
20～30	大建筑物显著破坏；无框架、自约束的钢板建筑完全破坏
60～70	钢骨架和轻型钢筋混凝土建筑物均被破坏
100	除防地震钢筋混凝土，其他建筑物均被破坏
150～200	防地震建筑物破坏或严重破坏
200～300	钢架桥位移

桥梁是钢筋与混凝土的混合物，在设计时一般会考虑防震问题。对桥梁的阈值综合考虑防地震建筑物受到破坏程度选定为 150～200kPa。

这里利用 FLACS 软件[①]对 LNG 动力船舶进行三维几何建模，运用流体动力学相关运动方程，综合考虑风速、大气稳定度等气象环境，仿真模拟 LNG 不同事故情景可能造成的后果。

2) 闪火事故后果

目前，国内外通常认为闪火区域范围内的人员基本死亡，但对危害范围以外人员的影响较小。

这里采用的风速都是与船舶的相对速度，由于内河船舶的航速约为 6 节，约合 3.08m/s，因此选择 3m/s、6m/s 这两种情况进行研究。

不同失效模式下闪火事故后果如表 6.9 所示。LNG 储罐系统泄漏孔径越大，危害范围也越大。采取适当措施控制 LNG 储罐系统的失效模式，可以避免中/大孔泄漏、完全破裂事故的发生，降低闪火事故危害。

---

① 2011 年，美国确认 FLACS 为计算 LNG 事故后果的唯一权威软件。

表 6.9 不同失效模式下闪火事故后果

部件类型	失效模式	风速 3m/s		风速 6m/s	
		LNG 扩散半径/m	闪火范围/m	LNG 扩散半径/m	闪火范围/m
15m³ LNG 储罐	小孔泄漏(5mm)	3.43	3.24	3.67	3.26
	中孔泄漏(50mm)	55.3	20.48	68.78	20.13
	大孔泄漏(100mm)	75.2	56.15	69.74	58.33
20m³ LNG 储罐	小孔泄漏(5mm)	3.48	3.29	3.76	3.33
	中孔泄漏(50mm)	68.3	22.33	71.57	21.67
	大孔泄漏(100mm)	76.35	56.64	71.32	59.38
DN40 管道泄漏	小孔泄漏(5mm)	3.88	3.55	3.91	3.57
	全管径破裂	20.06	12.44	21.85	12.38
DN25 管道泄漏	小孔泄漏(5mm)	3.26	3.14	3.39	3.26
	全管径破裂	30.76	12.53	30.88	12.46
DN10 管道泄漏	小孔泄漏(5mm)	3.12	2.98	3.23	3.99
	全管径破裂	12.88	3.62	12.96	3.58
DN40 阀门泄漏	小孔泄漏(5mm)	3.46	3.42	3.56	3.42
	中孔泄漏(25mm)	20.86	12.35	21.75	12.33
DN10 阀门泄漏	小孔泄漏(5mm)	3.33	3.23	3.39	3.28
	完全破裂	12.76	3.56	12.87	3.53

3) 蒸气云爆炸事故后果

分析 LNG 泄漏扩散仿真图形可以发现，风速为 3m/s 时，LNG 储罐大孔泄漏有较大的扩散和可燃烧区域，同时泄漏点附近可燃气体浓度梯度较大。对 3m/s 风速条件，LNG 不同失效模式下的蒸气云爆炸事故进行模拟，如表 6.10 所示。

表 6.10 不同失效模式下蒸气云爆炸事故后果

部件类型	失效模式	蒸气云爆炸			
		轻伤半径/m	中伤半径/m	重伤半径/m	死亡半径/m
15m³LNG 储罐	小孔泄漏(5mm)	不发生			
	中孔泄漏(50mm)	9.64	9.55	9.33	6.91
	大孔泄漏(100mm)	66.14	61.71	51.62	31.99

续表

部件类型	失效模式	蒸气云爆炸			
		轻伤半径/m	中伤半径/m	重伤半径/m	死亡半径/m
20m³ LNG 储罐	小孔泄漏(5mm)	不发生			
	中孔泄漏(50mm)	9.61	9.47	9.35	6.66
	大孔泄漏(100mm)	58.31	54.55	52.65	36.3
管道泄漏		不发生			
阀门泄漏		不发生			

LNG 储罐在 3m/s 风速情况下，15m³ 和 20m³ LNG 储罐中孔泄漏死亡半径分别为 6.91m 和 6.66m，15m³ 和 20m³LNG 储罐大孔泄漏事故的死亡半径分别为 31.99m 和 36.3m。

4) 池火事故后果

不同失效模式下池火热辐射范围如表 6.11 所示。

表 6.11　不同失效模式下池火热辐射范围

部件类型	失效模式	池火热辐射范围/m			
		风速 3m/s		风速 6m/s	
		4kW/m²	25kW/m²	4kW/m²	25kW/m²
15m³ LNG 储罐	小孔泄漏(5mm)				
	中孔泄漏(50mm)	21		19	
	大孔泄漏(100mm)	36	16	34	19
20m³ LNG 储罐	小孔泄漏(5mm)				
	中孔泄漏(50mm)	21		19	
	大孔泄漏(100mm)	36	16	34	19
DN40 管道泄漏	小孔泄漏(5mm)				
	中孔泄漏(25mm)	36	16	34	19
DN25 管道泄漏	小孔泄漏(5mm)				
	全管径破裂	36	16	34	19
DN10 管道泄漏	小孔泄漏(5mm)				
	全管径破裂	24	11	22	13
DN40 阀门泄漏	小孔泄漏(5mm)				
	中孔泄漏(25mm)	36	16	34	19

续表

部件类型	失效模式	池火热辐射范围/m			
		风速 3m/s		风速 6m/s	
		4kW/m²	25kW/m²	4kW/m²	25kW/m²
DN10 阀门泄漏	小孔泄漏(5mm)				
	完全破裂	24	11	22	13

注：空白区表示没有形成池火或热辐射危害没有达到阈值。

从仿真结果来看，池火仅在大量泄漏的情况下发生。在 1 分钟 100%死亡的热辐射(25kW/m²)范围内，各种的情景下最大危害范围为 19m。采取适当措施控制 LNG 储罐系统大量泄漏的发生，可以控制池火事故危害。

3. LNG 泄漏风险计算

根据 LNG 储罐泄漏概率、泄漏后果，计算 LNG 动力船舶个人风险，并根据风险度量标准，绘制个人风险等值线。LNG 动力船舶个人风险等值线如图 6.2 所示。

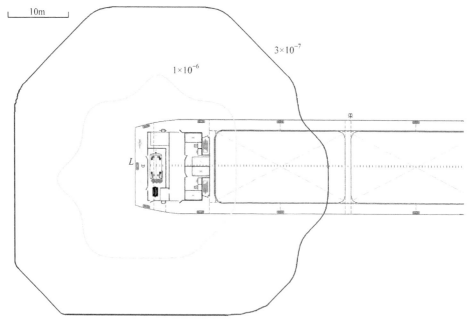

图 6.2　LNG 动力船舶个人风险等值线

根据个人风险计算结果，以及个人风险容许标准，可以得到如下结论。

(1) 没有出现 $1×10^{-5}$ 及更高风险区域，因此说明船员面临的风险是可以接受的。

(2) $1×10^{-6}$ 风险等值线不超出船体两侧 7m。考虑水路运输过程中船体距离河道两边高密度场所不可能小于 7m，因此船舶对周边高密度场所人员所面临的风险是可以接受的。

(3) $3×10^{-7}$ 风险等值线不超出船体最远距离 20m，考虑水路运输过程中船舶距离河道两边高敏感或特殊高密度场所不可能小于20m，因此说明该船舶对高敏感和特殊高密度场所人员所面临的风险是可以接受的。

综合风险计算的结果，依据个人风险的相关标准，LNG 动力船舶产生的个人风险是可以接受的。

6.2.2　液化天然气动力船舶典型情景风险评价

根据 LNG 动力船舶风险识别结论，我们认为 LNG 动力船舶的风险主要集中在船舶航行到桥区、坝区，以及燃料加注过程。

1. 船舶触碰桥梁情景分析

船舶通过桥区水域时，其通航安全受到多方面因素的影响，主要有桥梁参数(包括桥梁净空宽度、净空高度、桥梁轴线与法线夹角、桥梁选址)和桥区通航环境(包括水流、风、能见度、助航标志、船舶交通流)。

1) 致因分析

(1) 船舶安全性。船舶的安全性包括船舶尺度原因和 LNG 动力系统的稳定性原因。具体体现在以下几个方面。

① 船舶尺度的增加，特别是超吨位、非标准船型船舶其通航净空宽度不足，容易造成船撞桥事故的发生。

② LNG 系统不稳定也可能造成船撞桥事故的发生。

(2) 桥梁因素。由于历史或其他原因，桥梁的参数也不能完全满足船舶的要求，如对于武汉长江大桥，其桥梁轴线法向与水流的夹角达 9°；南京长江大桥的通航净空宽度较小等是造成船撞桥事故的原因之一。

(3) 外部通航环境。船舶在通过桥区水域时受能见度、水流、风速等影响较大，外部通航环境恶劣也是造成船撞桥事故的一个原因。

2) 后果分析

(1) 事故后果理论分析。

① 普通触碰事故。目前,桥梁桥墩等位置均布置有相应防撞等级的防撞设施,如果船舶超吨位或碰撞时速度过快则可能导致桥梁坍塌等事故。

② 二次危害。如果船舶触损事故直接撞击到 LNG 储罐、管道、阀门，很可

能导致 LNG 泄漏，在极端情况下可能造成闪火、蒸气云爆炸等二次危害。根据 LNG 动力船舶调研结果，改造船舶的 LNG 储罐一般布置在船尾二层甲板上，新造船舶的 LNG 储罐也布置在船尾二层甲板或者机舱内部。大部分内河船舶属于尾机型船，船舶航行过程中出于对机舱、生活区的保护，一般会采取适当措施避免船尾受到撞击。从长江干线船舶历史事故情况来看，大多数船舶碰撞事故都没有直接碰撞到船尾。

(2) 仿真结果分析。

LNG 储罐发生蒸气云爆炸事故还可能对建筑物造成重大危害。针对超压冲击波对周围建筑物的损害，我们对 3m/s 风速条件下的 LNG 储罐中孔泄漏、大孔泄漏发生蒸气云爆炸事故进行模拟，并根据其对建筑物的危险情况划定危险半径。蒸气云爆炸事故对建筑物后果如表 6.12 所示。

表 6.12　蒸气云爆炸事故对建筑物后果

失效模式		危害等级	危害半径/m	
			15m³ LNG 储罐	20m³ LNG 储罐
储罐	中孔泄漏	钢骨架和轻型钢筋混凝土建筑物均被破坏	9.28	9.34
		除防地震钢筋混凝土外其他建筑物均被破坏	6.03	6.1
		防地震建筑物破坏或严重破坏	3.65	3.75
	大孔泄漏	钢骨架和轻型钢筋混凝土建筑物均被破坏	59.66	60.7
		除防地震钢筋混凝土外其他建筑物均被破坏	51.36	51.47
		防地震建筑物破坏或严重破坏	26.14	26.45

长江流域桥梁多参照防地震建筑物构建，因此蒸气云爆炸事故对桥梁破坏的影响半径可以看作防地震建筑物破坏或严重破坏的危害半径，那么 15m³ LNG 和 20m³ LNG 储罐中孔泄漏的危害半径分别为 3.65m 和 3.75m，15m³ LNG 和 20m³ LNG 储罐大孔泄漏危害半径分别为 26.14m 和 26.45m。虽然 LNG 动力船舶在桥区发生蒸气云爆炸可能造成极为严重的后果，但是 LNG 储罐作为双层压力容器发生中孔泄漏、大孔泄漏的概率仅为 5×10^{-6} 次/年、5×10^{-7} 次/年。我们认为可以从控制 LNG 储罐发生中孔泄漏、大孔泄漏的角度，对 LNG 动力船舶触碰桥梁的风险进行控制。

(3) 试验结果验证。

① 根据储罐挤压实验的结果，在 LNG 动力船舶遭受到横向撞击后，储罐的底座首先被破坏，但是储罐本身结构、性能受到的影响较小，不会发生储罐破裂、绝热性能被破坏等危险情况。

② 根据破裂实验结果,在炮弹以 65m/s 的速度撞击气瓶时,气瓶一侧瓶壁完全被破坏,LNG 大量泄漏,在空气中急剧气化,但是不会发生燃烧及爆炸现象。

③ 根据破裂点火实验的结果,在遭遇到距离最近的火炬后,天然气被点燃并形成喷射火焰。随后天然气被引燃,形成高达 30m 的火焰,在较为空旷的场合下,不会发生池火灾、蒸气云爆炸、闪火等危险情况。

实验结果表明,开敞环境下储罐碰撞造成的 LNG 泄漏的危害有限,不会造成巨大影响。

3) 船舶触碰桥梁情景小结

在 LNG 储罐按照相关规范设计、安装、布置并设置防撞保护装置等保障措施之后,LNG 动力船舶触碰桥梁的二次危害相对较小。

2. 坝区火灾事故情景分析

船舶过闸时,船速较小,发生碰撞、触损事故的危害较小。长江三峡大坝船舶年交通流为 5626.2 艘/年,交通流量较大。特别是,船舶通过坝区时采用统一编组过闸的模式,在闸室内船舶间距较小,船舶一旦发生火灾事故可能引起闸室内其他船舶失火,造成严重的二次危害。下面重点讨论船舶带气过闸时发生火灾事故的风险。

1) 致因分析

船舶火灾风险主要来自蒸发气体(boil-off gas,BOG)排放、人为因素,以及船舶交通流、温度、风速等通航环境方面的影响。

(1) 船舶在船闸排队等待时间较长,受持续高温天气影响,LNG 储罐系统内部压力增大,压力释放阀开启,LNG 蒸气从透气管出口排出,遇到明火有可能发生火灾。

(2) 风速决定着 LNG 扩散速度和被空气稀释的速度,风速越大,大气湍流越强,空气的稀释作用越强,越有利于 LNG 泄漏液/气体的扩散。在风速较小的情况下,非常不利于 LNG 的扩散,使液/气混合的天然气蒸气云团堆积,危险区域较大,在有火源的情况下,可能导致闪火等严重的事故后果。

(3) 船上少数作业人员,尤其是部分外来人员(如外来施工人员、参观人员等),由于安全意识较差,在 LNG 动力船内及附近危险地带吸烟,可能引发船舶火灾。

2) 后果分析

LNG 动力船舶不同事故情景火灾事故后果如表 6.13 所示。

表 6.13　不同事故情景火灾事故后果

部件类型	失效模式	风速 3m/s		风速 6m/s	
		池火 25kW/m² 热辐射范围/m	闪火范围 /m	池火 25kW/m² 热辐射范围/m	闪火范围 /m
DN40 管道泄漏	小孔泄漏(5mm)		3.55		3.57
	全管径破裂	16	12.44	19	12.38
DN25 管道泄漏	小孔泄漏(5mm)		3.14		3.26
	全管径破裂	16	12.53	19	12.46
DN10 管道泄漏	小孔泄漏(5mm)		2.98		3.99
	全管径破裂	11	3.62	13	3.58
DN40 阀门泄漏	小孔泄漏(5mm)		3.42		3.42
	中孔泄漏(25mm)	16	12.35	19	12.33
DN10 阀门泄漏	小孔泄漏(5mm)		3.23		3.28
	完全破裂	11	3.56	13	3.53

注：空白区表示没有形成池火或热辐射危害没有达到阈值。

3）三峡大坝风险分析

目前，三峡大坝属于重要的旅游景点，每年有大量旅客乘坐游船过坝观光。2008～2011 年三峡船闸过闸船舶数据统计表如表 6.14 所示。2008～2011 年三峡船闸总共运送船舶 36497 闸次，通过船舶 221078 艘次，通行客船 19439 艘次，旅客总数为 251 万人。

表 6.14　2008～2011 年三峡船闸过闸船舶数据统计表

年份	闸次	艘次	客船艘次	旅客/万人	运货量/万 t
2008	8661	55351	5829	86	5370
2009	8082	51815	5891	74	6089
2010	9407	58302	4388	51	7880
2011	10347	55610	3331	40	10032
合计	36497	221078	19439	251	29371

根据三峡船闸过闸统计数据，从运输船来看，每闸次平均通过客船 0.53 艘，每艘客船平均载客 129.12 人；货船方面，每闸次平均通过货船 6.06 艘，每艘货船平均运货量为 1456.61t。

考虑船舶在过闸期间，船舶间距较小，如果一艘或多艘船舶的 BOG 排放聚集后被点燃，极端情况下可能造成多艘船舶发生火灾，对人员安全、船体结构、运送货物造成极为严重的事故后果。

4) 坝区火灾事故情景小结

LNG 动力船舶在坝区发生 BOG 排放可能造成严重的后果，建议 LNG 储罐系统在设计布置时采取必要的安全保障措施，控制 BOG 的释放。

3. 港区碰撞/触损情景分析

由于港区水域作业繁忙、船舶交通流较大，船舶在航区航行时，人为因素、船舶因素、环境因素、管理因素各方面的问题，可能造成碰撞、触损事故的发生，对港区作业人员、碰撞船舶、港区建筑物造成危害。

1) 致因分析

(1) 人为因素。人员 LNG 系统操作不熟练，不能合理根据当时风流情况进行合理的操作，是造成船舶在港区发生碰撞、触碰事故的主要原因。

(2) 船舶因素。LNG 燃料动力系统与普通船舶相比，操纵性能有差别，特别是靠离泊作业时，LNG 燃料可能存在不稳定的状况，从而导致船舶失控现象发生。

(3) 环境因素。船舶在靠离泊作业时，其旋回水域受风、流的影响较大，而内河水域部分航段流速较急，会对船舶的旋回水域造成较大的影响。

2) 后果分析

(1) 事故后果理论分析。

① 船舶失控后果。船舶失控后，其航速不能控制，可能由于船速过快在碰撞时超过碰垫的防撞能力，从而发生沉没、泄漏等其他二次事故。

② 二次危害。如果船舶触损事故直接撞击 LNG 储罐、管道、阀门，很可能导致 LNG 泄漏，在极端情况下可能造成闪火、云爆等二次危害。根据 LNG 动力船舶调研结果，改造船舶的 LNG 储罐一般布置在船尾二层甲板上，新造船舶的 LNG 储罐也布置在船尾二层甲板或者机舱内部。大部分内河船舶属于尾机型船，船舶航行过程中出于对机舱、生活区的保护，一般会采取适当措施避免船尾受到撞击。从长江干线船舶历史事故情况来看，大多数船舶碰撞事故都没有直接碰撞到船尾。

(2) 试验结果验证。

① 根据储罐挤压实验的结果，在 LNG 动力船舶遭受到横向撞击后，储罐的底座首先被破坏，但是储罐本身结构、性能受到的影响较小，不会发生储罐破裂、绝热性能被破坏等危险情况。

② 根据破裂实验结果，在炮弹以 65m/s 的速度撞击气瓶时，气瓶一侧瓶壁完全被破坏，LNG 大量泄漏，在空气中急剧气化，但是不会发生燃烧及爆炸现象。

③ 根据破裂点火实验的结果，在遭遇距离最近的火炬后，天然气被点燃，形

成喷射火焰。随后天然气被引燃，形成高达 30m 的火焰，在较为空旷的场合下，不会发生池火灾、蒸气云爆炸、闪火等危险情况。

实验结果表明，开敞环境下储罐碰撞造成的 LNG 泄漏的危害有限，不会造成巨大影响。

3) 港区碰撞/触损情景小结

LNG 动力船舶在港区的风险主要是船舶碰撞和码头触损事故，可以通过设置防撞保护装置、靠离泊作业采用燃油模式、完善港口消防设施配备、加强船员培训等安全保障措施进行缓解。

4. 燃料加注情景分析

人为操作失误、设备品质不过关、失效磨损等原因，可能引起加注软件破损、法兰连接处失效等，造成 LNG 泄漏扩散。

1) 致因分析

(1) 加注管路法兰连接处泄漏。人为失误、设计和设备问题、生产误差、磨损、当前缺乏 LNG 加注标准和规范操作、加注站法兰品质不过关等原因，可能造成加注管路法兰连接处 LNG 泄漏。

(2) 回气管法兰连接处泄漏。人为失误、设计和装备问题、生产误差、磨损等原因，可能造成回气管法兰连接处 LNG 泄漏。

(3) 地线和固定线的危险。电火花、货物移动或船舶移动(系泊失效)，软管连接失效和固定线断裂等原因，可能造成少量 LNG 泄漏扩散，形成蒸气云团。

(4) LNG 韧性软管破裂。缺乏适当的日常维护和操作失当、软管基层损坏、人为因素、软管被坠物砸中等原因，可能造成大量 LNG 泄漏，极端情况下可能形成池火，强烈的热辐射可能造成人员伤亡。

(5) 刚性加注臂失效。缺乏适当的日常维护、操作失当、软管基层损坏、人为因素、软管被坠物砸中、设备操作复杂等原因，可能会造成大量 LNG 泄漏，极端情况下可能形成池火，强烈的热辐射可能造成人员伤亡。

(6) 紧急情况快速断开装置失效或缺失。脱开法兰连接(没有离合器分离快速连接装置或者紧急释放离合器)等原因，可能会造成法兰失效，导致大量 LNG 泄漏。

(7) LNG 储罐过充。LNG 储罐液位警告失效、人为失误等原因，可能造成 LNG 蒸气进入回气管，流向桅杆通风口，如果存在点火源，会造成严重后果。

(8) 阀门冰堵。加注时由于人为失误等原因，可能造成水分进入管道，导致阀门、安全阀等冰堵，造成储罐超压。

(9) 加注罐与受注罐温度不对等。由于保温装置失效、加注 LNG 与罐内 LNG

存在品质差异，可能造成加注罐与受注罐温度不对等，LNG 迅速蒸发导致储罐超压。

2) 后果分析

(1) 事故后果理论分析。

由于 LNG 是低温储存在储罐中，如果周围无火源，LNG 泄漏后将迅速气化并进入空气中。根据燃烧理论，火灾、爆炸等事故的发生均需要达到一定的浓度范围，火灾/爆炸事故的发生需要满足有火源且 LNG 在一定的浓度范围。

(2) 仿真结果分析。

不同失效模式下池火热辐射影响范围如表 6.15 所示。

表 6.15　不同失效模式下池火热辐射影响范围

部件类型	失效模式	$25kW/m^2$ 池火热辐射影响范围/m	
		风速 3m/s	风速 6m/s
15m³LNG 储罐	大孔泄漏(100mm)	16	19
20m³LNG 储罐	大孔泄漏(100mm)	16	19
DN40 管道泄漏	全管径破裂	16	19
DN25 管道泄漏	全管径破裂	16	19
DN10 管道泄漏	全管径破裂	11	13
DN40 阀门泄漏	中孔泄漏(25mm)	16	19
DN10 阀门泄漏	完全破裂	11	13

3) 燃料加注情景小结

LNG 燃料加注过程中如发生泄漏，可能对周围人员造成较大危害，建议燃料加注作业由专业人员完成，并划定 LNG 燃料加注安全作业区，其范围可参考 LNG 动力船舶的风险分析结果。

6.3　内河液化天然气动力船舶安全保障措施

从内河 LNG 动力船舶营运风险识别与评估结果来看，有必要采取适当安全保障措施降低相关风险。控制 LNG 动力船舶营运风险主要包括降低事故发生的频率和控制事故造成的后果。

基于上述因素，从储罐系统安装配置、燃料加注安全管理、典型情景安全管理等方面，提出适合于我国内河 LNG 动力船舶的安全保障措施。

6.3.1　液化天然气储罐系统安全配置

1. 储罐设计安装布置

LNG 储罐安装布置要求主要通过对储罐的安装位置、检验标准、容量进行规范，保证储罐自身的稳定性和安全性。

LNG 储罐设置应严格按照《LNG 燃料动力船储罐产品检验标准及容量和布置》(建议稿)《LNG 燃料动力试点船舶关键设备技术要求》《LNG 燃料动力试点船舶技术要求》及相关技术规范要求。同时，考虑机舱环境和供气管路的布置，需重点满足下述要求。

(1) 本质安全型罐要求储罐采用双层不锈钢结构。本质安全型机舱内所有供气管路均要求双壁管，静电放电(electrostatic discharge，ESD)防护型机舱除外。

(2) 机器处所内供气管路的接头均采用对接焊形式，且达到Ⅰ级管路要求(全焊透)。

(3) 气罐应由船体支撑，在受到的静态载荷、动态载荷时，其支撑方式应能防止气罐的整体移动。气罐在温度变化和船体变形时的收缩或膨胀不应使气罐和船体出现过大的应力。

(4) 气罐内设置防波板，以防晃荡对储罐造成损伤。

(5) 储罐与船体采用非刚性连接，降低船体的变形对储罐的影响。

(6) 气罐压力释放阀的位置，应当在国内相关范围的充装极限下，当船舶处于横倾 15°和纵倾 5°的情况下，压力释放阀的位置仍处于气相空间内。

(7) 气罐的液相管、气相管接口处应分别装设一套能手动操作的紧急切断阀，并且应当尽可能靠近罐体；压力释放阀与气罐之间应设手动截止阀；气罐应具有自动和手动开启功能的快速泄放装置，以确保在紧急情况下，气罐内的液化气体可以快速有效泄放。

(8) 一般情况下，应通过技术手段解决储罐内压力升高的问题，尽可能不直接向大气进行排放。

(9) 为防止泄漏气体大量聚集，应尽量避免将较大规格的 LNG 储罐布置于有限封闭空间内。

(10) 储罐设计应考虑船舶附加载荷，包括加速度载荷、晃荡载荷和疲劳载荷。

(11) 加强机舱内的气体探测，确保机舱内任意位置被两套气体探测器有效覆盖。

(12) 储罐主阀探测到气体泄漏时能自动关闭，并在可能泄漏的位置设置集液盘。

(13) 储罐阀组处设置封闭冷箱。冷箱内用 N_2 置换空气，并密封。

2. 通风系统设置

通风系统的设置可以保证即使发生 LNG 泄漏，也能迅速排放，降低气体浓度，减少船舶发生火灾的可能性。

(1) 气罐连接处所通风。气罐连接处应安装有效的抽吸式机械通风系统，每小时换气至少 30 次。

(2) ESD 防护式机器处所通风。ESD 防护式机器处所应安装有效的抽吸式机械通风系统，应有每小时换气至少 30 次的通风能力。

(3) 泵舱和压缩机舱的危险等级依赖机械通风时，应满足下述要求。

① 初次启动时和通风停止后，在连接仅适用于通风环境下的电气设备前，应对处所扫气。扫气量应至少为 5 次换气。

② 对机械通风的运行情况进行监测。

③ 一旦通风失效，应采取以下措施，即在有人值班的位置发出声光报警；立即采取措施，恢复通风；如果通风不能立即恢复，则应从危险区域外切断电气设备(适用于 0 类区的本安型电气设备除外)，并安装防止误连接保护装置，如带锁开关等。

3. 消防设施配备

按照《内河散装运输液化气体船舶构造和设备规则》，以及相关法律法规的要求，配备满足要求的消防设备设施，并在机舱、储罐周围安装火灾监测和报警系统。

(1) 灭火系统。气罐布置在开敞甲板时，消防总管应安装隔离阀，以隔离管内损坏区域。

(2) 水雾系统。水雾系统用于冷却和灭火，除应覆盖位于甲板上方气罐的暴露部分，还应覆盖面向该气罐的上层建筑和其他甲板室的限界面，但当这些限界面与气罐的距离大于或等于 10m 时，可不必覆盖。

(3) 用于 LNG 燃料船舶的干粉灭火系统。

(4) 探火和失火报警系统。在气罐所及其通风管道内和机器处，应安装固定式自动探火和失火报警系统。

(5) 配备围堰设施。储罐周围设置围堰，其作用在于限制泄漏形成的液池发生流淌和进一步扩散，可利用储罐周围已有的防火堤、防护墙、排液系统。

4. 防撞设施设置

为减少船舶发生碰撞事故而导致储罐发生泄漏事故，应对储罐附近位置布置相应的防撞设施。

(1) 储罐安装位置。考虑大部分船舶均为尾机型船舶,根据船舶良好船艺的要求,船舶发生碰撞事故时会尽量避免碰撞船尾,因此将 LNG 储罐设置在主机上层甲板可以减少船舶碰撞储罐的风险。

(2) 安装韧性防护装置。在储罐靠近附近安装韧性防撞设施,即使船舶碰撞到储罐附近,也可以缓冲冲击力,减少船舶碰撞储罐的风险。

(3) 如果气罐布置在船体尾部甲板上,则应采取适当的保护措施,防止船舶追尾对气罐造成损坏。对于内河航行船舶,若罐体与船舶尾端甲板线连成的切线与水平线形成的夹角不大于 50°,可视为已采取保护措施。

6.3.2　液化天然气动力船舶典型情景安全管理

1. 桥区

1) 船舶安全操纵要求

船舶通过桥区水域前应核对好本船的尺度和相关参数,在进入桥区水域前调整好船位,根据当时的风流条件采用安全航速通过桥区水域。

(1) 船舶过桥前应认真核对桥区水域的水位、本船吃水、水线上高度是否满足本船安全过桥的水深及通航净空高度的要求,在确保桥梁净空高度满足的情况下才能过桥。

(2) 船舶过桥前要密切注意周围船舶动态,加强联系,协调避让。

(3) 船舶在桥区水域航行时,必须加强了望,谨慎驾驶,使用适合当时情况的安全航速,必要时采取有效避让措施,防止紧迫局面发生。

(4) 船舶进入桥区水域后应根据当时的风流情况合理调整船位,确保与桥墩柱保持安全富裕距离,防止船舶撞桥或碰撞浮标事故发生。

(5) 船舶过桥时要充分估计外界条件(风、水流等)对船舶漂移的影响,使用合理的安全航速,确保船舶过桥安全。在风、流不能保证船舶安全过桥时,禁止船舶通过大桥水域。

(6) 洪水季节船舶过桥时,要注意控制偏航角度,根据当时的风流预配风、流压角;不断用车用舵提高舵效,抑制船舶的偏移,缩短过桥时间,减小横向漂移量,确保船舶安全过桥。

(7) 在能见度不良的情况下,船舶宜谨慎驾驶,显示相应的号灯和号型,鸣放相应的声号。

2) 桥区水域监管

桥区水域的通航安全需要进行重点监管,特别是对于一些重点桥梁、事故多发桥梁、防撞能力不足桥梁和桥梁参数不能满足设计代表船型桥梁更应加强该处区域监管,配备专门海巡艇,加强应急处置能力建设。

2. 坝区

LNG 动力船舶在坝区水域航行，应严格按照安全管理要求对 LNG 储罐进行安装布置，并采取以下控制措施 BOG 释放。

(1) 储罐的绝热或设计压力，应在一定时间内将气罐内的压力维持在压力释放阀调定的压力下。

(2) 储罐上的每个压力释放阀应与透气总管相连。透气管出口应设置在一个较高的位置，并且高出露天甲板。

(3) 配备可燃气体在线监测系统。

(4) 在船闸闸室设置通风装置。

(5) 加强船员监督管理和安全培训，杜绝人为因素造成的点火源等风险。

(6) 配备 BOG 储存再利用装置。

3. 港口作业及靠离泊

船舶在靠离泊作业时应采用燃油模式，合理控制船速，根据当时的风流情况合理操纵船舶，码头方应配备消防、防污染等设施和设备。

(1) 参照 LNG 动力船舶及码头作业指南和液化气船舶港口作业安全指南等相关规定对 LNG 燃料船舶的港口作业进行严格管理。

(2) 选定合适的 LNG 动力船舶引航员登轮地点及 LNG 燃料船舶锚地。

(3) 船舶在进行靠离泊作业时应使用燃油模式，减少 LNG 燃料系统不稳定的影响。

(4) 船舶应按照《港口工程荷载规范》的要求合理控制船速。

(5) 船舶应尽量顶流靠泊，以减小船舶旋回水域，避免船舶在流速过快时碰撞码头或船舶。

(6) 船舶在靠离泊作业时应合理利用缆绳，减少横风的影响。

(7) LNG 燃料码头的防撞设施、消防设施、防污染设备均应符合相关的标准和要求。

(8) 建立港口 LNG 燃料船舶应急反应计划或预案。

4. 燃料加注

在 LNG 加注过程中，需要由专业人员对 LNG 储罐进行充装，并采取相应的安全保障措施，制定相应的应急预案。

(1) 首次充装操作指对新储罐或者清空后重新使用的储罐在充装 LNG 之前的操作。首次充装应使用液氮作为介质，目的是对储罐降温，并测试相关报警和安全控制的功能。

(2) 充装时对船体采用水幕保护或者在充装接头处设置围板。

(3) 加注管路应进行热应力计算，并采取防护措施(弯折、弹性支架等)。

(4) 在可能泄漏的管阀下面设置集液盘。集液盘的容量要考虑所有可能的泄漏量，可通过管路流量和紧急切断阀的响应时间估算可能的泄漏量。

(5) 为防止加注时意外对储罐造成损伤，应在加注管路设置紧急脱离装置和快速连接-断开装置。

(6) 为防止软管布置不利造成燃料罐加注时压力不稳定，应采用合理的软管布置方案。

(7) 首次充装操作必须在有资质人员的监督下完成。燃料加注时应由专门人员进行加注作业，加注人员应参加过相关培训。

(8) 建议设置一个加注安全作业区域。

(9) 为减少加注时由于温度不对等，LNG 迅速蒸发超压的现象，应设定温度测量装置来控制充装程序。

(10) 充装过程的控制涉及监测、报警、应急措施和加注船-被加注船之间的通信。

(11) 完善燃料罐体液位检测，保证 90%充装条件。

(12) 如果采取船舶加注，应对加注码头进行规范。码头方应制订加注过程中火灾、泄漏等相应事故的应急预案。

(13) 如果采取船-岸加注，面向充装站的起居处所、服务处所等处所的舱壁应达到相关规范要求的隔热等级。

参 考 文 献

[1] Wan C P, Yan X P, Zhang D, et al. A novel policy making aid model for the development of LNG fuelled ships. Transportation Research Part A, 2019, 119: 29-44.

[2] 付姗姗, 严新平, 张笛, 等. 不确定条件下船用 LNG 燃料应用前景分析. 武汉理工大学学报(交通科学与工程版), 2014, 38(5): 1116-1120.

[3] 吕植勇, 陈睿, 任芳雨, 等. 加注趸船液化天然气储罐泄漏动态仿真分析. 安全与环境学报, 2018, 18(4): 1641-1645.

[4] Zhou T Q, Wu C Z, Zhang J Y, et al. Incorporating CREAM and MCS into fault tree analysis of LNG carrier spill accidents. Safety Science, 2017, 96: 183-191.

[5] 鲁盈利, 吕植勇, 庄学强. LNG 加注趸船蒸气云爆炸危害后果分析. 武汉理工大学学报(交通科学与工程版), 2015, 39(4): 871-875.

[6] 付姗姗. LNG 罐式集装箱内河运输泄漏扩散模拟研究. 武汉: 武汉理工大学, 2013.

[7] 张琴兰. LNG 动力船燃料泄漏危害定量评估模型研究. 武汉: 武汉理工大学, 2014.

[8] Fu S S, Yan X P, Zhang D, et al. Framework for the quantitative assessment of the risk of leakage from LNG-fueled vessels by an event tree-CFD. Journal of Loss Prevention in the Process Industries, 2016, 4: 42-52.

[9] 庄学强, 高孝洪, 孙迪. 液化天然气船舶事故性泄漏扩散过程综述. 中国航海, 2008, 3: 280-283.

第 7 章　极地冰区水域船舶航行安全评价

随着全球气候变化，北极地区海冰加速融化促进了北极航道的开发和利用。据统计，北极地区拥有世界未探明石油储量的 13%、未开采天然气储量的 30% 和世界煤炭资源的 9%。在上述因素的作用下，北极航道的贸易量近年来呈明显的上升趋势。目前，我国在北极航运领域尚属起步阶段，航行于北极的船舶大多属于低冰级，甚至无冰级，北极冰区船舶独立和编队航行的安全问题仍停留在经验判断阶段，缺少船舶冰困与碰撞等典型事故的风险评估体系。因此，开展北极冰区船舶航行安全研究是预防、减少、防止极地冰区典型事故的重要支撑，对于保障低冰级和无冰级船舶的极地航行安全具有重要意义和应用价值。

7.1　极地冰区水域船舶航行风险因素辨识

7.1.1　极地冰区水域船舶独立航行风险因素辨识

冰困是冰区水域船舶航行面临的一个典型事故场景，需要在北极水域船舶航行安全研究中予以关注。特别是，当船舶在极地水域独立航行时，船舶需要独立面对海冰环绕、低温、极昼极夜、磁暴干扰等复杂环境条件，一旦发生船舶冰困事故，通航保障设施和应急救助资源严重不足，容易造成人员伤亡和经济损失[1]。例如，2014 年 1 月 3 日，我国"雪龙号"破冰科考船在南极成功救出被冰困的俄罗斯"绍卡利斯基院士号"客船后，在撤离密集浮冰区时被困，直到 1 月 7 日才成功突出海冰重围[2]。随着北极航运走向常态化，北极冰区船舶冰困风险防控将面临重大挑战。如何进一步提高船舶自身抵御冰困风险的能力，显得十分迫切和重要。

1. 极地冰区水域船舶独立航行风险因素分析方法

层次分析法是一种综合全面的系统性分析方法[3]，通过将问题定义为目标层，根据目标层涉及的内容将其逐层分解为准则层和各个指标层。层次分析法可以结合矩阵运算方法，评价层次模型某个准则层或指标层参数(指标)之间的权重系数，然后通过分析各层级指标相对于目标层的重要性，识别层次分析模型中的关键指标。层次分析法经常结合专家判断意见，搜集专家对层次模型中各层级指标的重要性判断意见，量化计算各层级指标的权重系数，定量评价各层次指标对于目标层的相对重要性系数，对层次分析模型各层涉及的指标进行排序。由于专家判断具有模糊性，层次分析法也经常和模糊集合结合在一起，形成模糊层次分析法，评价层次分析模型各指标权重系统的取值区间。

由于北极水域环境风险因素识别研究涉及认知不确定性，不可避免地需要引入模糊隶属度函数等方法表达专家判断的模糊性。鉴于此，我们提出一种基于层次分析法、模糊数学和蒙特卡罗仿真的风险因素识别方法，以解决北极水域船舶环境风险因素识别中面临的不确定性问题。具体包含以下步骤。

① 模糊判断矩阵构建。建立专家判断术语与三角模糊数之间的映射关系，搜集专家对于层次模型各层级指标的判断意见，对每个专家意见构建模糊判断矩阵。

② 权向量的概率分布计算。根据模糊层次分析法计算规则，计算模糊判断矩阵的权向量，结合可能性分析方法，将模糊判断矩阵中涉及的权向量从模糊隶属度函数转化为概率分布形式。

③ 专家权重计算。针对参与问卷调研专家的职位、工作经验、教育背景等方面因素，构建专家权重评价指标体系，评价问卷调研专家的权重系数，并根据参与问卷调研专家的权重系数，运用加权平均方法，对权向量的概率分布函数进行数据融合。

④ 合成权重计算。根据专家意见融合后各指标的权向量，计算底层指标(北极水域船舶冰区航行环境风险因素)对目标层(北极水域船舶冰区航行环境风险因素识别)合成权重的概率分布函数，并根据概率分布函数对其进行排序，识别关键风险因素(指标)。

2. 北极水域船舶冰区航行环境风险因素层次模型

北极水域是一个涉及复杂气象、海况和冰况的动态环境。通过文献分析和专家调研，识别船舶在北极水域航行面临大风、低能见度、地磁、低温、磁暴、海冰密集、冰流等环境风险影响因素。针对北极水域船舶航行可能面临的这些环境风险因素，运用层次分析法建立北极水域船舶冰区航行环境风险因素的层次分析模型，如图7.1所示。

该模型以识别北极水域船舶冰区航行环境风险因素为目标，将其划分为气象环境和航道条件2个子系统作为指标层。气象环境子系统被进一步划分为风、能见度、地磁、低温、磁暴5个底层分指标。航道条件子系统被划分为海况、冰况2个分指标。其中，海况分指标可以进一步划分为海水温度和浪2个底层分指标，冰况分指标层可以进一步划分为海冰密集度、海冰厚度和冰流3个底层分指标。

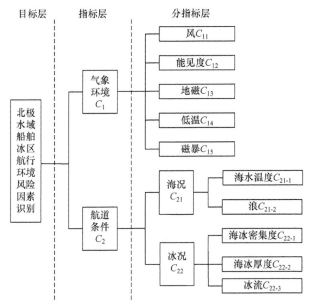

图 7.1　北极水域船舶冰区航行环境风险因素的层次分析模型

从气象环境子系统来看，风会影响船舶航行速度和倾角；能见度会影响船舶驾驶员操作；北极高纬度地区的地磁干扰和磁暴会影响船舶设备的可靠性；气温可能导致冷空气在船舶甲板上层结冰，影响船舶设备的可靠性和船舶的稳性。

从航道条件子系统来看，海冰是影响北极水域船舶航行安全的重要风险影响，海冰密集度和海冰厚度是海冰状况的 2 个重要影响特征，海水温度低会使北极水域的海水凝结成冰影响船舶的航行安全，海浪会影响极地水域的船舶操纵。

3. 船舶冰区航行环境风险影响因素的识别研究

1) 专家权重评价

在专家调研过程中,各位调研专家的水平往往难以处于一种相对均衡的水平。在专家资历不等的情况下，对各位专家的意见进行平均计算，会造成人为因素的不确定性。根据调研人员职位(e_1)、航运系统工作经验(e_2)、北极航运工作经验(e_3)、教育背景(e_4)等方面因素构建人员工作经验评价指标体系(表 7.1)，对调研专家的资历进行综合评价，从而获得各位专家在模型中的权重。

表 7.1　人员工作经验评价指标体系

指标	分类	等级
人员职位 (e_1)	科学研究	5
	企业高级管理人员	4

续表

指标	分类	等级
人员职位 (e_1)	企业中级管理人员	3
	科员	2
	职员	1
航运系统工作经验 (e_2)	>20 年	5
	16～20 年	4
	11～15 年	3
	6～10 年	2
	1～5 年	1
北极航运工作经验 (e_3)	>15 年	5
	11～15 年	4
	6～10 年	3
	3～5 年	2
	1～2 年	1
教育背景 (e_4)	博士	5
	硕士	4
	学士	3
	专科	2
	高中/中专	1

假设有 m 位专家参与调研工作，各位专家综合得分 $S^{(k)}$、权重 $\lambda^{(k)}$ 按照下式进行计算，即

$$S^{(k)} = S_{e_1}^{(k)} + S_{e_2}^{(k)} + S_{e_3}^{(k)} + S_{e_4}^{(k)}, \quad k = 1, 2, \cdots, m \tag{7.1}$$

$$\lambda^{(k)} = \frac{S^{(k)}}{\sum\limits_{k=1}^{m} S^{(k)}}, \quad \sum\limits_{k=1}^{m} \lambda^{(k)} = 1, \quad k = 1, 2, \cdots, m \tag{7.2}$$

根据各位专家的权重，按照加权平均的方法对权向量的三角形分布函数进行融合，即

$$\overline{f}(x_i \mid a_i, b_i, c_i) = \sum\limits_{e=1}^{m} \lambda^{(e)} f^{(e)}(x_i \mid a_i, b_i, c_i), \quad i = 1, 2, \cdots, n \tag{7.3}$$

将目标层下的指标层定义为第 1 层，各分指标层分别表示为第 2～$n-1$ 层，对

各层级的权重进行合成，计算各层级相对于目标层合成权重的分布函数，即

$$\overline{W}_i^{(k)} = \prod_{k=1}^{n-1} \overline{w}_i^{(k)} = \prod_{k=1}^{n-1} \overline{f}_i^{(k)}(x_i \mid a_i, b_i, c_i), \quad i = 1, 2, \cdots, n \tag{7.4}$$

其中，$\overline{w}_i^{(k)}$ 为第 k 层指标的权重；$\overline{W}_i^{(k)}$ 为第 k 层指标对于目标层的合成权重；$\overline{f}_i^{(k)}(x_i \mid a_i, b_i, c_i)$ 为第 k 层指标合成权向量的分布函数。

2) 权向量的概率分布计算

计算模糊判断矩阵的权重，可得 $\tilde{S}_{C_1}^{(A)}$ 矩阵的权向量，即

$$\tilde{S}_{C_1}^{(A)} = \begin{bmatrix} (0.15, 0.22, 0.31) \\ (0.42, 0.53, 0.64) \\ (0.05, 0.78, 0.13) \\ (0.08, 0.13, 0.21) \\ (0.03, 0.04, 0.07) \end{bmatrix}^{T^{(A)}} \tag{7.5}$$

将三角模糊向量转化为三角形分布函数，即

$$f_{C_{11}}^{(A)}(x_{C_{11}} \mid a_{C_{11}}, b_{C_{11}}, c_{C_{11}}) = f(x_{C_{11}} \mid 0.15, 0.22, 0.31) \tag{7.6}$$

3) 专家权重计算

根据式(7.1)~式(7.3)计算 6 位专家(A~F)的权重 λ_k，分别为(0.24, 0.09, 0.16, 0.19, 0.14, 0.18)^T。对专家数据进行融合，可以得到环境风险因素 C_{11} 指标的密度函数和累积分布函数，如图 7.2 所示。

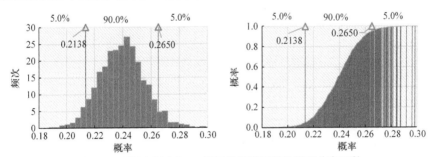

图 7.2　环境风险因素 C_{11} 指标的密度函数和累积分布函数

4) 合成权重计算

根据式(7.4)计算各层级相对于目标层合成权重的分布函数，表 7.2 为基于蒙特卡罗仿真的模糊层次分析法分析得出的底层指标相对于目标层合成权重，分别用 95%置信区间 $[\underline{f}_{C_i}, \overline{f}_{C_i}]$、区间间隔 $|\overline{f}_{C_i} - \underline{f}_{C_i}|$ 和众数这 3 个统计量进行表示。

表 7.2　合成权重的分布区间

底层指标	95%置信区间 $[\underline{f_{C_i}}, \overline{f_{C_i}}]$	区间间隔 $|\overline{f_{C_i}} - \underline{f_{C_i}}|$	众数	比例/%
风 C_{11}	[0.13, 0.16]	0.03	0.15	14.21
能见度 C_{12}	[0.25, 0.28]	0.04	0.26	25.23
地磁 C_{13}	[0.05, 0.07]	0.02	0.06	6.09
低温 C_{14}	[0.08, 0.11]	0.02	0.10	9.97
磁暴 C_{15}	[0.06, 0.07]	0.02	0.06	6.20
海水温度 C_{21-1}	[0.03, 0.04]	0.01	0.03	3.17
浪 C_{21-2}	[0.05, 0.06]	0.01	0.05	5.14
海冰密集度 C_{22-1}	[0.13, 0.15]	0.02	0.14	13.76
海冰厚度 C_{22-2}	[0.09, 0.11]	0.02	0.10	9.17
冰流 C_{22-3}	[0.07, 0.08]	0.01	0.07	7.05

由表 7.2 可见，风、能见度和海冰密集度是影响北极水域船舶航行安全的首要因素，它们众数的权重(在 95%置信度情况下)占总权重的 13%以上；低温、海冰厚度对北极船舶航行安全的影响次之，它们众数的权重占总权重的 9%~10%；冰流、地磁和磁暴是影响北极船舶航行安全的一般因素，它们众数的权重占总权重的 6%~7%；海水温度和浪对于北极水域船舶航行安全的影响较小，它们众数的权重约在 5%以下。

7.1.2　极地冰区水域破冰船引航下船舶航行风险因素辨识

破冰船护航作为一种极地冰区典型的船舶团队作业模式，可以大大拓宽极地冰区船舶通航的时间窗口，使船舶的商业化运营成为可能。由于极地冰区通航环境复杂多变，破冰船护航下的船舶碰撞事故发生频繁。极地冰区船舶交通事故统计表明，破冰船护航下的船舶碰撞事故所占的比例最高[4]。

根据英国海事事故研究机构发布的数据统计，截至 2007 年大约有 1254 艘入级船舶在极地冰区水域航行。北极冰区水域航行船舶类别统计如表 7.3 所示。

表 7.3　北极冰区水域航行船舶类别统计[2]　　　　　　　　(单位：艘)

船舶类型	美国	冰岛	挪威	丹麦	加拿大	格陵兰	俄罗斯
集装箱	—	19	—	8	—	5	2
拖轮	9	3	—	—	10	—	—
散货船	14	2	68	5	15	6	23

续表

船舶类型	美国	冰岛	挪威	丹麦	加拿大	格陵兰	俄罗斯
杂货船	—	74	28	83	9	11	14
客船	2	41	46	33	6	36	12
油船	1	29	12	10	7	5	7
监管船舶	16	28	—	—	12	16	—
渔船	335	152	—	2	27	—	—
油气服务船舶	—	—	—	—	2	1	—
游艇	—	3	—	—	1	1	—
科考船	—	—	3	—	—	—	—

2013 年后，我国科考船"雪龙号"、商船"永盛轮"等陆续驶向北极水域，开启了我国商船在极地水域商业化运营的序幕。由于我国的船舶冰级均较低，商船极地冰区航行大多采用破冰船护航的形式航行。截至 2017 年，我国采用破冰船护航作业模式通过东北航线的船舶数量占通过东北航线的船舶数量的 85.4%；根据东北航道管理局截至 2016 年极地冰区通航船舶数量统计可知，62.5%的散货船采用破冰船护航作业模式通过东北航线[3]。

极地冰区通航环境复杂多变，破冰船护航下的船舶碰撞问题较为突出。俄罗斯统计了近年来发生在极地冰区破冰船护航作业时船舶事故，研究表明破冰船护航下的船舶碰撞是主要的事故类型。据统计，16%的事故是破冰船护航下船舶间的安全距离及航行速度的不协调导致的，其中破冰船护航下的碰撞事故占总事故的 12%。同时，芬兰也对冰区的船舶操作类型进行划分，并统计了冰区破冰护航时的船舶事故和冰区船舶独立航行时的船舶事故，研究表明冰区 55%的事故是船舶碰撞事故，其中独立航行时螺旋桨损坏事故是主要的事故类型，占独立航行时船舶事故数量的 30%，而破冰船护航时船舶-破冰船之间的碰撞是主要的事故类型，占破冰船护航时船舶事故数量的 95%。

破冰船护航作业或编队航行是极地冰区船舶作业的典型模式。该模式虽然可以降低极地海冰环境下低冰级船舶独自航行发生冰困、螺旋桨、舵损坏等事故的风险，但大型船舶在极地冰区近距离跟驰航行导致的碰撞风险不容忽视。破冰船护航下的船舶碰撞事故与海上其他船舶碰撞事故机理不同，需要开展破冰船护航下船舶碰撞风险因素识别方面的研究。

1. 破冰船引航下船舶航行风险因素分析方法

据统计，人为失误和组织因素导致的事故占海运总事故数量的 90%[4]。船舶碰撞事故是一种典型的海事事故类型。破冰船护航下的船舶操作是一种涉及多国船员，不同类型船舶的团队合作作业模式。由于人为失误和组织因素，该模式中破冰船和被护航船之间航行状态的常常失谐，因此未达到有效的风险防控措施(risk control option，RCO)导致船舶碰撞事故。因此，人为失误及其背后隐藏的组织和管理因素对破冰船护航下船舶碰撞风险因素识别及风险防控措施的提出起到至关重要的作用。

人为因素分析及分类系统(human factor analysis and classification system，HFACS)框架是一种基于 Reason 模型(也称奶酪模型)的分析技术。具体的结构如图 7.3 所示。Reason 模型由维格曼等在分析人为因素导致的飞行事故报告的基础上提出。在 Reason 模型的基础上，事故一般多发于生产过程中系统元素间交互出现问题的地方。每个层次都有其自身的缺陷，当不安全的风险因素穿过层层防御后，生产过程就会逐渐失效或者崩溃，进而导致事故发生。Reason 模型将事故原因描述为一系列管理措施的缺失，或者失误和人为失误共同造成的，进而识别导致事故发生的关键风险因素。

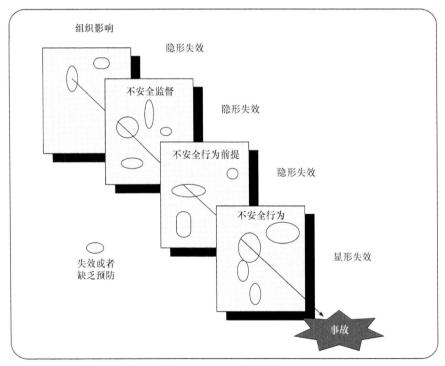

图 7.3 Reason 模型框架

HFACS 框架在风险因素识别研究中得到广泛应用，特别是在航空航天领域、海上交通领域和轨道交通领域，探究和分析人为因素在事故致因方面的作用。

HFACS 框架的目的在于提出一个综合且简易的框架帮助从业者调查和分析人为失误。具体框架如图 7.4 所示。

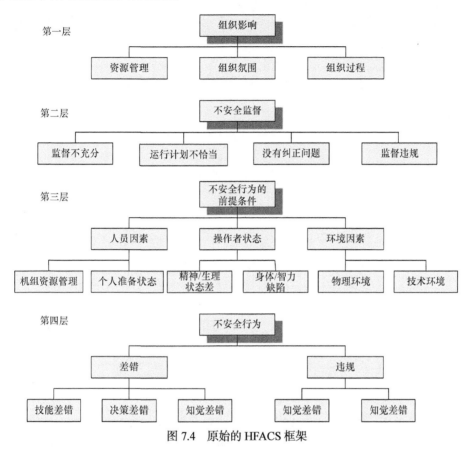

图 7.4　原始的 HFACS 框架

　　结合多组事故数据研究事故发展的历程,考虑研究对象的特点进行 HFACS 模型的修正,提出一种基于 HFACS 的破冰船护航船舶碰撞风险因素识别框架,解决破冰船护航下的船舶碰撞风险因素识别中人为失误和组织因素难以识别与分类的问题,避免 HFACS 模型的不足。首先,根据破冰船护航下船舶碰撞事故报告进行分析,提出用于破冰船护航下船舶碰撞风险因素识别的 HFACS 框架。其次,搜集专家对船舶-破冰船碰撞风险因素识别框架的判断意见并进行修正。最后,在基于 HFACS 的船舶与破冰船碰撞风险因素识别框架基础上,针对典型事故案例对碰撞风险因素进行提取,进而实现极地冰区破冰船护航下的船舶碰撞风险因素的识别。

2. 破冰船护航下的船舶碰撞风险因素分析框架

1) 基于 HFACS 船舶碰撞风险因素识别框架构建

HFACS 框架被提出时仅包含组织影响、不安全监督、不安全行为的前提条件和不安全行为四个层次。

国外相关机构等公布了大量的海事事故报告。首先,根据英国海事事故研究机构发布的事故报告,统计 1995~2014 年北极水域船舶事故造成的人员伤亡情况,如图 7.5 所示。

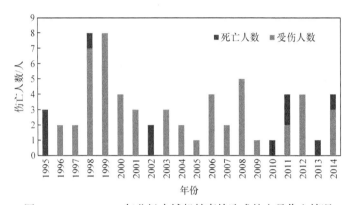

图 7.5　1995~2014 年北极水域船舶事故造成的人员伤亡情况

通过对极地冰区船舶事故数据的分析,选取 17 组详细记录破冰船护航下的船舶碰撞事故过程和事故结论的事故报告,进行详细分析。鉴于 HFACS 模型对风险因素识别分类的系统性和合理性,能有效避免破冰船护航下船舶碰撞事故调查分析中人员的主观偏见、经验限制和事故信息遗漏等缺点[2]。因此,以原始的 HFACS 框架为基础,对破冰船护航下的船舶碰撞风险问题建立破冰船护航下的船舶碰撞风险因素识别与分类框架。该框架保留了 HFACS 模型原有的四个层次,即操作人员的不安全行为、不安全行为的前提条件、不安全的监督、组织的影响,并补充了破冰船护航过程中由外界因素的影响导致的破冰船与船舶碰撞的事故原因,提出具有五个层级的基于 HFACS 的船舶碰撞风险因素分析(ship-icebreaker collision in ice-covered waters based on human factors analysis and classification system,HFACS-SIBCI)框架。该框架包括 5 个船舶碰撞风险分析层级,如图 7.6 所示。

2) 破冰船护航下的船舶碰撞风险因素分析

HFACS-SIBCI 事故风险因素分析流程如图 7.7 所示。

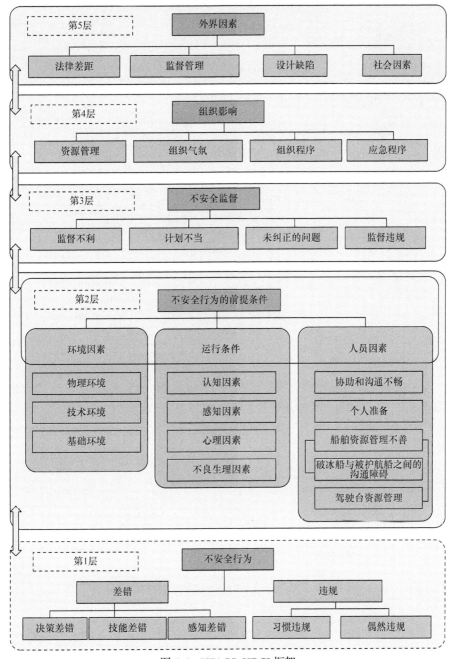

图 7.6 HFACS-SIBCI 框架

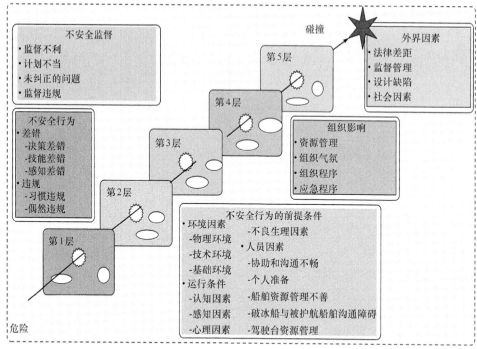

图 7.7　HFACS-SIBCI 事故风险因素分析流程

为了准确地对破冰船护航下船舶碰撞风险影响因素进行分类，加深对 HFACS-SIBCI 事故风险因素分析流程的理解和 HFACS-SIBCI 框架中每一个条目的认识,需要对破冰船护航下的船舶碰撞事故对每一个层级及分类条目进行简述,如表 7.4 所示。

表 7.4　HFACS-SIBCI 事故风险因素分类条目简述

碰撞风险条目			条目描述
不安全的行为	差错	决策差错	根据个人判断所采取的行为没有达到预期效果，导致碰撞事故发生
		技能差错	船舶驾驶员(破冰船和被护航船舶)因执行程序有误、培训不足、熟练程度低等原发生的技术性错误
		感知差错	对破冰船护下的航船舶碰撞事故发生情况的误解或者错判
	违规	习惯违规	经常出现的无视规则和指示的行为
		偶然违规	船舶驾驶员偶尔违反操作程序或规定的行为，一般由技术不熟练导致
不安全行为的前提条件	环境因素	物理环境	天气、气候、引航时段等极地冰区环境现象影响个人的行为导致的不安全情况

续表

碰撞风险条目			条目描述
不安全行为的前提条件	环境因素	技术环境	船舶的装备或设备发生故障而导致不安全的情况，包括船舶航行必须设备的机械故障或破损
		基础环境	冰情环境监测设备精度不高，造成船舶难以航行的不安全情况，监测站的位置信息也应考虑在内
	运行条件	认知因素	对破冰船护航作业的状态的认知影响驾驶员的判断或行为，导致不安全的情况
		感知因素	对造成破冰船护航船舶碰撞事故发生的情况的误解或者错判，导致不安全的情况
		心理因素	驾驶员的性格特征，心理问题，心理障碍，或不恰当的动机产生不安全的情况
		不良生理因素	降低驾驶员表现并导致不安全情况的生理事件，如睡眠不足、极地环境导致的眩晕等
	人员因素	协助和沟通不畅	破冰船驾驶员与被护航船舶驾驶员之间的沟通由语言不通、意图误解等导致的沟通不畅产生不安全的情况
		个人准备	驾驶员无视规定个人能力的规则和指示，或者在准备执行任务时表现不佳的判断
		船舶资源管理不善等	破冰船或者被引航船舶驾驶员内部人员未充分利用设备等做出准确的判断而导致的不安全的情况，如破冰船与被护航船之间的沟通障碍、缺少驾驶台资源管理策略
不安全监督	监督不利		监督不恰当或不当，无法识别危险，导致不安全情况的指导和培训
	计划不当		监督未能充分评估与行动有关的危险，或允许非精通或缺乏经验的人员执行超出其能力的任务
	未纠正的问题		监督未能纠正的问题，已知缺陷但无法纠正的不安全行为
	监督违规		监督有意无视指示、指导、规则或操作说明
组织影响	资源管理		资源分配直接或者间接地影响破冰船护航作业的安全性或错误的管理产生不安全行为的情况，包括冰区船舶驾驶员的个人能力等
	组织气氛		组织环境、结构、政策和文化影响个人行为，导致不安全的情况
	组织程序		组织操作和制度对个人监督或组织绩效产生不利影响，导致不安全的情况
	应急程序		组织未制订有效的应急策略而导致不安全因素的发生
外界因素	法律差距		国际或国家冰区船舶航行法规和政策不统一对破冰船护航操作造成影响，导致操作人员管理不善或不安全行为，如俄罗斯、芬兰、加拿大都有各自的极地航行规则及航行规定存在差异
	监督管理		VTS 监管或者船舶驾驶员存在规则或者守则的缺陷，或者履行职责时的疏忽
	设计缺陷		破冰船的设计或者被护航船舶的设计有缺陷，极地冰区航行能力差
	社会因素		经济、政治、法律、安全文化等社会环境因素

3. 基于 HFACS 框架的船舶碰撞风险因素层次模型

以破冰船护航下的船舶碰撞风险因素识别为目标，利用极地破冰船护航下的船舶碰撞风险因素识别框架，结合 17 组极地冰区护航下船舶碰撞事故报告，对碰撞风险因素进行识别[2]。在船舶碰撞风险因素识别的基础上，建立船舶碰撞风险因素层次模型。该模型以识别和划分破冰船护航下的船舶碰撞风险因素为目标，将其作为指标层，划分为外界因素、组织影响、不安全监督、不安全行为的前提条件、不安全行为五个子系统。指标层将根据破冰船护航下的船舶碰撞风险因素设定。破冰船护航下的船舶碰撞风险因素的层次模型如图 7.8 所示。

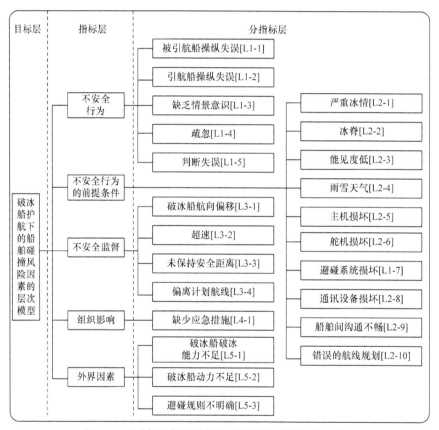

图 7.8　破冰船护航下的船舶碰撞风险因素的层次模型

在破冰船护航下船舶碰撞风险因素识别层次模型的基础上，根据事故报告的详细记录，对 17 起事故中的碰撞风险因素进行分类统计，如图 7.9 所示。发生次数为 0 的因素是根据专家意见和文献补充的。

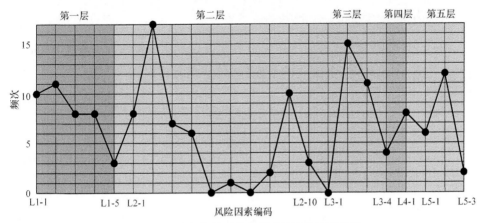

图 7.9　破冰船护航下的船舶碰撞风险因素统计

根据极地冰区船舶护航作业的流程，结合事故报告，利用 HFACS 框架可以实现破冰船护航下的船舶碰撞风险因素识别模型。该模型体现了破冰船护航过程中不安全的行为、不安全行为的前提条件、不安全监督、组织影响、外界因素涉及的船舶碰撞风险因素，并对相应事故的发生频率进行统计。不安全行为的前提条件对破冰船护航下的船舶碰撞事故影响较大，其中风险因素"冰脊"(L2-2)在 17 起事故中均有涉及。该模型可以实现破冰船-被护航船舶间的碰撞风险因素识别，为管理者和法律规则制定者提供参考和理论基础。

7.2　极地冰区水域船舶冰困风险评价

冰困是北极水域船舶航行安全面临的重要风险，可能造成船舶结构受损、沉没等严重的事故后果。从国内外研究现状分析来看，北极水域船舶碰撞、搁浅、溢油等危险事件均开展了一些风险评价研究，然而北极水域船舶冰困风险研究仍停留在经验判断阶段(如北极冰域航运系统)，还未形成明确的量化建模与评价方法，急需开展北极水域船舶冰困风险评价研究，以预防和减少北极水域船舶冰困事故的发生[3]。

北极水域船舶冰困受气象环境、水文环境和船舶状态等多方面因素的影响。针对船舶冰困概率的建模研究，不但需要弄清这三方面风险因素之间的内在联系、外部联系，而且需要建立这些风险因素与船舶冰困之间的映射关系。针对系统认知的不足，比较北极水域船舶航行系统，这些风险因素的选取，以及因素之间耦合关系的建模研究具有相当的难度。

7.2.1　极地冰区水域船舶冰困事故概率计算方法

BN 是一种不确定性建模方法，可以有效运用统计数据、专家主观判断数据或者两者相结合的数据源，开展事故风险建模与评价研究。由于 BN 在不确定性建模上的优势，《综合安全评估指南》推荐使用 BN 进行水路运输系统风险评价研究，广泛应用于碰撞、搁浅、碍航等水上交通系统事故风险的概率评价研究中。

针对北极水域船舶航行动态数据，采用相关性分析可以有效计算两个因素之间的关联性；将相关性分析获得的因素依赖关系用于 BN 模型的节点关联分析，可以提高 BN 结构的可信度。

鉴于此，运用相关分析和 BN 建模方法，分析北极水域船舶环境风险影响因素与船舶航行状态之间的耦合关系，构建基于 BN 北极水域船舶冰困风险因素的耦合关联模型，揭示北极水域环境因素、船舶航行状态与船舶冰困之间的量化关系，预测北极水域船舶冰困事件发生的概率。

根据 BN 建模涉及的研究内容和 BN 模型的验证研究，北极水域船舶冰困事件 BN 模型研究可以划分为以下步骤。

(1) 网络节点分析。识别北极水域船舶冰困事件有关的环境影响因素和船舶状态因素作为 BN 模型节点，并根据每个节点的状态特性对其进行离散化分析。

(2) 节点关联分析。通过相关性研究 BN 模型节点之间的关联性，分析 BN 节点之间的耦合关系。

(3) 网络结构分析。根据 BN 节点的耦合关系和因果逻辑关系，分析 BN 模型节点的方向，构建北极水域船舶冰困事件的 BN 模型框架。

(4) 条件概率表计算。运用北极水域船舶航行动态数据和专家调研数据，计算 BN 模型节点的条件概率表。

(5) 模型验证。通过证据的完备程度和敏感性分析，验证北极水域船舶冰困事件 BN 模型的有效性。

7.2.2　北极水域船舶冰困概率建模研究

在极地水域船舶冰区航行环境风险影响分析的基础上，根据 BN 模型建模方法，结合"永盛轮"北极水域船舶航行动态数据和专家知识，开展北极水域船舶冰困概率建模研究[5]。

1. 网络节点分析

冰困作为北极水域船舶航行的典型危险事件，受到环境、船舶状态等多种因素的影响。从环境因素来说，北极水域船舶冰区航行环境风险因素识别研究涉及的环境风险影响都会对北极水域船舶冰困产生影响。在理想情况下，北极水域任何环境风险影响都将作为参数在冰困事件的 BN 模型中进行考虑。然而，北极水域面临系统认识、数据缺失等方面的不确定性，不可能满足对每个因素进行量化建模研究。因此，拟对北极水域船舶航行的环境关键风险因素(风速、能见度、海冰密集度和海冰厚度)和北极船舶航行中测量到的一些环境因素(气温、海水温度、浪高)进行考虑，如表 7.5 所示。

表 7.5　BN 节点及其离散状态划分

序号	节点名称(变量)	状态等级				所属类别
		S_1	S_2	S_3	S_4	
1	船舶航行速度(ship speed)/kn	<5	5~10	>10		船舶状态
2	发动机功率(engine power)/%	<50	>50			船舶状态
3	风速(wind speed)/(m/s)	<5.5	5.5~7.9	>7.9		环境因素(气象)
4	气温(air temperature)/℃	<0	>0			环境因素(气象)
5	低能见度(visibility)	yes	no			环境因素(气象)
6	海水温度(sea temperature)/℃	<0	>0			环境因素(水文)
7	海冰密集度(ice concentration)/%	0	10~30	40~60	>70	环境因素(水文)
8	海冰厚度(ice thickness)/m	<0.5	>0.5			环境因素(水文)
9	海浪高度(wave height)/m	<0.5	0.5~1.25	>1.25		环境因素(水文)
10	船舶冰困(ship stuck in ice)	yes	no			危险事件

从船舶状态来说，船舶航行速度和发动机功率是反映船舶航行特征的参数。例如，船舶航行速度和发动机功率数据可以表征船舶的航行情况，反映船舶在北极水域航行是主动停靠还是受到恶劣环境影响发生冰困。另外，表 7.5 中船舶冰困节点是北极水域船舶冰困事件 BN 模型的输入变量，反映各种环境影响下北极水域航行船舶发生冰困的可能性，其中 1kn=1.852km/h。

表 7.5 涉及的 10 个变量将全部应用于北极水域船舶冰困概率的 BN 建模研究。根据 IMO 航行日志环境因素的分级标准、水上交通系统风险评价相关研究和搜集到的北极水域航行数据情景，对这 10 个变量进行状态等级划分。其中，低能见度和船舶冰困是根据"永盛轮"北极水域航行船员记录数据，按照逻辑关系进行的划分，其他变量是根据数据特征进行的等级划分。

发动机功率、气温、低能见度、海冰厚度、船舶冰困被划分为两种状态，船舶航行速度、风速、浪高被划分为 3 种状态，海冰密集度被划分为 4 种等级。

2. 节点关联分析

运用 Pearson 积矩相关系数(Pearson product-moment correlation coefficient，PMCC)[3]可以分析 BN 模型中两个变量之间的耦合关系。假设变量 X 和变量 Y 都具有 n 组样本数据，即 $\{(X_i, Y_i), i=1,2,\cdots,n\}$，变量 X 和变量 Y 的 Pearson 相关系数 r_{PMCC} 为

$$r_{PMCC} = \frac{\sum_{i=1}^{n}(X_i - \overline{X})(Y_i - \overline{Y})}{\sqrt{\sum_{i=1}^{n}(X_i - \overline{X})^2}\sqrt{\sum_{i=1}^{n}(Y_i - \overline{Y})^2}}, \quad r_{PMCC} = [-1,1] \tag{7.7}$$

式中，$\overline{X}$ 和 $\overline{Y}$ 为变量 X 和 Y 的均值；$0 < r_{PMCC} < 1$ 表示变量 X 和变量 Y 正向相关，$-1 < r_{PMCC} < 0$ 表示变量 X 和变量 Y 反向相关；$r_{PMCC} = 0$ 表示变量 X 和变量 Y 不相关；变量 X 和变量 Y 之间的相关性随着 $|r_{PMCC}|$ 值的增加而增强，当 $r_{PMCC} = 1$ 时，变量 X 和变量 Y 呈正向线性相关，当 $r_{PMCC} = -1$ 时，变量 X 和变量 Y 呈反向线性相关。

北极水域船舶冰困事件 BN 节点的 Pearson 相关系数 r_{PMCC} 如表 7.6 所示。由于低能见度、海冰密集度、船舶冰困只有二维逻辑数据，我们用相关性分析讨论其他 7 个变量的相关性。这 3 个变量的与其他变量的映射关系借助专家知识进行分析。船舶航行速度、发动机功率、风速、气温、海水温度、海冰密集度等数据来源于 179 组"永盛轮"北极水域航行数据[5]。

表 7.6　北极水域船舶冰困事件 BN 节点的 Pearson 相关系数 r_{PMCC}

节点名称(变量)	序号	1	2	3	4	5	6	7
船舶航行速度 (ship speed)	1	1.000						
发动机功率 (engine power)	2	0.93**	1.000					
风速 (wind speed)	3	0.42**	0.39**	1.000				
气温 (air temperature)	4	0.35**	0.55**	0.03	1.000			
海水温度 (sea temperature)	5	0.46**	0.60**	0.33**	0.59**	1.000		
海冰密集度 (ice concentration)	6	−0.65**	−0.69**	−0.52**	−0.14	−0.59**	1.00	
海浪高度 (wave height)	7	0.41**	0.41**	0.94**	0.06	0.36**	−0.55**	1.00

注：**在 0.01 水平上显著相关(双尾)；*在 0.05 水平上显著相关(双尾)，此表没有*的情况。

根据相关性系数划分方法，一般认为相关性系数取值在 0.15(弱相关取值的下限)以上的变量之间存在相关性。大部分变量之间都存在明显的关联性，仅有少量变量之间极弱相关或者不相关。例如，船舶航行速度、发动机功率与其他变量都具有相关性。这些变量的关联性将应用于 BN 模型的结果分析。

3. 网络结构分析

借助 Genie 软件进行 BN 建模。北极水域船舶冰困 BN 结构针对分析出来的网络节点，以"船舶冰困"为输出子节点，依据变量相关性分析结果，结合专家知识和相关文献进行构建 BN 模型。其中，北极水域船舶冰困 BN7 个节点的相关性分析结果，考虑 Pearson 相关系数在 0.15 以上节点之间存在依赖关系，其他 3个节点与其他节点的影响关系依据专家知识和相关文献进行构建。北极水域船舶冰困事件 BN 模型节点依赖关系如表 7.7 所示。基于 BN 的北极水域船舶冰困风险因素耦合关联模型如图 7.10 所示。

表 7.7 北极水域船舶冰困事件 BN 模型节点依赖关系

子节点	父节点
船舶航行速度(ship speed)	发动机功率、海冰密集度、低能见度
发动机功率(engine power)	风速、气温、海冰密集度、海冰厚度、海浪高度
风速(wind speed)	无
气温(air temperature)	无
低能见度(low visibility)	无
海水温度(sea temperature)	无
海冰密集度(sea concentration)	风速、海水温度
海冰厚度(ice thickness)	海水温度
海浪高度(wave height)	风速
船舶冰困(ship stuck in ice)	船舶航行速度、海冰密集度、海冰厚度

注：船舶航行速度、发动机功率、船舶冰困为反馈变量，前 2 个变量反映船舶航行状态，船舶冰困反映船舶发生冰困的概率。

1) 船舶冰困

由于船舶状态是判断船舶冰困的直接影响因素，船舶冰困与水域冰情状况密切相关，将船舶航行速度、海冰密集度、海冰厚度判断为船舶冰困的父节点。

2) 船舶航行速度

由于发动机功率的变化会影响船舶航行速度，并且船舶航行速度和发动机功

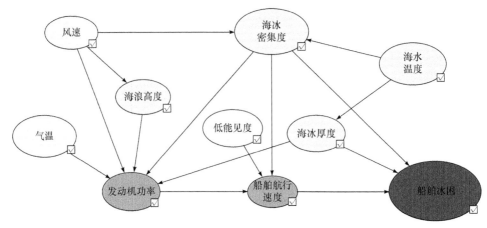

图 7.10 基于 BN 的北极水域船舶冰困风险因素耦合关联模型

率之间具有非常显著的相关($|r_{PMCC}| = 0.93$)。我们将发动机功率判断为船舶航行速度的父节点。同时,海冰密集度也与船舶航行速度有明显的相关性($|r_{PMCC}| = 0.65$),将海冰密集度判断为船舶航行速度的父节点。相关文献表明,能见度对船舶航行速度有直接影响关系,将低能见度也判断为船舶航行速度的父节点。因此,发动机功率、海冰密集度、船舶航行速度在模型中直接指向船舶航行速度。

3) 发动机功率

从表 7.8 中 BN 节点相关性分析结果来看,发动机功率与风险、气温、海冰密集度、海浪高度等环境因素都具有相关性。一般来说,船舶航行状态受到周围环境的影响,将这几个节点判断为发动机功率的父节点。根据专家判断意见,海冰厚度也被判断为发动机功率的父节点。虽然海水温度与发动机功率也存在一定的相关性($|r_{PMCC}| = 0.46$),但是海冰密集度与发动机功率呈现出更强的相关性($|r_{PMCC}| = 0.65$),海冰密集度与海水温度也具有较强的相关性($|r_{PMCC}| = 0.59$)。由于将海冰密集度作为发动机功率的父节点,不再将海水温度与发动机功率相连接,因此风速、气温、海冰密集度、海冰厚度、海浪高度在模型中直接指向发动机功率。

4) 海冰密集度

由于海冰的生成会受到海水温度的影响,并且海冰密集度与海水温度具有关联性($|r_{PMCC}| = 0.59$),将海水、温度作为海冰密集度的父节点。同时,海冰密集度程度会受到风的影响,并且与风速具有关联性($|r_{PMCC}| = 0.52$),所以将风速也作为海冰密集度的父节点。因此,海水温度和风速在模型中直接指向海冰密集度。

5) 海冰厚度

由于海冰的生成会受到海水温度的影响,我们根据专家判断意见将海水温度作为海冰厚度的父节点在模型中直接指向海冰厚度。

　　6) 海浪高度

　　由于海风会对海浪产生影响，并且海浪高度与风速具有显著的相关性 ($|r_{PMCC}| = 0.94$)，因此根据专家判断意见将风速作为海浪高度的父节点在模型中直接指向海浪高度。

　　4. 条件概率表计算

　　在北极水域 BN 模型中，节点概率表主要根据 "永盛轮"北极水域船舶航行动态数据进行计算。在数据缺失的情况下，需要运用专家知识进行判断。

　　风速、气温、低能见度、海水温度属于模型的根节点(没有父节点)，不存在条件概率，按照这几个变量在北极水域船舶数据中的状态频率，近似计算这 4 个节点的边缘概率(marginal probability)，如表 7.8 所示。

表 7.8　北极水域船舶冰困事件 BN 模型根节点边缘概率

节点名称(变量)	状态等级		
	I	II	III
风速(S_{ws})	0.15	0.74	0.11
气温(S_{at})	0.29	0.71	——
低能见度(S_v)	0.10	0.90	——
海水温度(S_{st})	0.42	0.58	——

　　根据 BN 条件概率计算方法，计算北极水域船舶冰困事件 BN 模型的海浪高度、海水温度和海冰密集度的条件概率表，如表 7.9 和表 7.10 所示。

表 7.9　北极水域船舶冰困事件 BN 模型海浪高度、海水温度条件概率表

节点名称(变量)		风速(S_{sw})		
		$S_{sw,I}$	$S_{sw,II}$	$S_{sw,III}$
海浪高度(S_{wh})	$S_{wh,I}$	0.78	0.00	0.00
	$S_{wh,II}$	0.22	1.00	0.00
	$S_{wh,III}$	0.00	0.00	1.00
节点名称(变量)		海冰厚度(S_{it})		
		$S_{it,I}$	$S_{it,II}$	$S_{it,III}$
海水温度(S_{st})	$S_{st,I}$	0.74	1	——
	$S_{st,II}$	0.26	0	——

表 7.10　北极水域船舶冰困事件 BN 模型海冰密集度条件概率表

节点名称(变量)		$S_{st,I}$			$S_{st,II}$		
		$S_{sw,I}$	$S_{sw,II}$	$S_{sw,III}$	$S_{sw,I}$	$S_{sw,II}$	$S_{sw,III}$
海冰密集度(S_{ic})	$S_{ic,I}$	0.05	0.76	0.60	0.56	0.67	1.00
	$S_{ic,II}$	0.22	0.60	0.30	0.44	0.33	0.00
	$S_{ic,III}$	0.17	0.22	0.10	0.00	0.00	0.00
	$S_{ic,IV}$	0.56	0.02	0.00	0.00	0.00	0.00

　　根据表 7.8～表 7.10 中边缘概率分布和条件概率表，以及船舶航行速度、发动机功率、船舶冰困的条件概率分析，运用贝叶斯推理公式，得到北极水域冰困 BN 模型各个节点的边缘分析，如图 7.11 所示。经过贝叶斯推理，计算船舶冰困的边缘概率分布({(yes,0.02),(no,0.98)})，所示的环境条件和船舶状态下北极水域船舶冰困事件发生的概率为 2%。

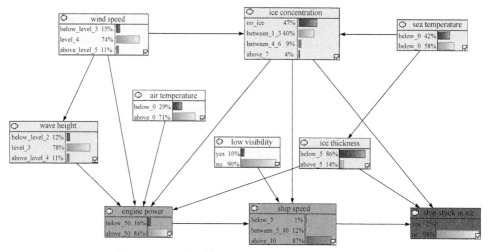

图 7.11　北极水域船舶冰困事件 BN 模型边缘分布

7.3　破冰船引航下船舶碰撞风险建模与分析

　　船舶碰撞是在破冰船护航下，船舶航面临的一种最重要的风险，包含船舶-冰碰撞事故和船-船碰撞事故两种。事故可能导致破冰船或者被护航船结构受损、沉没等严重的事故后果。利用因果分析(why because analysis，WBA)[2]分析事故发生的致因过程，再利用 FTA 将事故的因果关系描述成一种具有指向的"树"，解决破冰船护航下的船舶风险分析问题。

7.3.1　破冰船引航下船舶航行风险分析方法

随着风险分析技术的不断发展，出现很多风险分析方法。FTA 作为一种典型的事故演化逻辑分析方法，可以通过分析事故案例，有效、清晰地建立碰撞事故风险因素之间的关系。通过 FTA 可将底层因素与高层事件的演化过程再现，了解碰撞事故发展的历程，为风险防控方案的制定提供指导。

在破冰船护航下的船舶碰撞风险识别的基础上，首先利用 WBA 模型对每一个事故进行建模分析，获得每个事故案例中碰撞风险因素之间的联系，再利用 FTA 碰撞风险因数与碰撞事故之间的联系，分析事故的发生原因，构建破冰船护航下船舶碰撞风险分析模型。然后，利用最小割集和结构重要度对碰撞事故进行定性分析。最后，通过文献资料，查找每一个碰撞因素的发生概率，事故树模型可实现基于事故树的碰撞事故定量分析。

利用 WBA 模型和 FTA 模型对破冰船护航下的船舶碰撞事故进行风险分析，具有以下优势。

(1) WBA 模型可针对每组事故进行剖析，对于事故致因因素逐层次分析，结合事故树的图形演绎特点，可清晰展现碰撞事故演化机理，并且达到直观的效果。

(2) 碰撞事故的事故树风险建模与分析法利用碰撞事故演化机理对导致或者引发事故发生的风险因素进行分析和描述，并使其在事故树逻辑下建立层次关系。

(3) 事故树建模与分析法可同时开展定性评价和定量评价研究。

利用 WBA 模型和 FTA 模型对极地破冰船护航下的船舶碰撞风险进行风险建模与分析。首先，利用该方法结合事故案例，构建碰撞事故风险因素之间的关系。其次，构建基于事故树的船舶碰撞风险分析模型，实现底层因素与高层事件的演化过程，阐述破冰船护航船舶碰撞事故发展的历程。最后，利用定性描述方法分析破冰船护航下的船舶碰撞机理，实现基于事故树的极地冰区破冰船护航下的船舶碰撞风险建模与分析。

7.3.2　基于事故树的破冰船护航下船舶碰撞风险建模

破冰船护航下的船舶碰撞事故树建模分析过程如图 7.12 所示。

1. 破冰船护航下船舶碰撞事故致因分析

为了熟悉破冰船护航下的船舶碰撞事故致因，确定事故树的顶上事件和中间事件，构建与实际事故情况吻合的事故树模型[4]。在 HFACS 的基础上，结合专家意见，我们对 17 组破冰船护航下的船舶碰撞事故开展基于 WBA 模型的事故致因分析，实现底层风险因素与高层事件的演化过程，阐述碰撞事故发展的历程，为

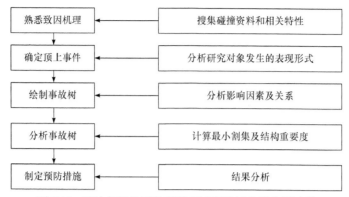

图 7.12　破冰船护航下的船舶碰撞事故树建模分析过程

事故树建模奠定基础。以 2011 年 1 月 20 日 00:57 在经纬度(65º5.1'5N, 26º41.0'1E)破冰船与被护航船舶发生碰撞的事故为例，构建 WBA 模型，分析致因机理。该事故导致破冰船螺旋桨损坏，被护航船舶船首结构受损，船首破裂导致进水。基于 WBA 事故致因分析模型如图 7.13 所示[2]。

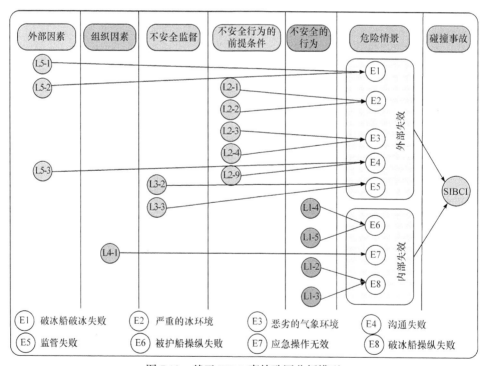

图 7.13　基于 WBA 事故致因分析模型

在此基础上，分析其他 16 组事故报告的 WBA 模型，为熟悉破冰船护航下的船舶碰撞事故致因机理奠定基础，为事故树风险建模中的事故树绘制提供逻辑分析支撑。

2. 破冰船护航下船舶碰撞风险事故树

根据事故树风险建模分析方法及 WBA 事故致因分析模型，选取破冰船护航下的船舶碰撞事故为顶层事件，根据破冰船护航下船舶碰撞致因机理，从内部失效和外部失效两个方面分析破冰船护航下船舶碰撞风险。破冰船护航下的船舶碰撞风险事故树如图 7.14 所示。

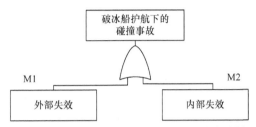

图 7.14 破冰船护航下的船舶碰撞风险事故树

由于破冰船护航下的船舶碰撞事故树结构比较复杂，因此我们从外部失效和内部失效两个方面进行介绍。

(1) 破冰船护航下作业外部失效事故树。

破冰船护航下的船舶航行系统是涉及外部环境、船舶(被护航船舶和破冰船)、驾驶员和组织协作的复杂航行系统。在破冰船护航下，船舶碰撞风险识别的基础上，结合 WBA 分析模型，分析外部操作失误和不安全管理两个方面，建立船舶碰撞风险外部失效事故树，如图 7.15 所示。

(2) 破冰船护航下作业内部失效事故树。

由于破冰船护航作业的特殊性，其作业形式与其他海上船舶运行形式不同。这种操作要求破冰船和被护航船舶间有默契的配合。同时，也需要制定详细的应急响应预案。

极地冰区破冰船护航作业时涉及人为因素和团队协作，极易发生人为失误或者团队配合不善而导致的碰撞事故。所以，在构建破冰船护航下作业内部失效事故树时，需要从内部操作失误和技术失误两个方面建立如图 7.16 所示的破冰船护航下船舶碰撞事故风险内部失效事故树。

7.3.3 破冰船护航下船舶碰撞风险定性分析

在破冰船护航下的船舶碰撞风险因素识别的基础上，鉴于破冰船护航下的船舶碰撞风险影响因素的不确定性，结合 17 起破冰船护航下的船舶碰撞事故，利用事故树风险建模方法对破冰船护航下的船舶碰撞事故进行分析，构建极地冰区

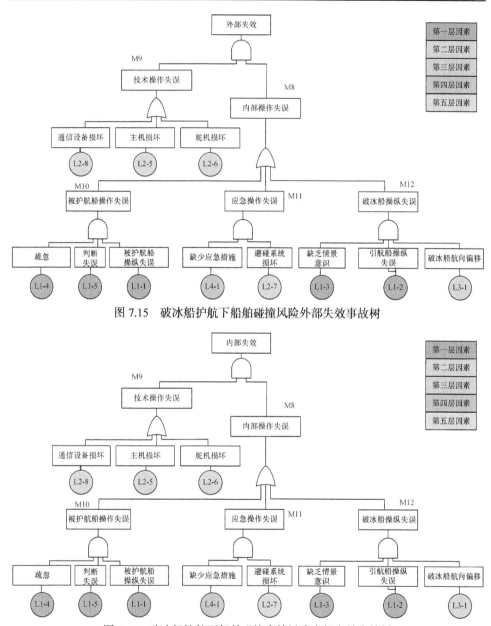

图 7.15　破冰船护航下船舶碰撞风险外部失效事故树

图 7.16　破冰船护航下船舶碰撞事故风险内部失效事故树

破冰船护航下的船舶碰撞风险 FTA 模型，并开展定性分析，制定碰撞风险防控策略[2]。

1. 破冰船护航下的船舶碰撞风险事故树定性方法

事故树的分析流程主要通过事故报告熟悉破冰船护航作业模式。首先，定义破冰船护航下的碰撞事故作为顶事件。其次，结合 WBA 模型构建事故树，根据实际情况不断改进或者简化事故树。最后，运用定性分析方法进行分析，并根据分析结果制定风险防控措施。

在定性分析时，假设破冰船碰撞事故因素的概率是一样的，利用所建立事故树的最小割集、最小径集或结构重要度系数等来量化事故树的基本事件结构重要度。在定性分析中，需要对每一个基本事件的发生概率进行统计，再结合其他风险量化方法实现定量计算。

在定性分析破冰船护航下的船舶碰撞风险时，计算事故树的结构重要度是一项重要的工作。假定破冰船护航下的船舶碰撞风险因素的发生概率是一样的，分析上层事件对顶事件发生的影响程度，对船舶碰撞风险因素进行排序，进而根据结构重要度制定风险防控措施。事故树风险分析模型的定性分析方法主要利用结构重要度系数和最小割(径)集两种方法。

1) 结构重要度系数计算

假设风险分析对象正常的状态为(0)，风险分析对象故障的状态为(1)，当某个基本风险因素的状态发生变动时，风险分析对象可能发生的变化有以下几种。

(1) 由正常状态转变为故障状态，即{(0)→(1)}。

(2) 保持正常状态，即{(0)}。

(3) 故障状态不发生转变，即{(1)}。

(4) 由故障状态转变为正常状态，即{(1)→(0)}。

由此，结构重要度系数可利用式(7.8)计算，即

$$I(i) = \frac{1}{2^{n-1}} \sum \left(\varphi(1_i, x) - \varphi(0_i, x) \right) \tag{7.8}$$

2) 最小割(径)集判断结构重要度

此方法有如下三个判断准则。

(1) 针对同一个事故树模型，其最小割集中的基本事件数量不相等时，最小割集中的基本事件越少，结构重要度越高。

(2) 针对同一个事故树模型，其最小割集中的基本事件数量相等时，在各个割集中出现频次高的基本事件，结构重要度较高。

(3) 针对同一个事故树模型，在基本事件少的最小割集内出现次数少的基本事件，一般来说其结构重要度大于基本事件多的最小割集内出现次数多的基本事件，少数情况下两者结构重要度相同。

2. 破冰船护航下船舶碰撞风险事故树定性分析

根据事故树定性分析理论，对船舶碰撞风险进行定性分析。

1) 最小割集的求取与分析

根据破冰船护航下船舶碰撞风险事故树模型中各个风险因素之间的逻辑关系，利用布尔代数法求取上述模型的最小割集，可以得到最小割集 29 组。破冰船护航下的船舶碰撞风险事故树最小割集列表及描述如表 7.11 所示。

表 7.11　破冰船护航下的船舶碰撞风险事故树最小割集列表及描述

序号	最小割集	描述
1	{[L2-9], [L3-4], [L5-1], [L5-2], [L5-3]}	破冰船的破冰能力和动力不足，偏离计划航线，破冰船-被护航船沟通不畅情况下极易发生碰撞事故
2	{[L1-1], [L1-3], [L1-5], [L2-5]}	破冰船主机损坏，被护航船操纵失误，缺乏情景意识导致判断失误情况下易发生碰撞事故
3	{[L3-4], [L5-1], [L5-2], [L2-10]}	破冰船的破冰能力和动力不足，偏离计划航线，航线规划有误的情况下易发生碰撞事故
4	{[L3-2], [L3-4], [L5-1], [L5-2]}	破冰船的破冰能力和动力不足，偏离计划航线，被护航船超速的情况下易发生碰撞事故
5	{[L1-1], [L1-3], [L1-5], [L2-8]}	被护航船操纵失误，且船舶驾驶员缺乏情景意识导致判断失误，通信设备损坏的情况下易发生碰撞事故
6	{[L1-1], [L1-3], [L1-5], [L2-6]}	被护航船操纵失误，且船舶驾驶员缺乏情景意识导致判断失误，舵机损坏的情况下易发生碰撞事故
7	{[L2-5], [L2-7], [L4-1]}	舵机损坏，避碰设备发生故障，缺少应急措施的情况下易发生碰撞事故
8	{[L1-2], [L1-4], [L2-5], [L3-1]}	护航船操纵失误，被护航船船员疏忽，主机发生故障，缺少应急措施的情况下易发生碰撞事故
9	{[L2-7], [L2-8], [L4-1]}	避碰系统损坏，通信设备损坏，应急措施缺失的情况下易发生碰撞事故
10	{[L1-2], [L1-4], [L2-8], [L3-1]}	破冰船航向偏移，破冰船操纵失误，船舶通信设备损坏，被护航船驾驶员疏忽的情况下易发生碰撞事故
11	{[L1-2], [L1-4], [L2-5], [L3-1]}	破冰船航向偏移，破冰船操纵失误，主机损坏，被护航船船员疏忽的情况下易发生碰撞事故
12	{[L2-6], [L2-7], [L4-1]}	主机和舵机损坏，缺少应急措施的情况下易发生碰撞事故
13	{[L1-2], [L1-4], [L2-6], [L3-1]}	护航船操纵失误，被护航船船员疏忽，舵机发生故障，破冰船航向偏移的情况下易发生碰撞事故
14	{[L2-1], [L2-3], [L2-10]}	严重的冰情环境，能见度低，航线规划失误的情况下易发生碰撞事故
15	{[L2-1], [L2-3], [L3-2]}	严重的冰情环境，能见度低，超速的情况下易发生碰撞事故

续表

序号	最小割集	描述
16	{[L2-1], [L2-3], [L2-9], [L5-3]}	严重的冰情环境, 能见度低, 破冰船与被护航船之间的沟通不畅且存在避碰规则不明确的情况下易发生碰撞事故
17	{[L2-1], [L2-4], [L2-10]}	严重的冰情环境, 雨雪天气, 航线规划错误的情况下易发生碰撞事故
18	{[L2-1], [L2-4], [L3-2]}	严重的冰情环境, 雨雪天气, 被护航船舶超速的情况下易发生碰撞事故
19	{[L2-2], [L2-4], [L2-9], [L5-3]}	雨雪天气, 船舶碰到冰脊, 沟通不畅且存在避碰规则不明确的情况下易发生碰撞事故
20	{[L2-1], [L2-3], [L2-10]}	严重的冰情环境, 能见度低, 错误的航线规划的情况下易发生碰撞事故
21	{[L2-1], [L2-3], [L3-2]}	严重的冰情环境, 能见度低, 被护航船舶超速的情况下易发生碰撞事故
22	{[L2-1], [L2-4], [L2-9], [L5-3]}	雨雪天气, 船舶碰到严重冰情, 沟通不畅且存在避碰规则不明确的情况下易发生碰撞事故
23	{[L2-2], [L2-4], [L2-10]}	雨雪天气, 遇到冰脊, 错误的航线规划的情况下易发生碰撞事故
24	{[L2-2], [L2-4], [L3-2]}	雨雪天气, 遇到冰脊, 超速的情况下易发生碰撞事故
25	{[L3-3], [L3-4], [L5-1], [L5-2]}	破冰船的破冰能力和动力不足, 偏离计划航线, 被护航船舶超速的情况下易发生碰撞事故
26	{[L2-1], [L2-3], [L3-3]}	严重的冰情环境, 能见度低, 未保持安全距离的情况下易发生碰撞事故
27	{[L2-2], [L2-3], [L3-3]}	能见度低, 遇到冰脊, 未保持安全距离的情况下易发生碰撞事故
28	{[L2-1], [L2-4], [L3-3]}	严重的冰情环境, 雨雪天气, 未保持安全距离的情况下易发生碰撞事故
29	{[L2-2], [L2-4], [L3-3]}	能见度低的雨雪天气, 未保持安全距离的情况下易发生碰撞事故

　　破冰船护航下的船舶碰撞事故树共有 29 个最小割集。最小割集数量较多, 表明导致破冰船与被护航船发生碰撞的途径较多。

　　利用布尔代数的对偶法实现最小割集的求取, 是对破冰船护航下的编队航行系统安全性的反映。当一个最小割集中任一碰撞风险因素不发生时, 碰撞事故不发生。例如, 在第一个割集{[L2-9], [L3-4], [L5-1], [L5-2], [L5-3]}中, 假如破冰船的破冰能力和动力十分强, 那么只要采取控制措施保证破冰船不要偏离航线、船舶间沟通顺畅等, 就可以有效避免事故的发生。因此, 可以根据最小割集制定破冰船护航下的船舶碰撞风险防控策略。

　　2) 风险因素的结构重要度

　　依据结构重要度系数计算的假设, 即每一个船舶碰撞风险因素发生的风险概率都相等，碰撞风险影响因素对船舶碰撞事故发生的影响程度进行分析并排序。破冰船护航下的船舶碰撞风险因素的结构重要度如表 7.12 所示。

表 7.12　船舶碰撞风险因素的结构重要度

风险因素	结构重要度
I[L2-1]；I[L2-2]；I[L2-3]；I[L2-4]	0.86
I[L3-2]；I[L3-3]；I[L2-10]	0.72
I[L2-7]；I[L4-1]	0.57
I[L5-3]；I[L2-9]	0.45
I[L2-5]；I[L2-8]；I[L2-6]	0.42
I[L5-1]；I[L5-2]；I[L3-4]	0.37
I[L1-4]；I[L1-2]；I[L3-1]； I[L1-3]；I[L1-5]；I[L1-1]	0.33

在 HFACS 框架的基础上，结合破冰船护航下的船舶碰撞风险因素识别层次模型，根据表 7.12 所示的结构重要度，表明不安全行为的前提条件和不安全监督的结构重要度较大，即它们对破冰船碰撞事故发生影响最大；外界因素、组织影响、不安全行为的结构重要度依次降低，即它们对破冰船碰撞事故发生影响依次降低，但同样是导致船舶碰撞事故的重要因素。

分析可知，破冰船护航下的船舶碰撞事故树各基本事件的结构重要度共分为 7 个等级。针对所筛选的船舶碰撞风险因素，结果表明第一等级是严重冰情[L2-1]、冰脊[L2-2]、能见度低[L2-3]、雨雪天气[L2-4]等环境因素对破冰船护航下的船舶碰撞影响最大，结构重要度值为 0.86，当破冰船护航操作在上述情况下时，其碰撞事故发生的可能性最大；第二等级是超速[L3-2]、未保持安全距离[L3-3]、错误的航线规划[L2-10]，结构重要度值为 0.72；第三等级是避碰系统损坏[L2-7]、缺少应急措施[L4-1]，结构重要度值为 0.58。以上风险因素的重要结构度大于 0.50，对破冰船护航下的船舶碰撞影响较大，其他因素的重要结构度小于 0.50，对破冰船护航下的船舶碰撞影响较小，但是也有一定的影响。

7.4　极地冰区船舶风险防控措施

7.4.1　极地冰区船舶冰困风险防控措施

根据 7.2 节建立的模型，结合 IMO 极地规则、波罗的海船舶冬季航行风险控制策略，以及专家经验知识，从船舶操作、船舶操纵、船员管理等提出风险控制措施，如表 7.13 所示。

表 7.13　极地冰区船舶冰困风险防控措施

冰困发生后可能出现的情景	风险防控措施
船舶冲出冰层	从船舶设计方面提高船舶抵御恶劣冰况的能力
	提高船员应急操作能力
	提高船员冰困情况下的航行技巧
周边破冰船/航行船舶协助	增加破冰船的数量
	增加危险水域的巡航船舶
	提高船舶通信能力
	提高冰区航行船舶的远程定位能力
受困船舶遭遇冰流	提高冰流预测的能力
	开展提升船员冰流躲避能力的培训
	细化恶劣冰况下的操作程序
失控船舶获得破冰船协助	提高冰区航行船舶的远程定位能力
	增加破冰船的数量
	提高船舶通信能力
船舶损坏不严重	增加船上救援资源/设备
	提高船员的维修能力
船舶结构严重受损	船舶安装防撞设备
	从船舶设计方面，提高船舶抵御恶劣冰况的能力

7.4.2　破冰船引航下船舶碰撞风险防控措施

本节在 HFACS-SIBCI 框架的基础上，分析事故极地冰区船舶碰撞事故数据，构建极地破冰船护航下的船舶碰撞风险 FTA 模型，计算各个风险因素的结构重要度并列举最小割集，可为风险防控措施策略的提出提供理论基础。通过如下针对性措施控制极地破冰船护航下的船舶碰撞风险。

(1) 注意回避极地恶劣航行环境，特别是严重冰情区域、存在冰脊的区域等，对可能发生气候灾害(如雨雪、浓雾)等导致能见度降低的冰区水域要特别提高警惕。船舶驾驶员或破冰船所在公司的管理人员应积极收取恶劣气象预警，并提前根据航行环境对航行线路进行规划，避免恶劣的通航环境。

(2) 严格遵守极地冰区船舶航行规范标准，提升船舶驾驶员在极地护航作业时的船舶驾驶水平，严格遵守瞭望制度，使船舶保持在合理的航行速度。两船之间应保持可有效避免碰撞的安全距离。船舶驾驶员应通过雷达、全球定位系统 (global positioning system，GPS)等设备实时观察船舶航行速度与两船之间的距离，提前作好避碰应急准备[2,3]。

(3) 定期对破冰船和被护航船舶进行检修或维修，加强对船舶主要安全设备的维护保养，特别是低温环境造成不良影响的设备，如甲板设备等。另外，需要加强被护航船舶与破冰船之间沟通或通信设备的测试和保养，以及破冰船护航时团队协作作业模式下的沟通。

参 考 文 献

[1] 张弛, 张笛, 孟上, 等. 极地冰区船舶航运的发展动态与展望——POAC 2017 国际会议综述. 交通信息与安全, 2017, (5): 1-10.

[2] 张明阳. 破冰船护航下船舶碰撞风险建模与避碰决策方法研究. 武汉: 武汉理工大学, 2018.

[3] 付姗姗. 面向通航环境的北极水域船舶冰困风险评价研究. 武汉: 武汉理工大学, 2016.

[4] Zhang M, Zhang D, Goerlandt F, et al. Use of HFACS and fault tree model for collision risk factors analysis of icebreaker assistance in ice-covered waters. Safety Science, 2019, 111: 128-143.

[5] Fu S, Zhang D, Montewka J, et al. Towards a probabilistic model for predicting ship besetting in ice in arctic waters. Reliability Engineering & System Safety, 2016, 155: 124-136.

第 8 章　混合场景下的船舶航行安全研究

智能货运船舶是近些年航运业发展的热点。智能系统控制的船舶(智能船舶)与传统人工驾驶船舶(人工船舶)共同航行的混合场景将在未来相当长的时间成为新常态。面对混合场景,通过风险分析方法从人工船舶间的船舶碰撞事故模型推广到混合场景的情形,推测对船舶航行安全影响最大的船舶碰撞事故将会发生什么样的改变;通过提出类人决策系统,辅助智能船舶更有效地处理与人工船舶和其他智能船舶的会遇局面;通过建立动态概率风险分析(probability risk analysis,PRA)平台,评估混合场景下智能决策系统的可靠性等,因此开展混合场景下的船舶航行安全研究具有重要的理论意义和实用价值。

8.1　混合场景下的船舶碰撞事故风险分析

本章主要利用混合因果逻辑(hybrid causal logic,HCL)方法对智能船舶参与的碰撞事故进行建模和定量研究。

8.1.1　混合因果逻辑方法简介

HCL 模型的结构示意图如图 8.1 所示。HCL 方法是一种具有三层逻辑结构的风险场景建模与分析方法。在这个多层模型中,模拟事故发展的事件流模型是第一层,然后是分析硬件系统失效的故障树,以及含不确定性因素事件的贝叶斯网络。事件流模型模拟由同一起始事件产生的所有可能的结束状态及其相关的中间事件序列。其中,中间事件也叫关键事件(pivotal event,PE),是对场景发展有导向性的关键节点,也包括人的决策,可以根据系统或决策事件的状态为事件序列建模。在 HCL 方法中,事件流使可视化危险或事故的因果因素的内在逻辑、依赖性和时间序列成为可能,从而使系统产生不同状态的原因能够被直观地分析。由于一些事件流事件(如机械故障)可以进一步分解为一组物理元素及其逻辑组合(如或、与、非等),因此故障树被用来创建这类机械系统失效事件更详细的模型,从而进行更为细致的定量分析。贝叶斯网络层是 HCL 方法的底层,用于建立包含因果关系不明显或具有不确定性因素的事件,如受环境影响的事件、人因因素事件等。

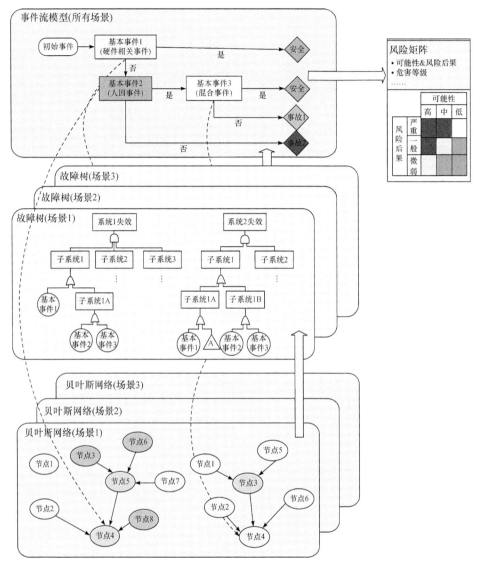

图 8.1　HCL 模型的结构示意图

8.1.2　人工船舶的碰撞场景混合因果逻辑建模

1. 船舶碰撞事故 HCL 建模的策略分析

为了方便对不同场景的船舶碰撞事故进行对比研究，定义如下不同类型的船舶碰撞风险场景。

(1) 人工船舶作为主要责任船舶与人工船舶会遇的船舶碰撞场景，即人工-人工场景。

(2) 人工船舶作为主要责任船舶与智能船舶会遇的船舶碰撞场景，即人工-智能场景。

(3) 智能船舶作为主要责任船舶与人工船舶会遇的船舶碰撞场景，即智能-人工场景。

(4) 智能船舶作为主要责任船舶与智能船舶会遇的船舶碰撞场景，即智能-智能场景。

其中，人工-智能场景与智能-人工场景是混合场景。在进行混合场景的建模分析时，首先建立人工-人工场景的船舶碰撞风险分析模型，并将其作为后续混合场景和智能-智能场景分析的基础[1]。这些场景遵循相同的事件序列逻辑，但是使用不同的故障树和叶斯网络进行基本事件建模。在同一事件流模型的基础上对这些差异进行分析，可以更准确地模拟智能船舶对船舶碰撞场景的影响。

2. 全球典型船舶碰撞事故案例收集与分析

利用公开的全球各国政府的事故调查报告，收集并分析 50 起涉及 100 多艘船舶碰撞事故调查报告。选取的事故发生在世界各地不同区域，覆盖绝大多数繁忙水域。这些事故共有 36 人死亡、2 人失踪、13 人以上受伤，每次事故至少造成一艘船舶受损、严重损坏或沉没，共计 10 艘船舶在碰撞后完全报废或沉没。

3. 基于逻辑顺序的船舶碰撞场景事件流模型

HCL 分析的第 1 步是通过定义风险影响因素和中间事件间的因果关系构建事件流。船舶碰撞事故的起点是最近会遇点(closest point of approach, CPA)小于预定义的最小安全距离(即 CPA <n 海里，1 海里=1.852km)。在实际的航行中，这也是船舶采取避碰措施的开始。在对事故调查报告进行详细分析之后，可以总结出图 8.2 所示的一般船舶碰撞场景的基本事件逻辑序列。由此可以得出，启动事件引起的船舶碰撞事故的事件序列(图 8.3)。人工-人工场景事件流模型中各事件的名称及描述表如表 8.1 所示。

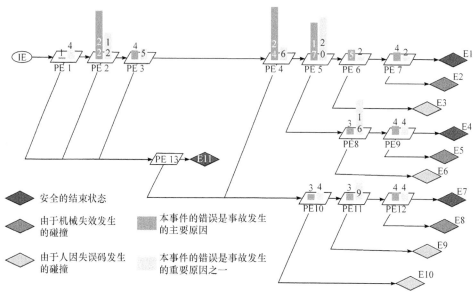

图 8.2　基于事件逻辑序列的事故数统计

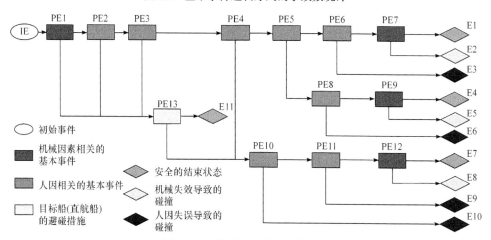

图 8.3　船舶碰撞事故的事件序列

表 8.1　人工-人工场景事件流模型中各事件的名称及描述

节点编号	节点名称	节点描述
IE	初始事件：CPA<n	最近会遇距离小于最小安全距离
PE1	设备报警	本船导/助航设备发出碰撞警报
PE2	人工识别风险	值班人员接收到警报并人工识别风险
PE3	本船确认碰撞风险	本船负责人确认碰撞风险
PE4	本船避碰决策	制定本船避碰应对策略

续表

节点编号	节点名称	节点描述
PE5	与目标船沟通	与目标船进行甚高频对讲，沟通避碰策略
PE6	有效沟通后的本船操纵响应	
PE7	有效沟通后的本船机械响应	
PE8	沟通不畅下的本船操纵响应	
PE9	沟通不畅下的本船机械响应	
PE10	紧急避碰中的本船决策	进入紧急避碰状态的本船应对策略
PE11	紧急避碰中的本船操纵响应	
PE12	紧急避碰中的本船机械响应	
PE13	目标船的避碰措施	
E1	结束状态 1	避碰成功
E2	结束状态 2	船舶机械失效导致碰撞
E3	结束状态 3	人员操纵响应失误导致的碰撞
E4	结束状态 4	沟通不畅时避碰成功
E5	结束状态 5	沟通不畅时船舶机械失效导致碰撞
E6	结束状态 6	沟通不畅时人员操纵响应失误导致碰撞
E7	结束状态 7	紧急避碰成功
E8	结束状态 8	紧急避碰时船舶机械失效导致碰撞
E9	结束状态 9	紧急避碰时人员操纵响应失误导致碰撞
E10	结束状态 10	紧急避碰时本船应对策略失误
E11	结束状态 11	两船均未及时发现风险或采取有效措施

整个事件流可以分为碰撞风险的识别和确认(PE 1/2/3)、避碰决策和与目标船的通信、本船在不同条件下的人员与机械响应行为。在碰撞风险识别与确认后，事件流中存在三个主要逻辑路径。

(1) 与目标船沟通成功。此时将导致双方为避免碰撞进行协作(PE 4/5/6/7，E 1/2/3)。

(2) 与目标船沟通失败。此时将导致本船需要单方面决策和操纵(PE 4/8/9，E 4/5/6)。

(3) 紧急避碰。此时两船几乎没有时间进一步沟通，仅能根据自身对当前状态的认知采取应对措施(PE10/11/12，E7/8/9/10)。

最终，在各种人员的响应操作和系统响应之后有 11 个结束状态。中间事件

PE13 与其他事件有很大的不同。在识别碰撞风险并对当前态势做出反应的过程中，两艘船都倾向于依靠自身对环境的感知和理解作出决定。在没有及时发现危险的情况下，才需要依靠与目标船的联络做出正确的判断和决策。此时可以将这两艘船视为各自独立执行了避碰决策和操纵，就像与目标船通信失败的场景(PE4/8/9，E4)一样。因此，将 PE13 的概率设置为等于 E4 的概率。

建立事件流模型后，硬件可靠性相关的中间事件(PE1/7/9/12)被进一步分解为故障树模型。这些事件包括 PE1(设备报警)、PE7(有效沟通后的本船机械响应)、PE9(沟通不畅下的本船机械响应)、PE12(紧急避碰中的本船机械响应)。

如图 8.4(a)所示，PE1 与船载的碰撞预警系统相连，在人工船舶中碰撞预警系统的失效是 AIS 和自动雷达标绘仪(automatic radar plotting aid，ARPA)失效的或门事件。如图 8.4(b)所示，该模型描述系统层级视角中常规船舶和智能船舶的机械故障，包括动力系统故障和转向系统故障。根据事故报告和船舶可靠性手册，船舶的动力性能由船舶主机为主的动力系统决定，而操纵性能主要由舵机为主的转向系统决定。当前的智能船舶开发报告也显示，采用传统动力模式的智能船舶也将采用基本相同的动力和转向系统。因此，在对智能船舶进行建模分析时，也采用同样的故障树模型。

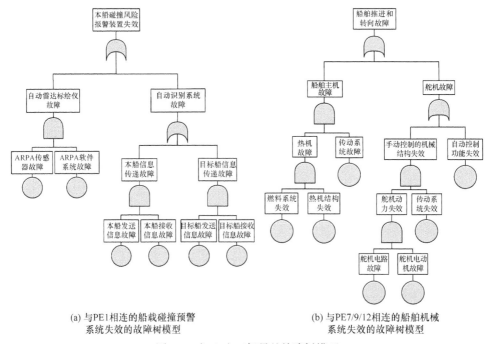

(a) 与PE1相连的船载碰撞预警
系统失效的故障树模型

(b) 与PE7/9/12相连的船舶机械
系统失效的故障树模型

图 8.4　人工-人工场景的故障树模型

在事件流和故障树建模的基础上，使用 BN 对不确定性因素相关的事件进行建模，包括碰撞风险的人工识别、两船之间的沟通、避碰决策、人工操纵响应动作等(PE2/4/5/6/8/10/11)。每个中间事件节点(PE 节点)及其影响因子(impact factor, IF)节点组成相关的 BN。其中，PE 节点是分析对象，BN 计算的结果直接传输到事件流模型中用于中间事件的计算。IF 节点是影响避碰性能的因素，包括环境因素、操作员状态因素等。这些因素与 PE 节点之间的相互作用非常复杂，并且存在很大的不确定性，因此使用 BN 建模分析。与 PE 相连的 BN 模型(图 8.5)为人工-人工场景中的所有 BN 模型。

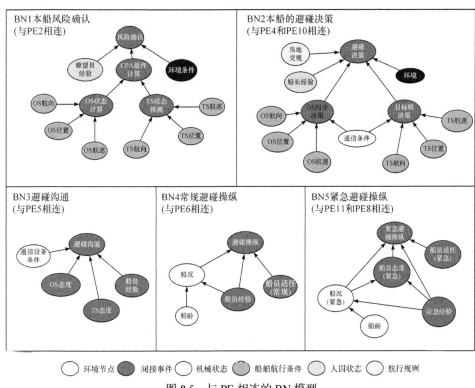

图 8.5　与 PE 相连的 BN 模型

以 BN1 的模型为例，HCL 方法中 BN 的建立原则是仅围绕 PE 节点进行分析，并且每个 IF 节点的层级设置标准都是基于对 PE 节点的影响程度。例如，环境因素可以包括现场的风、浪、流、日照条件，但是这些因素可以统一到对 PE 节点的影响中，即当前的环境因素(IF 节点)对于识别风险(PE 节点)"有利"还是"不利"。两艘船的当前状态(IF 节点)对风险识别(PE 节点)的影响方式也相似，因此这些节点的状态设置也分为"有利"和"不利"。在避碰实践中，CPA 是识别碰撞风险的常用方法。CPA 的准确估算对于成功识别风险至关重要，取决于对两船状态的估算。其他的 PE 节点也可以按照类似的原则建模，这样既可以简化建模过程，也可以把注意力集中在 PE 节点的分析上，缺点是不可避免地带来分析较为笼统且不够彻底。需要注意的是，PE4 和 PE10 表示日常避碰和紧急避碰两种不同情况下的决策过程，因此它们共享相同的 BN 结构和节点状态设置。但是，由于条件不同，条件概率分布表的具体数值也不同。与 PE11 和 PE8 相连的 BN5 也以同样的方式构建。

8.1.3　智能船舶的碰撞场景混合因果逻辑建模

1. 智能船舶对船舶碰撞事故可能性和后果的影响

基于人工-人工场景的 HCL 模型，可以通过类比对混合场景和智能-智能场景进行 HCL 建模分析。由于当前业界和学界对智能船舶的实际操作方式尚没有达成完全一致，本节的分析基于这样一种假设，即智能船舶在其航行的大部分时间保持自动驾驶模式，直到到达目的地港口之外的某个点(一般为引航员登船点)。与传统航行中的引航过程类似，该点之后岸基控制中心操作员或登船的引航员将接管本船控制并完成靠离泊作业。除此之外，为了充分利用智能船舶的优势并减少额外的支出，船东会尽可能长时间地将船保持在自动驾驶模式。

智能船舶对船舶碰撞事故的影响分析，一般需要从如下两方面考虑。一方面，普遍认为智能船舶的部署可以减轻人为失误造成的危害，从而提高航行安全。另一方面，避碰船舶间的沟通一直是避碰的重要环节，通过沟通双方的避碰意图，可以更准确地做出对双方都有利的避碰操纵。目前尚没有研究智能船舶如何与人工船舶沟通的问题，特别是完全无人驾驶的智能船舶，这可能进一步加重上述问题。面对此消彼长的风险态势，智能船舶的引入对人工船舶碰撞场景的影响是一个需要进一步研究的问题。

2. 智能船舶间碰撞场景的 HCL 建模

由于混合场景可以看作人工-人工场景和智能-智能场景的结合，因此首先提出智能-智能场景下的船舶碰撞事故 HCL 模型，并进一步推广到混合场景中。根据已知的智能船舶研发项目资料[2]，在碰撞场景中，智能船舶的功能性结构可以概括为三个主要部分，即传感器信息采集系统、自主决策系统、自主控制系统。在建立智能-智能场景的 HCL 模型时，提出如下基本假设。

人工-人工场景的事件流中与风险识别及确认相关的中间事件(图 8.3 中的 PE 2/3)、与避碰决策相关的中间事件(图 8.3 中的 PE4/5/10)、与路径跟踪相关的中间事件(图 8.3 中的 PE6/8/11)，都是由智能船舶自主决策及自主控制系统的相关算法完成的[3]。这些事件的概率就是软件单独运行成功的概率，即软件的可靠性。智能-智能场景的事件流模型与人工-人工场景的区别图如图 8.6 所示。

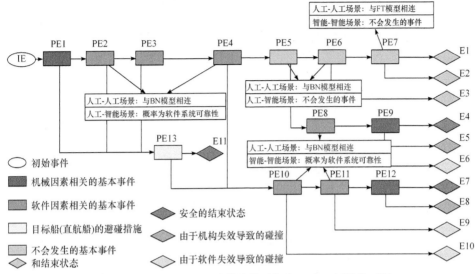

图 8.6　智能-智能场景的事件流模型与人工-人工场景的区别

　　根据上述假设，智能船舶的事件流模型中软件相关的中间事件的概率赋值由软件可靠性的概率取代人工-人工场景中人因因素的 BN 关联分析。事实上，在智能船舶导航过程中，最受关注的风险已经从人因等"软"因素转变为传感器和机械系统的可靠性等"硬"因素。智能船舶的硬件配置在行业中尚没有形成一致意见或进一步的行业标准，因此目前大多数智能船舶研发项目的设计看起来更像传统的船舶配备传感器和数字控制设备[4]。因此，智能-智能场景中的机械响应相关中间事件(PE7/9/12)采用与人工-人工场景相同的故障树结构和参数设置。人工-人工场景的事件流模型可以发展成图 8.6 所示的智能-智能场景的事件流模型。PE1本船的设备报警与一个新的故障树连接，包括传统导助航设备 AIS 和海事雷达，也包括当前智能船舶开发中的常用的激光雷达和数字摄像头(图 8.7)。由于增强视觉系统的传感器受到环境不确定性的影响，PE1 关联的故障树中的基本事件(激光雷达信号、摄像头信号)进一步与一个 BN 相连。传感器可靠性的 BN 模型如图 8.8所示。

3. 混合场景下的船舶碰撞事故的 HCL 建模

　　以人工-人工场景和智能-智能场景为基础，可以推测混合场景中的船舶碰撞事故具有如下特点，即与智能-智能场景相同，混合场景中人工船舶与智能船舶间的通信不再有效。因此，类似智能-智能场景的处理，在混合场景的事件流模型中，通信相关的中间事件均被设置为一个非常低的概率，表示有效沟通及后续的事件均不会发生。

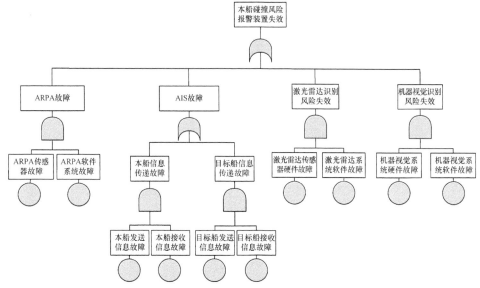

图 8.7　智能船舶的船载碰撞预警系统失效的故障树模型

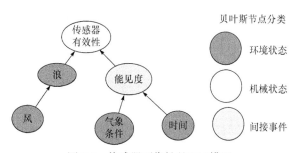

图 8.8　传感器可靠性的 BN 模型

　　理论上，人工船舶或智能船舶作为让路船，对于避碰场景的影响应该是不同的。一方面，智能船舶对于碰撞风险的感知比人工驾驶船舶要更加敏锐，并且会尽早做出避碰行为。因此，智能船舶作为让路船、人工船舶作为直航船的场景(智能-人工场景)会由智能船舶的及时行动而使人工船舶不需要进行更多的决策。减少人工船舶的参与能在很大程度上减少人因因素的影响。相反，在人工-智能场景中，智能船舶可能因为人工船舶的不及时或不明确的行为对场景产生误判，从而引起更进一步的决策不确定性。但是，这些推测仍需要通过 HCL 建模进一步确认。在 HCL 建模过程中，尽管这两种混合场景都遵循相同的事件逻辑顺序，但是结束状态的概率将根据采取措施让路船的类型而有所不同。当起主要作用的让路船为人工船舶(人工-智能场景)时，该模型可视为人工-人工场景的延续，但是目标船避碰措施(中间事件 PE13)的相关设置则来自智能-智能场景模型。相应地，智能-人工场景中的 HCL 模型也采用类似的方式建模。

图 8.9 给出了使用这两种假设开发的混合场景的 HCL 模型。

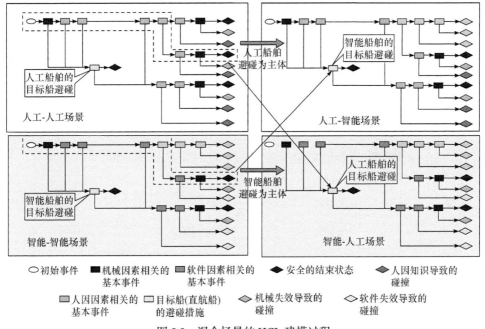

图 8.9　混合场景的 HCL 建模过程

8.1.4　混合因果逻辑建模结果分析

1. 不同场景的船舶碰撞事故分析对比

在船舶避碰事故四个场景建模的基础上，本节使用 Tririth 软件平台对模型进行定量计算。Trilith 软件的建模遵循 HCL 的标准建模过程，并提供了很多便捷的分析手段。表 8.2 列出了四个船舶碰撞场景所有结束状态事件的概率。不同场景下结束状态对比如图 8.10 所示。

表 8.2　四个主要场景的结束状态的概率

结束状态编号	结束状态类型	不同场景下的结束状态概率			
		人工-人工	人工-智能	智能-人工	智能-智能
E1	安全	0.1236	1.9100×10^{-7}	4.0700×10^{-7}	4.0700×10^{-7}
E2	机械故障导致的碰撞	0.0051	7.8789×10^{-9}	1.6800×10^{-8}	1.6800×10^{-8}
E3	人因失误导致的碰撞	0.0700	1.0815×10^{-7}	——	——

续表

结束状态编号	结束状态类型	不同场景下的结束状态概率			
		人工-人工	人工-智能	智能-人工	智能-智能
E3	软件失效导致的碰撞	—	—	$1.0600×10^{-7}$	$1.0600×10^{-7}$
E4	安全	0.0713	0.2019	0.3874	0.3874
E5	机械故障导致的碰撞	0.0066	0.0188	0.0361	0.0361
E6	人因失误导致的碰撞	0.0305	0.0864	—	—
E6	软件失效导致的碰撞	—	—	0.1059	0.1059
E7	安全	0.1611	0.1212	0.2352	0.1789
E8	机械故障导致的碰撞	0.0230	0.0173	0.0506	0.0384
E9	人因失误导致的碰撞	0.1277	0.0961	—	—
E9	软件失效导致的碰撞	—	—	0.0714	0.0543
E10	人因失误导致的碰撞	0.3444	0.2591	—	—
E10	软件失效导致的碰撞	—	—	0.0893	0.0679
E11	安全	0.0366	0.1991	0.0241	0.1310

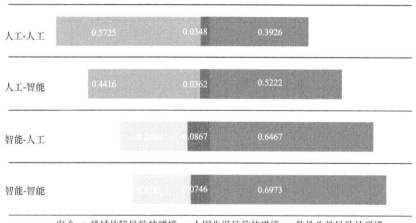

■安全　■机械故障导致的碰撞　■人因失误导致的碰撞　软件失效导致的碰撞

图 8.10　不同场景下结束状态概率对比

图 8.10 和表 8.2 中的所有结果都是基于初始事件(IE)的概率。在表 8.2 中预设为 Pr(IE)=1，目的是更容易地显示安全和碰撞的概率。结果表明，在传统的避碰场景(人工-人工场景)中，在危险遭遇情况下，安全概率为 0.3926，碰撞事故概率为 0.6073。其中，人为失误事故概率占事故总概率的 94.27%，机械故障事故概率

为 5.73%。这与业界认为的 75%~96%的海上事故与人为因素有关的结论是相符的。与人工-人工场景相比，智能船舶的引入可以有效地提高船舶碰撞场景的安全性。即使在智能船舶作为非主要船舶的人工-智能场景中，这一现象也是非常明显的，并且随着智能船舶参与度的提高，在智能-智能场景中，安全避碰的概率增加到近 70%[5]。

在实际中，Pr(IE) 源于历史数据并综合专家的意见，例如在学术上公认的数据中，不同会遇类型导致的碰撞风险的概率是不同的。以公共海域为例，追越和对遇的碰撞风险的发生概率大概为 4.90×10^{-5}，而交遇则是 1.30×10^{-4}。为了进一步验证分析结果的准确性，选取 1997~2002 年新加坡海峡的历史资料[6]，通过表 8.2 中的结果估算该地区的碰撞频率，结果如表 8.3 所示。在表 8.3 中，每一种会遇类型的月度会遇局面次数都来自对历史数据的平均统计，年度会遇局面次数则根据月度数据计算得到。最终，利用人工-人工场景中在危险局面的情况下(IE)碰撞事故的发生频率(0.6073)估算的 1997~2002 年新加坡海峡的年均碰撞事故的频率为 1.11 次/年。该时间段该水域的实际平均碰撞事故为 1.80 次/年。考虑 HCL 模型仅是概略的船舶碰撞场景的定量化模型，没有对不同水域和不同会遇情况作进一步的参数优化，因此这一结果是可以接受的。

表 8.3　利用人工-人工场景的计算结果估计新加坡海峡的年均船舶碰撞频率

会遇类型	每月会遇局面次数	每年会遇局面次数	出现危险局面的概率 [1]	每年估算的碰撞事故频率 [2]
追越	1014	12168	4.90×10^{-5}	0.36
对遇	441	5292	4.90×10^{-5}	0.16
交叉相遇	620	7440	1.30×10^{-4}	0.59
汇总	2075	24900		1.11

注：1. 出现危险局面的概率依据之前的研究数据[6]。

2. 碰撞事故评率的计算方法＝会遇局面次数(每年)×出现危险局面的概率×0.6073(人工-人工场景碰撞的概率)。

2. 混合场景的特征总结

在智能-智能场景的事件流模型中，基本事件"与目标船沟通"(PE5)被赋一个极小值($\Pr(PE5)=1 \times 10^{-6}$)，用于表示在有智能船舶参与的场景中，会遇船舶间没有关于避碰决策的沟通。这个设定也被沿用到混合场景的建模中，结果如表 8.2 所示。在实际中，信息沟通对于船舶碰撞场景结果的影响要复杂得多。为了分析沟通增强情况下场景结果的变化，通过逐步增大 PE5 成功的概率，多次计算场景的结束状态概率，可以得到船舶碰撞场景随避碰沟通效率提高而改变的趋势。当

Pr(PE5) 的取值由 0.000001 增大到 0.5 时，得到人工-智能、智能-人工、智能-智能三个场景中安全的结束状态的概率，如图 8.11 所示。

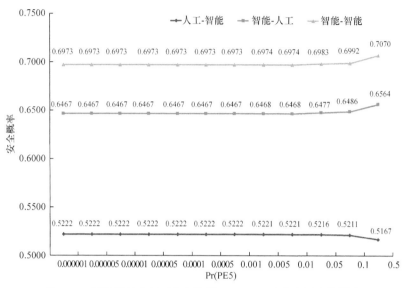

图 8.11　智能船舶参与下信息沟通(Pr(PE5))对安全概率的影响

由图 8.11 可以看到在以智能船舶为主的智能-人工和智能-智能场景中，随着沟通成功的概率增加，碰撞场景中安全的可能性有了显著的提高。但是，在人工-智能场景中，安全的可能性反而下降。这是由于按照当前的事件流模型，增加人工-智能场景中避碰沟通成功的概率，则会增加以人工船舶避碰为主导的场景概率。但是，人工船舶避碰操纵的可靠性要低于智能船舶，因此最终导致总的场景安全性降低。

因此，可以发现对于任何智能船舶参与的船舶碰撞场景，增加智能船舶避碰作业的比重，减少人工船舶在整个场景中的作用，即尽量出现智能-人工场景，而非人工-智能场景，可以有效地提高整个避碰场景的安全性。在以智能船舶为主的碰撞场景(智能-人工场景和智能-智能场景)中，沟通则成为影响场景安全性的重要因素。

8.2　智能船舶与人工船舶会遇场景的避碰方法

针对 8.1 节提出的船舶间沟通对混合场景船舶航行安全的重要影响。本节提出一种适用于智能船舶与人工船舶混合的多船会遇场景的类人决策框架。

8.2.1 混合场景下的船舶避碰问题

在船舶避碰过程中, 由于船舶自身的巨大惯性和欠驱动特性, 与道路、铁路、航空等交通方式相比, 船舶呈现出非常鲜明的特点。首先, 船舶的巨大惯性决定了船舶避碰过程中避碰双方作出的所有紧急、快速的操纵都将受影响而无法达到预期目标[7]。其次, 船舶的欠驱动特性决定了船舶避碰过程中的所有行为都需要提前作出操纵, 并通过时间上的积累达到预期目标[8]。

这就导致船舶驾驶人员在决策中需要首先拟定一个合理的避碰方案, 随后通过一系列避碰操纵, 使船舶达到预计的状态。这在避碰实践中表现为一种内外两层的逻辑结构, 即深层的避碰意图和表现出的避碰决策/操纵。船舶避碰过程往往持续时间较长。在整个过程中, 船舶的运动表现为缓慢运动状态微小改变量的积累[9]。这往往涉及多次的沟通, 并根据对方船只的情况改变本船的避碰决策[10]。因此, 船舶避碰过程又体现出决策高度耦合的特性。

船舶避碰决策中的双层逻辑、决策耦合的特点是根据船舶的运动特性在长期的船舶避碰实践中形成的[11]。智能船舶在与人工船舶会遇的混合场景中为了保证人工船舶的决策顺畅, 也应该遵守船舶避碰的内在逻辑。智能船舶的决策和操纵都应以人工船舶的安全为最高优先原则, 顺应人工船舶的观测和决策习惯, 即进行类人的避碰决策。

8.2.2 观测-推测-预测-决策避碰方法框架

1. 两层逻辑结构的船舶避碰决策

基于智能船舶在混合场景下避碰决策的要求, 本节采用两层逻辑结构和迭代式的过程描述会遇场景中船舶间的高度耦合关系。该决策框架具体表现为观测-推测-预测-决策(observation, inference, prediction and decision, OIPD)的类人避碰决策框架。船舶避碰的 OIPD 框架如图 8.12 所示。当智能船舶独立地依照 OIPD 决策流程进行避碰决策时, 可以有效地反映船舶的自主决策过程, 体现多智能体的动力学特征, 从而方便会遇的人工船舶及早理解智能船舶的避碰意图, 并作出合理决策。

在每一个决策周期开始时, 本船首先根据观测到的目标船信息更新船舶状态。随后将当前状态信息与前一决策周期的预测值进行比较。在 D-S 证据理论的基础上, 通过融合时间、空间的识别信息, 计算预测信息与实际情况的偏差。利用这种定量方法确认或进一步修正前一个决策周期中对目标船避碰意图的推测。基于推测的避碰意图, 本船可以预测目标船的未来状态, 并进行避碰决策。

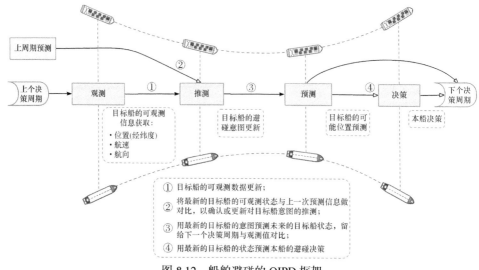

图 8.12　船舶避碰的 OIPD 框架

2. 避碰意图及其形式化表达

在典型的两船避碰场景中,《国际海上避碰规则公约》(Convention on the International Regulations for Preventing Collisions at Sea, COLREGs)是两船都应该遵守的基本规则。COLREGs 定义了三种船舶会遇场景,即交叉会遇、对遇、追越。在这些会遇场景中,根据本船与目标船相对位置的不同,本船可能承担让路船或直航船的责任。在多船会遇场景中,让路船的责任可以进一步提炼为"通过减速、转向等一系列操作使本船从目标船的船尾经过",直航船则相反。因此,船舶避碰意图可以具体表现为从对方船的船头还是船尾经过。

船舶避碰的过程是一个不断变化的过程,但是正常状态下一旦所有船舶明确避碰意图,即明确从哪些船舶的船头经过和从哪些船舶的船尾经过,其行为就变得易于预测和理解。因此,本节采用的 OIPD 算法最重要的目标就是在无沟通的情况下,通过观测当前会遇场景的状态,推测目标船的避碰意图,进而由避碰意图预测对方船舶的位置,以及本船决策。既然避碰意图可以归结为从船头或船尾经过的简单二元逻辑,则可以从对方船头经过的避碰意图逻辑(collision avoidance logic, CAL)设为 0,相应地从对方船尾经过的避碰意图设为 1。

3. 避碰的决策

可观测和可预测的信息都是可以高度量化的。这是由于船舶的外部行为可以用几何参数和动力学参数来表示,这些参数可以描述船舶的当前状态。用 $t_i(i=1,2,\cdots)$ 表示决策系统中离散化的时间间隔,并作为船舶行为和动机的基本时间刻度表示。

设 t_i 时刻所有船舶的实际状态集合 $S_i = [s_i^r]_{n\times4}$,其中 n 是船舶数量,$r = 1,2,\cdots,n$ 表示具体的船舶。设时刻 t_i ,r 船的实际状态为向量 $s_i^r = [x_i^r, y_i^r, \theta_i^r, v_i^r]$,其中 x_i^r 和 y_i^r 是对地坐标,θ_i^r 是航向角,v_i^r 是速度。此处,s_i^r 即本船可观测的参数。设时刻 t_i ,从 r 船的角度对 p 船的预测状态用向量 $\tilde{s}_i^{p|r} = [\tilde{x}_i^{p|r}, \tilde{y}_i^{p|r}, \tilde{\theta}_i^{p|r}, \tilde{v}_i^{p|r}]$ 表示,每个顶部带波浪号的变量代表变量的预测值。从 r 船的角度,时刻 t_i 所有船舶的预测状态为 $\tilde{S}_i^r = [\tilde{s}_i^{p|r}]_{n\times4}$ 。

从 r 船的角度,在 t_i 时刻,p 船对 q 船的推断意图用 $\psi_i^{p,q|r}$ 表示,因此从 r 船的角度出发,在 t_i 时刻,所有船舶的推断意图可以表示为 $\Psi_i^r = [\psi_i^{p,q|r}]_{n\times n}$,其中 p、q、$r = 1,2,\cdots,n$ 是船舶编号,且 $p \neq q$ 。此外,Ψ_i^r 等价地称为从 r 船的角度出发,船舶的推断 CAL 矩阵。$\psi_i^{p,q|r}$ 是 p 船对 q 船的避碰意图,值为 0 或 1。

利用上述符号,船舶的可观测信息、可预测信息、推断信息的基本关系可以表述为

$$\Psi_i^r = F(\tilde{S}_i^r, S_i, \Psi_{i-1}^r) \tag{8.1a}$$

$$\tilde{S}_{i+1}^r = G(S_i, \Psi_i^r) \tag{8.1b}$$

式(8.1a)表示通过将船舶在时刻 t 的实际状态和预测状态与先前的推断意图进行比较,得出船舶在 t_i 时刻推断的避碰意图。式(8.1b)指 t_{i+1} 时刻的预测状态,可由当时的观察状态和推断意图计算得出。在前面的符号定义中,$s_i^r = [x_i^r, y_i^r, \theta_i^r, v_i^r]$ 是具有确定值的普通向量。对于相应的预测状态,$\tilde{s}_i^{p|r} = [\tilde{x}_i^{p|r}, \tilde{y}_i^{p|r}, \tilde{\theta}_i^{p|r}, \tilde{v}_i^{p|r}]$ 是具有不确定性信息的随机向量,随机向量 $\tilde{s}_i^{p|r}$ 有一个联合分布函数。在模型的实现中,函数 G 在最大似然意义下导出向量的值。类似地,推导出的 CAL 矩阵 Ψ_i^r 也是一个随机矩阵。

虽然式(8.1)描述了 $\tilde{S}_{i+1}^r$、S_i、Ψ_i^r 之间的关系,但是式(8.1)没有给出用函数 F 和 G 表示的具体推理过程。F 和 G 不是封闭形式的函数,而是一系列的建模和计算步骤。

8.2.3 沟通受限情况下的类人多船避碰决策方法

1. 避碰决策的整体流程:从 CAL 到避碰决策/操纵

本节提出的避碰决策方法由 4 个算法组成,其中算法 8.1 为主要决策框架,算法 8.2～算法 8.4 作为决策的 3 个主要函数,分别实现避碰决策、意图推测、状态预测等功能。算法的目标是同时输出对所有目标船未来状态预测和本船当

前时刻的决策。该算法在获得最新观测信息的基础上通过以下两个步骤实现状态预测。

第一步,CAL 推测更新。更新上一次对 CAL 矩阵的推测,即 $\Psi_i^r = (\psi_i^{p,q|r})_{n\times n} \leftarrow S_i, \tilde{S}_{i+1}^r, \Psi_{i-1}^r$。

第二步,状态预测。根据最新的 CAL 矩阵,模拟目标船可能的决策过程,即 $\tilde{S}_{i+1}^r \leftarrow T_{\text{steer}}, S_i, \Psi_{i-1}^r$

复用第二步模拟目标船的决策方法,可以得出本船当前时刻的避碰决策。

算法 8.1:分布式决策中 OIPD 算法的主要框架

1:	设置场景初始状态 S_0
2:	/* 在每一个时间段中 */
3:	for each t_i
4:	/*进入每艘船的决策循环*/
5:	for each ship r /* 当本船为 r 船时*/
6:	if $t_i \in T_r$ /*当 t_i 属于 r 船的决策周期 T_r 中时,r 船的决策开始*/
7:	Input S_i /*输入当前可观测状态*/
8:	运行算法 8.4 /*开始 CAL 推测*/
9:	$\Psi_i^r = (\psi_i^{p,q|r})_{n\times n} \leftarrow S_i, \tilde{S}_i^r, \Psi_{i-1}^r, Ev_i$ /*得到 t_i 时刻 r 船视角下的 CAL 矩阵*/
10:	For p /*本船的推测循环中,会预测所有会遇船舶的可能决策*/ /*$p=r$,即本船对自身的避碰决策*/
11:	for each ship q that $\psi_i^{p,q|r} = 1$
12:	/*在本船的推测 CAL 中,若 p 船对 q 船的 CAL 为 1,即 p 船为让路*/
13:	运行算法 8.2 /*CAL=1 时 p 船的路径预测*/
14:	$\begin{cases} \tilde{s}_{i+1|i}^{p|r} \leftarrow T_{\text{steer}}, S_i, \Psi_i^r, p \neq r \\ s_{i+1}^r \leftarrow T_{\text{steer}}, S_i, \Psi_i^r \end{cases}$ /*若 p 船为本船,即本船的决策*/
15:	end for
16:	for q that $\psi_i^{p,q|r} = 0$
17:	/*在本船的推测 CAL 中,若 p 船对 q 船的 CAL 为 0,即 p 船为直航*/
18:	Run 算法 8.3 /*CAL=0 时的 p 船路径预测*/
19:	$\begin{cases} \tilde{s}_{i+1|i}^{p|r} \leftarrow T_{\text{steer}}, S_i, \Psi_i^r (p \neq r) \\ s_{i+1}^r \leftarrow T_{\text{steer}}, S_i, \Psi_i^r \end{cases}$ /*若 p 船为本船,即本船的决策*/
20:	end for

21:	end for
22:	end if
23:	输出 r 船视角下对所有目标船 p 的状态预测 $\tilde{S}_{i+1|i}^{p}(p=1,2,\cdots,p\neq r)$
24:	输出 r 船自身的避碰决策 S_{i+1}^{r}
25:	输出 r 船下一个决策周期的 CAL 矩阵 $\Psi_i^r=(\psi_i^{p,q|r})_{n\times n}$
26:	end for
27:	end for

2. 轨迹规划辅助算法的解释

算法 8.2 为 CAL = 1 时，p 船的轨迹规划算法。CAL = 1 表示本船倾向于从目标船的后侧通过会遇区域，类似于 COLREGs 中的 "让路" 情况。本船可以采取的措施是降低速度和转向右舷。由于不同措施的效果根据航向角交角的不同而不同，因此所有目标船均按交角分为两组。首先，采取降低速度避让与本船交角较小的目标船，然后通过右转舵避让其他目标船。算法中的常量参数包括碰撞风险阈值 Dis_{risk}、速度 η_v、转向角 η_θ 的单位变化、最大转向角 $\theta_{\max}$、最大转向时间 $T_{\max}$ 和最小值安全 DCPA 值 D_0。ϕ_0 是两船交角的特定值。当交角小于 ϕ_0 时，转向操纵的避碰性能将不再有效，甚至可能增加发生碰撞的风险。因此，改变速度应具有更高的优先级。

算法 8.2：p 船的轨迹规划算法 (CAL=1 时)

1:	/*导航预行计算*/
2:	输入 t_i　S_i　/*输入当前可观测状态*/
3:	输入当前 CAL 矩阵 $\Psi_i=(\psi_i^{p,q})_{n\times n}$
4:	$\{\text{TS}_{q0} \mid \psi^{p,q}=1, q\neq p, q=1,2,\cdots\}$　/*输入所有 p 船 CAL = 1 的目标船 q*/
5:	$\{\text{TS}_q \mid \text{Dis}_{p,q}\leqslant \text{Dis}_{\text{risk}}, TS_q\in TS_{q0}\}$　/*找到这些船中与 p 船有碰撞风险的船 TS_q*/
6:	$\Phi=\phi_{p,q}$　　　/* $\phi_{p,q}$　计算两船的航向交角*/
7:	$v_{i+1}^p=v_i^p$
8:	$\theta_{i+1}^p=\theta_i^p$
9:	/*轨迹规划开始*/
10:	for TS_q
11:	$\text{DCPA}_{\min}=\text{minDCPA}(p,q)$　/*计算最初的最小 DCPA*/

12:    if $\phi_{p,q} \leqslant \phi_0$ /*两船处于小航向交角时，减速避碰更有效果*/

13:    while $\text{DCPA}_{\min} < D_0$ /*直到最小 DCPA 大于安全值*/

14:        $v_{i+1}^p = v_{i+1}^p - \eta_v v_i^p$ /*每次减速固定系数*/

15:        $\text{DCPA}_{\min} = \min\text{DCPA}(p,q)$

16:    end while

17:    else if $\phi_{p,q} > \phi_0$ /*两船处于小航向交角时，p 船右转避碰*/

18:    for $\eta_\theta = 0$ to $\theta_{\max}$ /*转向角度从 0 到最大转向角 η_θ */

19:    for $T_{\text{steer}}^p = 0$ to $T_{\max}$ /*p 船在新航向上的时间从 0 到 $T_{\max}$ */

20:       $\text{DCPA}_{\min} = \min\text{DCPA}(p,q)$ /* 在此过程中的最小 DCPA*/

21:    if $\text{DCPA}_{\min} \geqslant D_0$ /*直到最小 DCPA 足够大*/

22:       break

23:    end if

24:    end for

25:    if $\text{DCPA}_{\min} \geqslant D_0$

26:       break

27:    end for

28:    end for

29:    end if

30:    return $v_{i+1}^p, \theta_{i+1}^p = \theta_{i+1}^p + \eta_\theta, T_{\text{steer}}^p$

31:    end for

32:    output $S_{i+1}^p \leftarrow v_{i+1}^p, \theta_{i+1}^p, T_{\text{steer}}^p, S_i^p$

算法 8.3 为 CAL = 0 时，p 船的轨迹规划算法。CAL = 0 的情况下，本船的避碰决策与 CAL = 1 的情况相反，即采用加速和左转的方式尽快从目标船的船头通过会遇区域。

3. 预测和观测信息的交叉分析

随着对目标船 CAL 推理-验证循环的进行，包括目标船轨迹、速度、航向在内的预测状态将朝着真实值收敛。在会遇场景中，所有船舶的决策都相互影响高度耦合，因此在决策的内容上，会遇船舶的避碰决策分析很容易陷入纠缠和混沌。因此，我们提出一种基于 DS 证据理论的交叉分解方法，以便目标船的决策/操纵分析。

在 OIPD 方法中，目标船的 CAL 推测是基于对目标船决策/操纵行为的不断推测-验证-推测的循环。通过比较目标船和本船的相对状态对，可以完成上述推测和确认，并在此基础上修改或确认对目标船 CAL 的预测。交叉分析的两种相对状态对的定义如下。

(1) 真实状态对(real status pairs，RSP)。设 $\left\langle s_i^p, s_i^q \right\rangle$ 为 p 船和 q 船在 t_i 时刻的 RSP，其中 $s_i^p = \{x_i^p, y_i^p, \theta_i^p, v_i^p\}$，$s_i^q = \{x_i^q, y_i^q, \theta_i^q, v_i^q\}$。RSP 包含一对会遇船舶在相同时刻的所有可观测信息。

由于 t_i 时刻预测目标船的有效性对于 CAL 推断，本船在下一个时间段的决策都是必要的，因此在 RSP 基础上构造另一个状态对进行分析。

(2) 预测状态对(predicted status pairs，PSP)。设 $\left\langle s_{i+1}^r, \tilde{s}_{i+1}^{q|r} \right\rangle$ 为 t_i 时刻 r 船(本船)和 q 船(目标船)的 PSP，其中 s_{i+1}^r 是 t_{i+1} 时刻本船的状态，可以通过预测 t_i 处本船的决策来实现，并预测从本船角度看 t_{i+1} 时刻目标船 p 的状态 $\tilde{s}_{i+1}^{q|r}$。特别地，当两艘船都是目标船(如 p 船和 q 船)时，PSP 变为 $\left\langle \tilde{s}_{i+1}^{p|r}, \tilde{s}_{i+1}^{q|r} \right\rangle$。

应该注意的是，RSP 和 PSP 中的第一个参数是主视角的状态，第二个参数是目标船的状态。例如，由 RSP $\left\langle s_i^p, s_i^q \right\rangle$ 计算的 CAL 表示它是 p 船对 q 船的 CAL。RSP 中的两个状态参数都代表已经发生且可以观察的状态，PSP 中的状态参数代表还没有发生的状态。

基于 RSP 和 PSP，可以利用证据理论分析观测信息和预测信息之间的差异，进一步推测船舶的 CAL。此外，即使在多舰会遇的情况下，也可以通过两艘船的成对比较实现 CAL 推断。

遵循证据理论的范式，使用二元素集 $\Theta = \{P, NP\}$ 作为识别框架，其中 P 表示支持 CAL 推理的感兴趣的决策/操作，NP 表示相反。Θ 的幂集是 $2^\Theta = \{\{P\}, \{NP\}, \{P, NP\}, \varnothing\}$，其中 $\{P, NP\}$ 是通用集，$\varnothing$ 是空集。令 m 为 Θ 上的基本概率分配(basic probability assignment，BPA)函数，是 $m(\{P\})$ 和 $m(\{NP\})$ 分配量化置信度。根据该置信度，我们可以将感兴趣的行为分类为对当前 CAL 支持或不支持的推论。特别地，$m(\{P, NP\})$ 指定了给定避碰行为可以被识别为支持或不支持的不确定程度。式(8.2)为 $m(\{P\})$、$m(\{NP\})$、$m(\{P, NP\})$ 曲线组成的基本 BPA 曲线的基准函数，即

$$f_0(x, \alpha, \beta) = \begin{cases} 1 - \exp\left[-\left(\dfrac{x - \alpha}{\beta} \right)^2 \right], & \alpha \leqslant x \\ 0, & \alpha > x \end{cases} \tag{8.2}$$

其约束为 $m(\{P\}) + m(\{NP\}) + m(\{P, NP\}) = 1$。$m(\{P\})$ 定义为 $f_1(x) = f_0(1.5x, 0.6, 0.7)$，$m(\{NP\})$ 定义为 $f_2(x) = f_0(2 - 1.5x, 0.6, 0.7)$，$m(\{NP, P\})$ 定义为 $f_3(x) = 1 - f_1(x) - f_2(x)$。

上述证据理论模型可以用于观测值和预测值的时空分析和定量计算。

通过预测测量，可以预测和检查决策的深层意图。在时刻 t_j，目标船 CAL 的预测度量是使用 PSP$\left\langle s_{i+1}^p, \tilde{s}_{i+1|i}^q \right\rangle$ 和 RSP$\left\langle s_i^p, s_i^q \right\rangle$ 计算的。

令 s_i^p 和 s_i^q 是两个任意的主要船舶状态数据，$D\left(\left\langle s_i^p, s_i^q \right\rangle\right)$ 定义为两个位置之间的实际距离 DCPA$\left(\left\langle s_i^p, s_i^q \right\rangle\right)$，是两艘船的预期 DCPA，而 TCPA$\left(\left\langle s_i^p, s_i^q \right\rangle\right)$ 是相应的 TCPA。特别地，如果两个船舶状态数据指示船舶彼此离开，即没有靠近的趋势，则 DCPA$\left(\left\langle s_i^p, s_i^q \right\rangle\right)$ 和 TCPA$\left(\left\langle s_i^p, s_i^q \right\rangle\right)$ 将被分配一个大数 M(如 2^{10})。令 $\lambda(0 \leqslant \lambda \leqslant 1)$ 为确定性加权参数，则有以下定义。

定义 8.1 s_i^p 和 s_i^q 之间的空间接近因子 Cl$\left(\left\langle s_i^p, s_i^q \right\rangle\right)$ 是 $D\left(\left\langle s_i^p, s_i^q \right\rangle\right)$ 和 DCPA$\left(\left\langle s_i^p, s_i^q \right\rangle\right)$ 的函数，即

$$\text{Cl}\left(\left\langle s_i^p, s_i^q \right\rangle\right) = \lambda D\left(\left\langle s_i^p, s_i^q \right\rangle\right) + (1 - \lambda)\text{DCPA}\left(\left\langle s_i^p, s_i^q \right\rangle\right) \tag{8.3}$$

定义 8.2 给定船舶状态数据对 RSP$\left\langle s_i^p, s_i^q \right\rangle$ 和 PSP$\left\langle \tilde{s}_{i+1}^{p|r}, \tilde{s}_{i+1}^{q|r} \right\rangle$，在时间间隔 $[t_i, t_{i+1}]$ 中，p 船向 q 船的预测避碰操纵空间增益因子(predicted collision avoidance manoeuvring spatial gain factor，pre-CAMSG)为

$$\text{PreG}_D^{pq}([t_i, t_{i+1}]) = \frac{\text{Cl}\left(\left\langle \tilde{s}_{i+1}^{p|r}, \tilde{s}_{i+1}^{q|r} \right\rangle\right)}{\text{Cl}\left(\left\langle s_i^p, s_i^q \right\rangle\right)} \tag{8.4}$$

类似地，在时间 $[t_i, t_{i+1}]$ 中，p 船向 q 船的预测避碰操纵时间增益因子(the predicted collision avoidance manoeuvring temporal gain factor，pre-CAMTG)为

$$\text{PreG}_T^{pq}([t_i, t_{i+1}]) = \frac{\text{TCPA}\left(\left\langle \tilde{s}_{i+1}^{p|r}, \tilde{s}_{i+1}^{q|r} \right\rangle\right)}{\text{TCPA}\left(\left\langle s_i^p, s_i^q \right\rangle\right)} \tag{8.5}$$

当 p 船是本船($p = r$)时，$\tilde{s}_{i+1|i}^{p|r} = s_{i+1}^r$。pre-CAMSG 和 pre-CAMTG 利用 t_i 时刻全部可观测信息来描述预测状态和当前时刻的避碰行为之间在空间和时间方面的符合程度，并用证据理论方法进行定量分析。

通过观察测量，检查事实状态并将其与预测进行比较。除了关注 t_{i+1} 时刻的状态对 RSP$\left\langle s_{i+1}^p, s_{i+1}^q \right\rangle$，该分析框架类似于预测测量的框架。因此，定义 8.2 对应的定义表示如下。

定义 8.3　给定两个船舶状态数据对 $\langle s_i^p, s_i^q \rangle$、$\langle s_{i+1}^p, s_{i+1}^q \rangle$，观察到的 p 船朝向 q 船的避碰操纵空间增益因子(the observed collision avoidance manoeuvring spatial gain factor, obs-CAMSG)为

$$\text{ObsG}_D^{pq}([t_i, t_{i+1}]) = \frac{\text{Cl}\left(\langle s_{i+1}^p, s_{i+1}^q \rangle\right)}{\text{Cl}\left(\langle s_i^p, s_i^q \rangle\right)} \tag{8.6}$$

在时间间隔 $[t_i, t_{i+1}]$ 中，观察到的 p 船朝向 q 船的避碰操纵时间增益因子(the observed collision avoidance manoeuvring temporal gain factor, obs-CAMTG)为

$$\text{ObsG}_T^{pq}([t_i, t_{i+1}]) = \frac{\text{TCPA}\left(\langle s_{i+1}^p, s_{i+1}^q \rangle\right)}{\text{TCPA}\left(\langle s_i^p, s_i^q \rangle\right)} \tag{8.7}$$

预测测量值与观察测量值之间的差异对于 CAL 推测的准确性是至关重要的，可以应用两个证据之间的距离寻找描述差异的定量方法。

定义 8.4　令

$$\hat{E}_{pq}^{i+1} = [\hat{m}_{pq}^{i+1}(\{P\}), \hat{m}_{pq}^{i+1}(\{NP\}), \hat{m}_{pq}^{i+1}(\{NP, P\})] \tag{8.8}$$

表示时间 t_{i+1}，p 船对 q 船的预测度量是在相应时刻对应的观测值，即

$$E_{pq}^{i+1} = [m_{pq}^{i+1}(\{P\}), m_{pq}^{i+1}(\{NP\}), m_{pq}^{i+1}(\{NP, P\})] \tag{8.9}$$

设 $\hat{E}_{pq,S}^{i+1} = [\hat{m}_{pq,S}^{i+1}(\{P\}), \hat{m}_{pq,S}^{i+1}(\{NP\}), \hat{m}_{pq,S}^{i+1}(\{NP, P\})]$ 是时刻 t_{i+1}，p 船对 q 船的基于 pre-CAMSG 的空间分析证据，$\hat{E}_{pq,T}^{i+1} = [\hat{m}_{pq,T}^{i+1}(\{P\}), \hat{m}_{pq,T}^{i+1}(\{NP\}), \hat{m}_{pq,T}^{i+1}(\{NP, P\})]$ 是时间 t_{i+1}，p 船对 q 船的基于 pre-CAMTG 的时间分析证据。然后，在时间 t_{i+1}，p 船对 q 船的综合预测证据可以表示为

$$\hat{E}_{pq}^{i+1} = \hat{E}_{pq,S}^{i+1} \oplus \hat{E}_{pq,T}^{i+1} \tag{8.10}$$

同理，可以计算在时刻 t_{i+1}，p 船对 q 船的综合观测证据为

$$E_{pq}^{i+1} = E_{pq,S}^{i+1} \oplus E_{pq,T}^{i+1} \tag{8.11}$$

在时刻 t_{i+1}，p 的预测和观察对船 q 的差异是 $\hat{E}_{pq}^{i+1}$ 和 E_{pq}^{i+1} 之间的距离，可以用 D_{pq}^{i+1} 表示，即

$$D_{pq}^{i+1} = \left[\frac{1}{2}(\hat{E}_{pq}^{i+1} - E_{pq}^{i+1})D(\hat{E}_{pq}^{i+1} - E_{pq}^{i+1})^T\right]^{\frac{1}{2}} \tag{8.12}$$

其中，$D \stackrel{\text{def}}{=} \begin{bmatrix} 1 & 0 & 1/2 \\ 0 & 1 & 1/2 \\ 1/2 & 1/2 & 1 \end{bmatrix}$。

在每个决策循环中，将预测和观测度量与它们的时空成分结合在一起可以形成证据。因此，预测和观察之间的差异可以反映一艘船对另一艘船感知的局限性。在当前步骤中，一艘船的下一行为(操纵)可能对于其他人是意外的，这将导致与原始估计值有一定程度的偏差。在多船会遇场景中，一艘船的避碰决策会受到多艘目标船的影响，因此在进行避碰决策时必须考虑所有船的利益来确保安全。通过式(8.2)～式(8.12)，可以计算出在 t_{i+1} 时，p 船与 q 船的预测与观测之间的差异。

8.2.4 混合场景下观测-推测-预测-决策的仿真验证

下面通过仿真测试 OIPD 对多船避碰的有效性。首先，用典型的四船会遇情况构造实验场景。初始状态包括船舶的位置、速度和航向角，如多船会遇场景的初始设置(表 8.4)。所有船舶的初始状态集与案例 1～案例 3 保持相同，基于 OIPD 智能决策方法的多船会遇场景的初始设置(图 8.13)为案例 1～3 的初始状态。根据上述设置，如果船舶未采取适当的避碰措施，则它们将在 1000s 后的中间点发生碰撞。所有仿真结果均由与时间相关的运动序列表示。

表 8.4 多船会遇场景的初始设置

船号	船 1 (S1，红色)	船 2 (S2，绿色)	船 3 (S3，蓝色)	船 4 (S4，黑色)
初始位置/n mile	[0，−5.00]	[3.83，3.21]	[3.85，−2.22]	[−2.55，2.55]
初始速度/kn	18	18	16	13
初始航向/(°)	0	230	300	135
决策周期时长/s	3	4	5	5
探测范围/n mile	5	5	5	5
最初 DCPA/m	0	0	0	0
最初 TCPA/s	1250	1250	1250	1250

根据 COLREGs，从 S1 的角度来看，S2 和 S3 是直航船，S1 应该对让路。S1 是 S4 的直航船。如果 S1 的决策符合 COLREGs，则应从 S4 的前部，以及 S2 和 S3 的后部经过会遇区域。由于 S1 和 S2 之间的交叉角较大，S1 和 S3 之间的角度较小，因此在避免与 S2 或 S3 发生碰撞时，S1 的决策应该有所不同。基于图 8.13 的 3 个案例为最后避碰轨迹。3 个案例由简单到复杂，可以看到，应用本节提出的避碰决策算法的船舶都可以成功避碰。

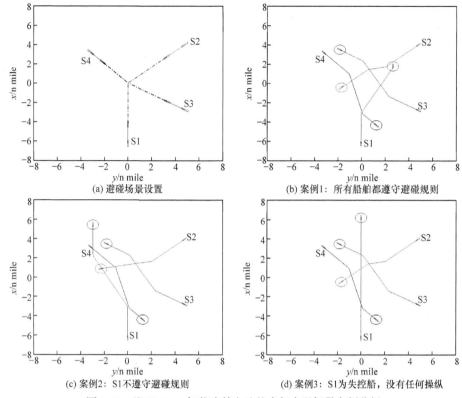

图 8.13 基于 OIPD 智能决策方法的多船会遇场景案例分析

8.3 智能船舶间多船会遇场景的避碰方法

本节通过分析智能船舶间的多船会遇场景，认为信息的理解与沟通依然是影响避碰效果的重要因素，并随着软硬件系统可靠性的提升越来越重要。在不能确定会遇的智能船舶间如何通信的情况下，在 OIPD 避碰决策框架的基础上[12]，提出一种基于贝叶斯推断的智能船舶间的船舶避碰路径规划方法。该方法考虑智能船舶的避碰决策特点，可以满足在有限可观测信息下对目标船避碰逻辑推测和避碰行为预测的决策要求。

8.3.1 智能船舶间的避碰决策

在 OIPD 船舶避碰类人决策框架中，船舶的避碰决策以一种循环迭代的方式开展，通过不断用观测数据纠正对目标船的预测，达到合理推测目标船避碰逻辑的目的，从而保障本船在更早的时机作出更加有针对性的决策。这一方法的本质在于利用少量的可观测信息最大限度地理解目标船意图,弥补船舶通信上的不足,实现在无沟通情况下的多船避碰。

　　智能船舶在避碰过程中比传统人工船舶在态势感知、刷新频率、决策效率和操纵效率上都有质的提高。因此，智能船舶应该可以表现出更为平滑的避碰路径，对目标船的行为更加敏感。这意味着，避碰路径规划算法更加细致，操纵指令更加连续。智能船舶的风险感知模型也需要具有对目标船舶风险进行数字化建模的能力，并且可以在传统路径规划算法的基础上加入对避碰规则的理解。因此，我们提出一种适用于智能船舶间多船避碰的 OIPD 决策方法。基于 OIPD 框架的智能船舶避碰决策流程如图 8.14 所示。其中，观测阶段采用基于四元船舶领域模型(quaternion ship domain，QSD)[13]对船舶动态风险场(dynamic risk field，DRF)进行建模，推测和预测阶段采用基于贝叶斯推测的船舶避碰意图推测及状态预测方法确定当前的本船 CAL，并从当前所有可能避碰场景中找到对应的避碰场景，建立避碰规则场。最后，在决策阶段将当前的动态风险场、避碰规则场和本船的航向引导场统一到同一个数字化场景地图中，应用快速行进(fast marching，FM)算法进行路径规划，完成当前决策周期的避碰决策。

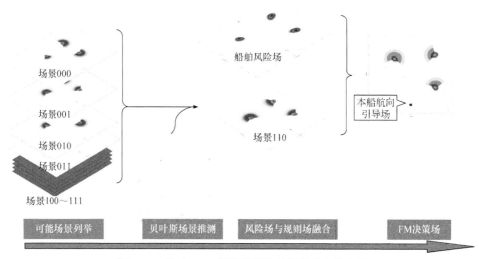

图 8.14　基于 OIPD 框架的智能船舶避碰决策流程

8.3.2　智能船舶间的避碰决策模型搭建

1. 智能船舶避碰的动态风险场和避碰规则场

　　本节尝试应用船舶领域理论方法描述船舶的动态航行风险，用传统人工势场(artificial potential field，APF)方法描述避碰规则对船舶行为的限制，最后建立基于避碰规则的船舶动态风险场模型。

　　船舶领域被定义为一个区域，用于评估当前本船与目标船舶的碰撞风险，并进行风险的可视化。船舶领域的定义一般分为风险标准和模型两部分。不同的研究人员在使用中会根据各自的需求提出船舶领域的不同形式。本节将风险标准设置为一个围绕目标船的区域(图 8.15(a))。本船的各类操纵应尽量远离这一区域，并且侵入这一区域即被认为碰撞风险非常大，这也是使用最广泛的风险标准。本节使用的船舶领域的四元模型即 QSD 模型形式简单，充分考虑了实际船舶避碰操纵需求[13]。QSD 由船舶前后左右四个半径组成基本骨架，四个半径由曲线平滑连接组成船舶领域的基本外形，其中所有参数都由船舶的速度、船长和操纵性能决定。因此，这一闭合曲线区域可以描述为

$$QSD_k = \{(x,y)\,|\,f_k(x,y;Q)\leqslant 1, Q=\{R_{\text{fore}}, R_{\text{aft}}, R_{\text{starb}}, R_{\text{port}}\}, k=1,2,3,\cdots\} \quad (8.13)$$

其中，$f_k(\,)$ 为边界定义函数；Q 为四个方向半径的集合；k 为确定 QSD 边界类型的参数，当 $k=1$ 时，QSD 的边界是直线，当 $k=2$ 时，边界是椭圆曲线。

　　$k=2$ 时，模型的平面图如图 8.15(b)所示。边界函数可以描述为

$$f_k(x,y;Q) = \left[\frac{2x}{(1+\text{sgn}x)R_{\text{fore}} - (1-\text{sgn}x)R_{\text{aft}}}\right]^k$$
$$+ \left[\frac{2y}{(1+\text{sgn}y)R_{\text{starb}} - (1-\text{sgn}y)R_{\text{port}}}\right]^k \quad (8.14)$$

其中，$\text{sgn}x$ 和 $\text{sgn}y$ 为阶跃函数，定义为

$$\text{sgn}x = \begin{cases} 1, & x>0 \\ 0, & x=0 \\ -1, & x<0 \end{cases}$$

　　参考碰撞风险边界参数的估计方程(8.14)，可以确定 QSD 在四个方向上的半径，即

$$\begin{cases} R_{\text{fore}} = \left[1 + 1.34\sqrt{k_{AD}^2 + (0.5k_{DT})^2}\right]L \\ R_{\text{aft}} = \left[1 + 0.67\sqrt{k_{AD}^2 + (0.5k_{DT})^2}\right]L \\ R_{\text{starb}} = (0.2 + k_{DT})L \\ R_{\text{port}} = (0.2 + 0.75k_{DT})L \end{cases} \quad (8.15)$$

其中，L 为本船的船长；k_{AD} 和 k_{DT} 为本船的推进增益参数和旋回增益参数，其取值与船长和当前对地速度(speed over ground，SOG)有关，即

$$\begin{cases} k_{AD} = \dfrac{A_D}{L} = 10^{0.3591\lg(\mathrm{SOG})+0.0952} \\[3mm] k_{DT} = \dfrac{D_T}{L} = 10^{0.5441\lg(\mathrm{SOG})-0.0795} \end{cases} \tag{8.16}$$

QSD 建立后，可以依此建立船舶动态风险场，如图 8.15 所示。DRF 由纵向和横向碰撞风险组成，两个成员函数都由高斯函数描述。DRF、CR_x 和 CR_y 的定义为

$$\mathrm{DRF}_k(x,y) = \mathrm{CR}_{x_k}(x) \cdot \mathrm{CR}_{y_k}(y) \tag{8.17}$$

其中

$$\mathrm{CR}_{x_k}(x) = \exp\left[-\frac{2x}{(1+\mathrm{sgn}x)\sigma_{\mathrm{fore}}-(1-\mathrm{sgn}x)\sigma_{\mathrm{aft}}}\right]^k$$

$$\mathrm{CR}_{y_k}(y) = \exp\left[-\frac{2y}{(1+\mathrm{sgn}y)\sigma_{\mathrm{starb}}-(1-\mathrm{sgn}y)\sigma_{\mathrm{port}}}\right]^k$$

$$\sigma_i = \frac{R_i}{(\ln 2)^{1/k}}, \quad i \in \{\mathrm{fore,aft,starb,port}\}$$

由此得出的船舶碰撞风险的船舶动态风险场模型如图 8.15 所示。

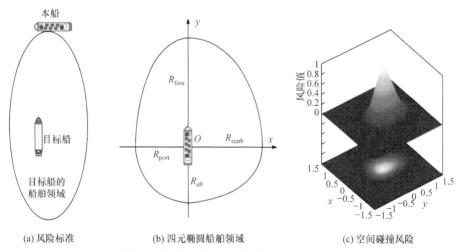

(a) 风险标准　　　　　　(b) 四元椭圆船舶领域　　　　　　(c) 空间碰撞风险

图 8.15　船舶碰撞风险的船舶动态风险场模型

与 DRF 不同，避碰规则场(compliance field，CF)不是由碰撞风险构建的，而是基于遵守 COLREGs 规则和法规产生的潜在约束条件。由于船舶必须遵循 COLREGs，并依此规划其路径，因此在避碰决策中，它可以虚拟为一种力场。为

了模拟这种虚拟力场，定义 CF 为一种斥力。根据 CAL 的分析，CF 基于 CAL 中关于让路与直航的定义建模。对于一艘处于会遇状态的船舶，其基于避碰规则的船舶规则场如图 8.16 所示。CAL 定义为

$$CAL = \begin{cases} 0, & \text{从目标船的船头经过会遇区域} \\ 1, & \text{从目标船的船尾经过会遇区域} \end{cases}$$

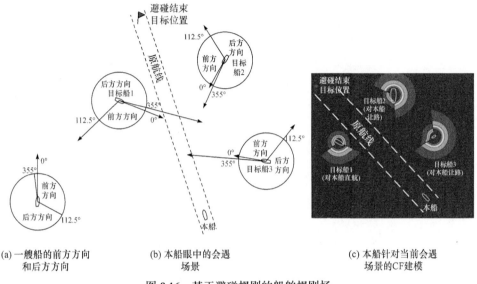

(a) 一艘船的前方方向　　　　(b) 本船眼中的会遇　　　　(c) 本船针对当前会遇
　　和后方方向　　　　　　　　　场景　　　　　　　　　场景的CF建模

图 8.16　基于避碰规则的船舶规则场

由于 CF 表达的是对不遵守 COLREGs 的限制，CF 模型表现为斥力场，其数值随着与本船距离的减小而迅速增大。采用高斯函数对这一模型进行描述，即

$$CF = P\exp\left(-\frac{D^2}{\xi}\right) \tag{8.18}$$

其中，P 和 ξ 决定 CF 的形状和数值；D 为虚拟半径，即

$$D = 5(1+CAL)\| p_d - p(t)\| \tag{8.19}$$

一旦本船 CAL 确定，就可以对整个会遇场景进行动态风险场和规则场的建模，然后利用 FM 方法进行路径规划。

2. 基于贝叶斯推断的船舶航行意图推断

在根据避碰规则建立船舶规则场后，初步限制本船在决策中从不符合避碰规则的区域通过的决策可能。我们提出针对 CAL 的路径规划的引导措施，即避碰路径点。避碰路径点是一种为了顺应 CAL 而预设的点。本船在避碰的开始阶段从起

始位置到路径点，到达路径点后，目标位置变为本船原始目标点。根据 CAL 的定义，本船对目标船的 CAL=1 时，避碰逻辑为从目标船的船尾经过。此时的路径点设置为目标船船尾 α_1 倍目标船的船长处。类似地，本船的 CAL=0 时，路径点 0 设置为船头 α_0 倍目标船的船长处。α_0 与 α_1 是一对与两艘会遇船舶的即时速度和操纵性有关的参数。对于两艘船舶会遇场景的路径点设置，路径 $\delta(w_i,\theta_\eta)$ 和路径 $\delta(w_i,W_{i+1},\theta_\eta)$ 的示意图如图 8.17 所示。其中，CAL=1 时路径点定义为 $\theta_{os}=\theta_{os,1}$，经过该点的本船规划路径为 $\phi_{os}=1$。CAL=0 时的定义同理。

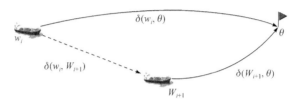

$$\delta(w_i,W_{i+1},\theta)=\delta(w_i,W_{i+1})+\delta(W_{i+1},\theta)$$

图 8.17　路径 $\delta(w_i,\theta_\eta)$ 和路径 $\delta(w_i,W_{i+1},\theta_\eta)$ 的示意图

在多船会遇场景中，本船需要考虑与其他所有有碰撞风险的会遇船舶的避碰关系。此时，路径点是综合了所有会遇船舶备选路径点的当前场景的预设路径点。以四艘船的会遇场景为例，最下方的本船与三艘目标船都有碰撞风险，对每艘船可能的避碰路径点有两个($\theta_{os,1}$ 和 $\theta_{os,0}$)。这样，本船的可能避碰逻辑共有 $2^3=8$ 个，可以分别记为 CAL = 000~111。CAL = 000 时，本船计划从所有目标船的船头经过；CAL = 111 时，本船计划从所有目标船的船尾经过。对于某场景 i，预设路径点到目标船路径点的距离满足

$$R_1:R_2:R_3=\alpha_1:\alpha_2:\alpha_3 \tag{8.20}$$

其中，α_1、α_2、α_3 为本船与对应目标船风险态势相关的参数。

本船与目标船的风险态势越紧急，预设路径点距离该目标船路径点越近，反之亦然。

一般地，对于任意有 n 艘目标船的船舶会遇场景，本船可能有 2^n 种可能 CAL 和可能避碰场景，相应的有 2^n 个预设路径点，其中可能出现不符合逻辑的避碰场景。但是，总会出现需要根据避碰场景选择路径点的情况；反之，在本船推测目标船的 CAL 时，也可以从路径点入手，通过推测目标船的可能走向判断目标船的 CAL，从而达到根据目标船 CAL 确定本船 CAL 的目的。为此，本节提出一种基于贝叶斯推断的方法，通过观测的历史数据推测目标船的可能避碰路径点，并预测其路径。

本节主要讨论智能体的意图和未来轨迹预测问题。考虑这样一种情况，即目

标智能体遵循一个更高层次的意图，并依照某规则移动到一个目标区域(即避碰意图 CAL)，而这个目标区域只有目标本身知道。假设所有的船舶都遵循在一定的不确定性条件下，规划路径上风险场(DRF 和 CF)的线积分最小原则。

综上，贝叶斯推断的目标为计算 t_i 时刻处于位置 W 的目标船在 $t_{i+1}, t_{i+2}, \cdots,$ $t_{i+k} = t_{i+1|i+k}$ 时刻的可能位置分布 $\Pr(W_{i+1})$，$\Pr(W_{i+2})$，$\cdots$，$\Pr(W_{i+k})$。该预测基于从初时刻开始的对目标船位置的观测值，因此预测位置可以由条件概率表示为 $\Pr(W_{i+j}|W_{1:i} = w_{1:i})$。令 $W = [X, Y]$ 是船舶的位置分布，$w = [x, y]$ 是船舶在某时刻的具体位置，为了计算方便，此处会遇区域和船舶的状态都是充分离散化的。

目标船的避碰路径取决于目标船的深层避碰意图 CAL，因此本船只能通过推测来判断 CAL，而不能确切地得知。当前场景的 CAL 可以用预设路径点 θ 表示。目标船之前和现在的位置状态 $(W_1, W_2, \cdots, W_i)$ 是完全可观测的，未来的位置 $(W_{i+1}, W_{i+2}, \cdots)$ 轨迹是可以预测的。该轨迹以 θ 描述的避碰意图为基础。每时刻新的观测输入 W_i 可以修正上一时刻对 θ_i 的推测，然后用新的 θ_i 预测下一时刻的位置分布 W_i，从而为下一个时刻的推测进行准备。对于目标船的真实意图和规划航线 ϕ，只能通过 θ 推测而无法准确地获知。这也是 OIPD 决策框架的基本思路。显然，在推测有 n 艘目标船的避碰意图时，可能的 θ 共有 2^n 个。

假设目标船舶在风险地图进行避碰路径规划，即在一定的不确定性范围下，目标船总是倾向于选择沿路径风险的线积分最小的避碰路径。设 $\delta(a, b)$ 为风险地图上从位置 a 到位置 b 的风险最小的路径，那么 $\delta(a, b, c) = \delta(a, b) + \delta(b, c)$ 表示从 a 到 c，经过 b 的风险最小的路径。显然，只有在 a 经 b 到 c，风险地图没有突变的情况下，上式才成立。于是，将下一个时刻目标船位置的概率分布 $\Pr(W_{i+1}|W_i = w_i, \theta = \theta_\eta)$ 定义为到达给定路径点 θ_η 最安全路径的风险线积分增加负相关的指数分布，即

$$\Pr(W_{i+1}|W_i = w_i, \theta = \theta_\eta)$$
$$= K^{-1} \exp[-\alpha(\delta(w_i, W_{i+1}, \theta_\eta) - \delta(w_i, \theta_\eta))] \qquad (8.21)$$

其中，归一化常数 K 定义为

$$K = \sum_{w_{i+1} \in \mathcal{W}^+} \Pr(W_{i+1} = w_{i+1}|W_i = w_i, \theta = \theta_\eta)$$

其中，$\mathcal{W}^+ \in \mathcal{W}$ 表示目标船从 w_i 位置在一个时间步长中可以到达的所有位置的集合。

如图 8.17 所示，目标船的下一个位置总是趋于寻找使沿路径风险的线积分最小。参数 α 用于描述目标船采取最安全路径到达目标区域的可能性。$\alpha \to \infty$ 时，目标船几乎肯定会采取最安全的路径到达路径点；相反，$\alpha \to 0$ 时，目标船的所

有可能路径都具有同样可能。α 最适当的值可以根据训练轨迹选择，也可能因环境中其他因素的不同而不同。

在每一个决策循环中，首先更新避碰意图 θ 的估计值，然后更新目标船的预测轨迹。

在 t_i 时刻，目标船未来位置的概率分布 $W_{i+1:i+k}$ 以目标船的历史观测数据 $W_{1:i}$ 和避碰意图 θ 为条件。根据图 8.17，概率模型的联合分布为

$$\Pr(W_{1:i}, W_{i+1:i+k}, \theta) = \Pr(\theta) \prod_{j=1}^{i+k-1} \Pr(W_{j+1}|W_j, \theta) \tag{8.22}$$

在给定 t_i 时刻观测数据 $W_{1:i}$ 的条件下，避碰意图 θ 的推测概率分布 $\Pr(\theta|W_{1:i} = w_{1:i})$ 可以由贝叶斯定理并应用图形模型的马尔可夫方法进行计算。其后验概率为

$$\begin{aligned} \Pr(\theta|W_{1:i} = w_{1:i}) &\propto \Pr(W_i = w_i|W_{i-1} = w_{i-1}, \theta = \theta_\eta) \\ &\times \Pr(\theta|W_{1:i-1} = w_{1:i-1}) \end{aligned} \tag{8.23}$$

其中，初始分布 $\Pr(\theta|W_1 = w_1)$ 既可以是均匀分布(目标船选择所有场景的概率是相等的)，也可以是预设的其他分布。例如，认为目标船将严格执行避碰规则要求，因此会优先选择符合避碰规则的场景。

式(8.23)右侧的第一个因子为观测值的似然函数，可以用观测值和式(8.21)直接计算得到；第二个因子是上一个决策周期得到的后验概率，被递归更新为先验概率。

在利用式(8.23)进行意图更新后，可以利用新的 θ 的概率计算目标船未来位置 $W_{i+1:i+k}$ 的分布。这可以通过式(8.22)计算 W 的边缘分布实现。其中，未来 1 步的计算为

$$\begin{aligned} &\Pr(W_{i+1}|W_{1:i} = w_{1:i}) \\ &= \sum_{\theta_\eta \in \Theta} [\Pr(W_{i+1}|W_i = w_i, \theta = \theta_\eta) \times \Pr(\theta = \theta_\eta|W_{1:i} = w_{1:i})] \end{aligned} \tag{8.24}$$

其中，右侧的第一个因子可以通过式(8.21)直接计算，第二个因子是对 θ 的估计。

通过计算未来每个时间步长上所有可能轨迹的边缘分布，可以将式(8.24)递归推断到未来 j 个时间步长上，即

$$\begin{aligned} &\Pr(W_{i+j+1}|W_{1:i} = w_{1:i}) \\ &= \sum_{w_{i+j} \in \mathcal{W}^+} (\Pr(W_{i+j+1}|W_{i+j} = w_{i+j}) \times \Pr(W_{i+j} = w_{i+j}|W_{1:i} = w_{1:i})) \end{aligned} \tag{8.25}$$

其中，$w_{i+j} \in \mathcal{W}^+$ 表示在未来时刻，所有可以从 w_{i+j} 位置在一个时间步长中到达的位置的集合。

由于式(8.25)在每一个时间步长的计算中存在指数分支因子，式(8.25)的解析解很难获得，因此考虑采用蒙特卡罗抽样的方法，将结果迭代收敛到真实分布。

3. 基于船舶操纵性的改进 FM 路径规划方法

FM 方法最初提出是为了迭代求解程函方程(eikonal equation)在模拟界面的传播。它采用 Dijikstra 算法的基本原理，但是没有使用经典的直线距离度量，而是使用欧几里得度量标准度量距离。因此，FM 方法提供的结果(或路径)更加连续。

直接使用 FM 方法的问题之一是生成的路径太靠近障碍物，这在智能船舶避碰路径规划中非常不实用。为了使规划的路径和障碍物保持一定的距离，一般采取在一次路径规划中使用两次该方法，使规划路径可以和障碍物保持安全距离，即快速行进平方(fast marching square，FMS)方法。FMS 方法虽然在围绕障碍物的路径方面符合智能船舶路径规划的需求，但是在规划路径的初始阶段，由于缺少船舶水动力学的约束，常常出现转角过大的情况。因此，Liu 等[14]基于 FMS 方法提出一种基于简单船舶运动学约束的 FM 路径规划方法，称为航向角引导快速行进(angle-guidance FMS，AFM)方法。AFM 方法以 FMS 方法为基础，同时为了避免过大的转向角出现，在风险地图上增加了围绕本船的指导范围(guidance range，GR)，从而可以对船舶的初始航向进行有效的约束。AFM 方法的船舶引导域和阻止域及其在避碰中的应用如图 8.18 所示。由船舶前后两个不同的扇形区域组成，其中船头方向的扇形为本船的引导域，船后方向的扇形为本船的阻止域。因此，可以根据不同船舶的操纵性和最大转向角控制引导域的开口角度和区域半径来约束规划的路径[15]。

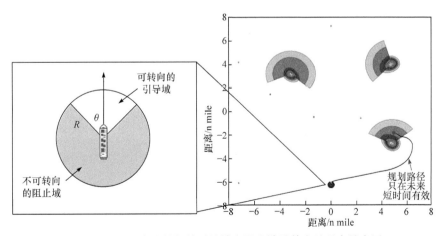

图 8.18　AFM 方法的船舶引导域和阻止域及其在避碰中的应用

在智能船舶航行过程中，整个会遇场景中可观测状态的更新是实时的，但是只有在船舶决策周期，本船才会进行避碰决策。进入本船的决策后，首先执行贝叶斯推断方法，用最新的观测数据更新对目标船避碰逻辑 CAL 的推测，并根据新的 CAL 推测值预测目标船的航行状态。最后，根据新的 CAL 和预测状态绘制当前会遇场景下的船舶动态风险场、避碰规则场和本船的引导场。将这三种虚拟势场图叠加，应用 FM 路径规划方法找到当前时刻的最优避碰路径，并沿该路径航行直到下一个决策周期。

8.3.3　智能船舶间多船会遇场景的避碰方法的仿真验证

为了比较智能船舶与人工船舶会遇场景的避碰方法，本节采用与 8.2 节相同的会遇场景设置，进行智能船舶间多船会遇场景的避碰方法验证。可以看到，在智能船舶参与的多船避碰场景中，3 个案例均成功完成避碰。在每个智能船舶的航行中，基于 OIPD 思想路径规划使所有船舶可以安全地驶离会遇场景。可以看到，智能船舶的 OIPD 算法可以避碰路径均为平缓的转向，以及路径平滑。两个避碰决策内容的不同，也可以体现智能船舶避碰路径规划和人工船舶或类人决策的避碰决策的鲜明区别。基于 OIPD 智能路径规划方法的多智能船会遇场景案例分析如图 8.19 所示。

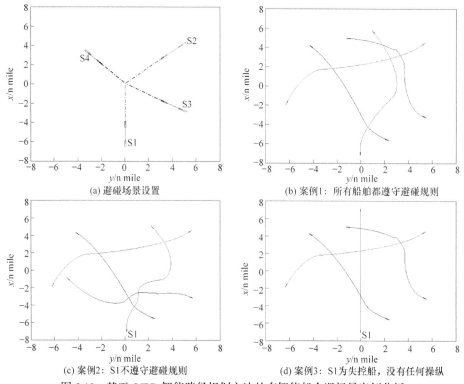

(a) 避碰场景设置　　　　　　　　　　(b) 案例1：所有船舶都遵守避碰规则

(c) 案例2：S1不遵守避碰规则　　　　　(d) 案例3：S1为失控船，没有任何操纵

图 8.19　基于 OIPD 智能路径规划方法的多智能船会遇场景案例分析

8.4　智能船舶避碰决策仿真平台构建及验证

本节围绕避碰决策的可靠性及其验证展开研究，提出一种基于认知、决策和操纵模型的海事事故动态模拟方法。该方法可以通过仿真生成离散动态事件树的方法对船舶碰撞场景下的智能船舶和人工船舶的避碰决策可靠性进行仿真分析，得出不同时机决策成功的概率，以及影响决策时机各类影响因素的作用逻辑。

8.4.1　基于认知、决策和操纵模型的海事事故动态模拟方法

1. MADS-IDAC 方法的基本概念

船舶碰撞场景的发展演变是一个连续的动态过程，在避碰的各个阶段都充满人因的、机械的、环境的各类不确定性因素。在智能船舶参与的船舶碰撞场景中，还存在传感器系统、自主决策系统、控制系统等各类软硬件相关的不确定性因素。

动态 PRA 方法通过提供连续的场景上下文信息，考虑人机交互影响的方式提高对决策失误事件的预测能力。我们将海事事故动态模拟器(maritime accident dynamics simulation，MADS)与船员场景认知的信息、决策和操纵模型(information, decision, and action in a crew context cognitive model，IDAC)相结合建立的 MADS-IDAC 方法，可以预测在知识驱动的任务失败场景中可能导致决策失误的事件及概率[16]。MADS-IDAC 方法通过应用简单的分支规则生成离散动态事件树(discrete dynamic event tree，DDET)，可以模拟海事事故中的参与者对目标船舶和避碰场景变化的响应，通过生成分支模拟及时或迟缓的决策时机、慢或快的执行速度、跳过过程步骤、依赖记忆、决策框架的信息合成过程、控制输入的变化、设备故障等内容。该方法既可以描述海事事故过程人员的信息流转、合成和执行，也可以通过合理建模描述智能船舶软件系统的相应过程。

MADS 是系统的仿真引擎，其主要功能是在每个用户指定的时间步长或条件及相关概率下生成 DDET 分支，并计算每个分支节点的概率。生成分支节点的标准包括系统硬件状态、物理量变化、人或智能决策系统的决策和操作、软件故障或预设的结束状态等。最终动态生成事故场景发展的完整事件流模型。这种动态模拟分析的方法可以为航运活动的安全分析提供一个自然框架，包括航行环境的物理模型、硬件运行的机械模型，以及操作员认知过程的行为模型。

IDAC 充当船舶驾驶班组行为，或者智能船舶智能决策及控制行为的基础框架，是系统仿真与分析的对象。通过对人员或智能系统的合理简化，IDAC 将船舶驾驶班组的认知流程分解为三个主要过程，即信息处理、决策、行动执行。船舶所在的物理场景提供输入信息，人员或智能系统根据当前的状态作出决策，并

操纵船舶。人员的操作活动或智能系统的控制指令与船舶的机械模型形成互动，通过船舶水动力学模型表现出实际的船舶行为。避碰场景中的会遇船舶通过这种方式动态地表现事故的演变。在人工船舶的 IDAC 中，所有驾驶班组人员根据工作流程被建模为一组个人。他们履行不同的职责并相互交流。每个人的记忆内容、精神状态，以及它们采用的目标和策略都各不相同。在智能船舶的 IDAC 中，计算机软件系统按照功能可以分为不同的决策环节，并依次接收、加工、传递信息。

2. MADS-IDAC 系统的主要构成模块

MADS-IDAC 系统由场景控制模块、调度器模块、人员认知及决策模块、控制面板模块、船舶水动力学模块和航行环境模块等组成。

(1) 场景控制模块用于外界与 ADS 系统的交互，在仿真开始之前可以设置各个模块的初始状态、内部函数、建立操作员的知识库和各类其他需要用户自定义的内容。仿真结束后，数据通过场景控制模块传输至数据库或外接的显示、分析设备。

(2) 调度器模块用于控制仿真序列，判断 DDET 中新节点的生成和是否到达最终状态等。

(3) 人员认知及决策模块通过用户对机组人员团队中各岗位人员所有状态的设置，可以概率化地模拟人员的认知效率、决策内容等。

(4) 控制面板模块模拟驾驶舱中的人机交互行为。人员认知及决策模块通过控制面板模块向船舶水动力学模块输入对船舶的操纵内容。船舶水动力学模块的响应也可以通过控制面板模块影响人员的状态。

(5) 船舶水动力学模块用于模拟船舶对操纵的响应，采用船舶运动的 K-T 方程作为船舶水动力学模块的核心模型。

(6) 航行环境模块用于模拟当前的航行环境，如风、浪、流、能见度等。航行环境既可以影响船舶的水动力特性，也可以对人员的认知和决策过程有很大的影响。

MADS-IDAC 系统的体系架构和内部关系如图 8.20 所示。

在上述模块中，人员认知及决策模块内置 IDAC 在使用中根据研究对象的不同需要设计不同的 IDAC，是 MADS-IDAC 系统的主要研究对象。其他 5 个模块则是为了系统正常运行服务的。

如图 8.20 所示，调度器模块通过协调人员认知及决策模块、控制面板模块、船舶水动力学模块和航行环境模块之间的交互来执行仿真(①、②、③、④号连接线)，其中由于人员活动和船舶的航行活动(①、④)生成的新的事件分支和运算顺序也由调度器模块协调。航行环境模块既可以直接影响人员的决策内容，也可以通过影响人的认知过程和状态影响人的决策(⑤)。人员模块模拟操作人员与驾驶舱控制面板的交互(⑥)，评估当前船舶的硬件信息，并控制船舶的航行状态。人员对船舶的操纵动作同时会被发送到调度器模块(①)，并定向到相应的模块，这样可以保证调度器对整个场景的控制。船舶水动力学模块根据从控制面板模块收到的命令更改当前的航行状态(⑦)，并计算当前航行环境下的船舶动态响应(⑧)。控制面板模块为警报、航行参数指示器、本船状态指示器和组件状态控件的响应建模。

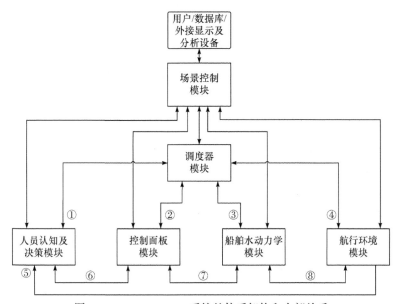

图 8.20　MADS-IDAC 系统的体系架构和内部关系

8.4.2　船舶碰撞事故的海事事故动态模拟器

1. MADS 系统的运行流程

在 MADS 系统运行前，需要设置一系列初始条件和自定义设置。

(1) 在调度器模块中定义始发事件，以及需要用到的系统或组件，设置事件的终止准则和数据输出规范。

(2) 在控制面板模块中设置控制面板的可用性或故障。

(3) 在船舶水动力学模块中设置船舶动态参数、船舶机械系统的响应性能。

(4) 对人工船舶，在人员模块中设置各岗位人员的绩效影响因素(performance influencing factor，PIF)、操作员知识库和应急操作程序的状态；对智能船舶，在智能决策模块中设置传感器及态势感知系统、智能决策系统、控制系统的运行状态及可靠性状态。

(5) 在航行环境模块中设置航行的自然环境状态。

设置完成后，开始模拟，主要包括以下环节。

① 船舶水动力学模块根据航行环境计算到下一个时间步的航行状态,即从状态 t 到状态 $t + dt$。

② 控制面板模块更新其显示内容,可以反映新的航行状态。

③ 人员认知和决策模块中不同岗位的人员对当前新的情况做出认知、情感、操纵响应。如果有操纵响应,则通过船舶水动力学模块生成新的分支。在智能船舶中,各岗位的人员则用不同的系统功能模块代替。

④ 调度器模块根据分支信息生成所需的事件树分支,并计算分支概率。

⑤ 调度器模块确定是否到达终点状态,安全驶出会遇区域或发生碰撞。如果到达终点状态,当前序列应终止。如果当前序列终止,则转到①,开始下一时间步的新模拟循环;否则,搜索尚未达到场景终止条件的分支,并重新启动模拟。这个过程会不断重复,直到所有的分支都被模拟运算一次。

2. MADS-IDAC 风险分析系统的软件开发

根据 MADS 的基本模型和运行流程,设计开发 MADS-IDAC 风险分析系统,对人工系统/智能系统的认知和决策过程进行场景仿真和动态风险分析。MADS-IDAC 风险分析系统按照三层结构设计,包括视图层、控制层、模型层。MADS-IDAC 风险分析系统逻辑结构如图 8.21 所示。视图层中的视图函数接收 WEB 请求,并返回响应的内容。响应内容可以是一段船舶状态数据、一个基于超文本标记语言(hypertext mark-up language,HTML)的船舶动态文件等。系统主要采用 JSON 格式的数据和经过编码之后的图片数据作为各层之间传输的信息流的载体。控制层的控制器作用于模型和视图之上,控制数据流向模型对象,并在数据变化时更新视图。控制层的控制器使视图与模型分离,同时严格把控两者数据的交互。模型层是系统的主体,是 MADS-IDAC 的程序载体和实际仿真模型。系统启动后,仿真模型运行并生成仿真数据。控制层按需将数据传递给视图层的请求。

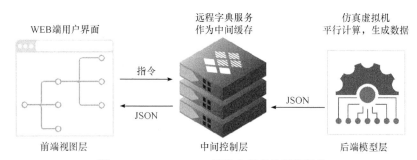

图 8.21　MADS-IDAC 风险分析系统逻辑结构

在 MADS-IDAC 仿真系统中,父虚拟机创建子虚拟机表示系统的状态转移。

这些子虚拟机使用父虚拟机的输出作为初始状态输入参数，然后每个子虚拟机如同他的父虚拟机一样单独运行，互不干扰。由这些虚拟机和子虚拟机组织成的树形关系网就构成仿真树，并与 DDET 中的节点一一对应。此时，DDET 类似于仿真树的目录，可以简略地表示仿真树的状态，根据指令查询某一个仿真树的分支。

　　虚拟机在仿真系统中 MADS-IDAC 的运行方式如图 8.22 所示。虚拟机用于计算船舶与环境构成的系统，包含船舶数据和船舶依赖的各类外显的环境状态参数。每个虚拟机包含若干船舶，每条船舶都有自己的状态参数。虚拟机中的若干船舶在虚拟机系统的驱动下按照虚拟机设定的环境运行。在运行过程中，虚拟机收集船舶和环境的参数数据，运行结束后将这些数据输出保存。对于虚拟机中的人工船舶，每一条船都有自己的班组人员。这些人员按照身份和功能被分为决策者、执行者、瞭望员等。每个不同身份的船员都有其独特的参数和功能。瞭望员通过观察分析给出风险预警，决策者经过分析得出决策后，将操作命令发给执行者，再由执行者做相应的操作。

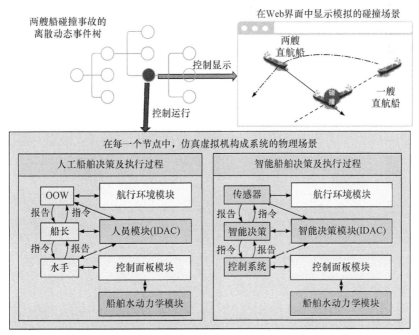

图 8.22　虚拟机在仿真系统中 MADS-IDAC 的运行方式

　　目前的 MADS-IDAC 仿真引擎基于 Python 开发，可以在 Windows 平台、macOS 平台，以及基于 ARM 架构的嵌入式平台运行。MADS-IDAC 引擎内部的各功能模块之间，使用标准的 Python 接口进行方法调用和数据通信。在数据存储方面，使用共享变量保存一些实时数据用于数据交换(如仿真过程参数和环境因素等)，使用数据库保存仿真结果等体量大、使用频率低的数据，并将对数据库的操作封装为与使用共享变量操作一致的标准操作。

8.4.3　船舶碰撞事故中船员场景认知的信息、决策和操纵模型

　　IDAC 为人员/智能系统的行为建模提供了一个框架。IDAC 的基本组成及其在 MADS 动态 PRA 环境下的体系结构如图 8.23 所示。IDAC 由三个主要过程组成，即信息感知和处理(I)、决策(D)、行动执行(A)。这些认知过程由三个不同单元组成的记忆模型支持。工作记忆存储最近感知到的信息，具有相对有限的容量，类似于操作者的短期记忆。驻留在工作存储器中的信息被传送到中间存储器，供以后检索。假设中间存储器的容量是无限的，但信息可能会随着时间的推移而被遗忘(衰退)。知识库是操作人员对硬件系统和事故本身了解的所有信息(包括避碰程序、当前内外部事实和过去的经验)的集合。在这种记忆模型中，中间记忆充当工作记忆和知识库之间的缓冲区。在长时间维度的仿真中，随着时间的推移，存储在中间存储器中的信息最终会在学习过程中转移到知识库中。信息可以从中间记忆和工作记忆中提取。在实际的建模中，IDAC 会根据分析对象的不同而有所区别。

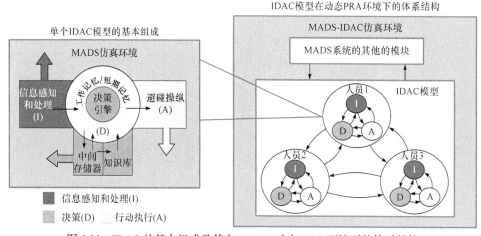

图 8.23　IDAC 的基本组成及其在 MADS 动态 PRA 环境下的体系结构

8.4.4　智能船与人工船会遇场景避碰决策可靠性的仿真验证

　　1. MADS-IDAC 风险分析平台简介及仿真场景搭建

　　本节对混合场景的智能决策可靠性进行仿真分析。MADS-IDAC 系统的 WEB 端界面如图 8.24 所示。在该界面，用户可以方便地遍历整个事件树来查询船舶在每一个仿真节点的航行状态。在图 8.24 中，左上侧仿真系统参数部分可以通过仿

真虚拟机或事件树的 ID 调用所有已存储的虚拟机和事件树。左下侧为基于速度障碍法计算的当前选定船舶的风险态势，其中扇形区域表示安全的航行区域。右上侧为当前场景的完整事件树。节点旁边为该节点运行的仿真虚拟机 ID，通过点击任意节点可以在下方的地图中显示该节点所在时间段的场景发展轨迹，通过连续点击沿初始事件到任意节点的事件树序列，可以绘制某个场景的完整发展轨迹。右下方为航行历史轨迹绘制，用户需要在初始状态的设置中明确事故发生的具体经纬度。

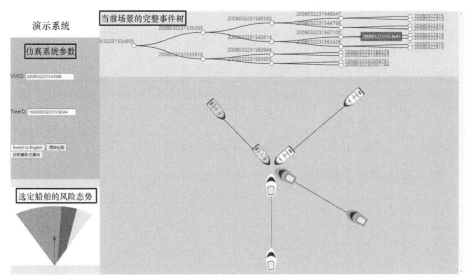

图 8.24　MADS-IDAC 系统的 WEB 端界面

为了与 8.2 节的实验案例对比，采用与 8.2 节相同的初始场景设置，并从中选取两艘船进行两船会遇场景的决策可靠性仿真实验。由于 MADS-IDAC 是对真实地理环境信息进行物理建模与仿真，因此本节两个案例设置在舟山群岛东部海域的一个宽阔水域，位置在东经 123°，北纬 30.9° 附近。具体的船舶初始状态设置如表 8.5 所示。

表 8.5　船舶初始状态设置

船舶编号	初始位置		初始航速/kn	初始航向角/(°)(正北方向为 0°)
	东经/(°)	北纬/(°)		
S1	123.00	30.916667	18	0
S2	123.074551	31.0535	18	230
S3	123.074940	30.963	16	300
S4	122.950364	31.0425	13	135

2. 智能船舶让路的两船会遇场景的避碰决策可靠性实验

按照预设的多船避碰场景进行智能船舶避碰决策可靠性试验，其中 S4 为人工船舶。所有船舶都设计采用人工船舶的避碰算法进行避碰决策，区别在于 S4 采用人工操纵，但是接受多处避碰算法的决策支持。因此，S4 也会采用相同的航向策略，但是在避碰时机上会比其他智能船舶更晚。在实际避碰实验中也发现，S4 是所有四艘船舶中采取避碰措施最晚的。虽然控制了 MADS-IDAC 引擎中场景生成模块的 DDET 分支生成步长，但是由于场景的复杂性，实验依然生成 31 个中间事件和 32 个结束状态的共 11 层事件树。四艘船会遇时避碰场景的 32 种结束状态如图 8.25 所示。仿真结果汇总如表 8.6 所示。

表 8.6 仿真结果汇总

结束状态编号	概率	结束状态类别	结束状态编号	概率	结束状态类别
结束状态 E1	0.661874408	安全	结束状态 E17	0.021673213	安全
结束状态 E2	0.15121894	安全	结束状态 E18	0.004578376	安全
结束状态 E3	0.034544002	安全	结束状态 E19	0.001045819	安全
结束状态 E4	0.007890193	安全	结束状态 E20	0.000238864	安全
结束状态 E5	0.001802042	安全	结束状态 E21	0.0000546	安全
结束状态 E6	0.000411546	安全	结束状态 E22	0.0000125	安全
结束状态 E7	0.000094	两船碰撞	结束状态 E23	0.00000284	两船碰撞
结束状态 E8	0.00002785	两船碰撞	结束状态 E24	0.000000842	两船碰撞
结束状态 E9	0.080747311	安全	结束状态 E25	0.007617877	安全
结束状态 E10	0.018447911	安全	结束状态 E26	0.001917357	安全
结束状态 E11	0.004214074	安全	结束状态 E27	0.0003193	安全
结束状态 E12	0.000962511	安全	结束状态 E28	0.0000178	安全
结束状态 E13	0.000219822	安全	结束状态 E29	0.000000997	安全
结束状态 E14	0.0000502	安全	结束状态 E30	0.0000000559	安全
结束状态 E15	0.0000115	两船碰撞	结束状态 E31	0.0000000000314	四船碰撞
结束状态 E16	0.0000000339	两船碰撞	结束状态 E32	0.000000000187	四船碰撞

结束状态 E8(两艘船避碰成功，两艘船发生碰撞)如图 8.26 所示。由于影响每

艘船的 PIF 不同，表现在避碰场景中则是在不同的时刻作出决策的概率不同。通过对比图 8.25 中四艘船会遇避碰场景的 32 种结束状态图和图 8.26 结束状态 E8 避碰场景的船舶航行轨迹图可以更加明显地看出这种差异。在图 8.25 中，根据船舶避碰决策的时机将整个场景分成分支 1、2、3，以及所有船舶都不做任何决策的初始分支。分支 1 表示，S1 与 S3 在初始事件之后的第 1 个时刻作出避碰决策，在随后的事件中，如果 S2 与 S4 中的 1 艘或 2 艘也作出避碰决策，则 4 艘船舶都成功避碰。根据 S2 与 S4 决策时机的早晚，会产生结束状态 E1～E6 等 5 种不同的情况。在结束状态 E7 中，由于两船的避碰时机太晚，两船间的空间已不足以完成一次成功的避碰，因此发生两船碰撞。结束状态 E8 的航行轨迹与 E7 类似，但是代表的含义不同。E8 代表 S2 与 S4 没有进行任何避碰操纵，E7 代表操纵过晚而不足以成功实现避让。分支 2、分支 3 与分支 1 类似，分别表示在第 2 时刻、第 3 时刻有船舶作出避碰决策后的场景变化。所有船舶都不做任何决策的初始分支，随着时间继续发展，直到有船舶作出避碰决策。

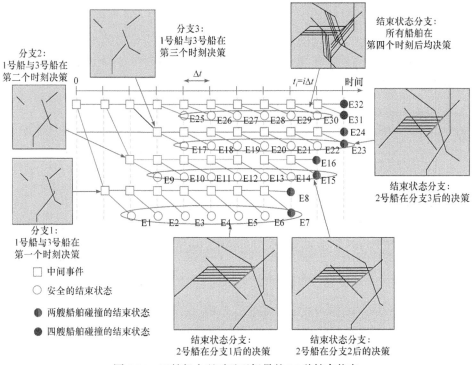

图 8.25　四艘船会遇时避碰场景的 32 种结束状态

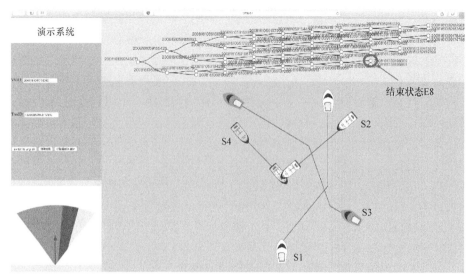

图 8.26　结束状态 E8(两艘船避碰成功，两艘船发生碰撞)

参 考 文 献

[1] Wang T, Wu Q A, Diaconeasa M, et al. On the use of the hybrid causal logic methodology in ship collision risk assessment. Journal of Marine Science and Engineering, 2020, 8(7): 485.

[2] Brocken E M. Improving the reliability of ship machinery: A step towards unmanned shipping. 2006 International Symposium on VLSI Design, Automation and Test, 2016.

[3] 严新平, 吴超, 马枫. 面向智能航行的货船"航行脑"概念设计. 中国航海, 2017, 40(4): 95-98.

[4] 严新平, 刘佳仑, 范爱龙, 等. 智能船舶技术发展与趋势简述. 船舶工程, 2020, 42(3): 15-20.

[5] Wu Q, Wang T, Diaconeasa M A, et al. A comparative assessment of collision risk of manned and unmanned vessels. Journal of Marine Science and Engineering, 2020, 8(11): 24.

[6] Weng J, Meng Q, Qu X. Vessel collision frequency estimation in the singapore strait. Journal of Navigation, 2012, 65(2): 207-221.

[7] Pedersen P T. Collision risk for fixed offshore structures close to high-density shipping lanes. Proceedings of the Institution of Mechanical Engineers Part M Journal of Engineering for the Maritime Environment, 2002, 216(1): 29-44.

[8] Kujala P, Hänninen M, Arola T, et al. Analysis of the marine traffic safety in the gulf of Finland. Reliability Engineering and System Safety, 2009, 94(8): 1349-1357.

[9] Zhang J, Zhang D, Yan X, et al. A distributed anti-collision decision support formulation in multi-ship encounter situations under COLREGs. Ocean Engineering, 2015, 105: 336-348.

[10] Wang Y, Zhang J, Chen X, et al. A spatial-temporal forensic analysis for inland-water ship collisions using AIS data. Safety Science, 2013, 57: 187-202.

[11] Wu B, Yan X, Wang Y, et al. Three-stage decision-making model under restricted conditions for emergency response to ships not under control. Risk Analysis, 2017, 37(12): 2455-2474.

[12] Wang T, Wu Q, Zhang J, et al. Autonomous decision-making scheme for multi-ship collision avoidance with iterative observation and inference. Ocean Engineering, 2020, 197: 106873.

[13] Wang N. An intelligent spatial collision risk based on the quaternion ship domain. Journal of Navigation, 2010, 63(4): 733-749.

[14] Liu Y, Bucknall R. The angle guidance path planning algorithms for unmanned surface vehicle formations by using the fast marching method. Applied Ocean Research, 2016, 59: 327-344.

[15] Yan X, Wang S, Ma F, et al. A novel path planning approach for smart cargo ships based on anisotropic fast marching. Expert Systems with Applications, 2020, 159: 113558.

[16] Li Y, Mosleh A. Modeling and simulation of crew to crew response variability due to problem-solving styles. Reliability Engineering & System Safety, 2020, 194: 105840.